Las casualidades no existen

Las casualidades no existen

Espiritualidad para escépticos

Borja Vilaseca

VERGARA

Penguin
Random House
Grupo Editorial

Primera edición: octubre de 2021
Segunda reimpresión: noviembre de 2021

© 2021, Borja Vilaseca
© 2021, Penguin Random House Grupo Editorial, S. A. U.
Travessera de Gràcia, 4749. 08021 Barcelona

Impreso en Colombia - *Printed in Colombia*

ISBN: 978-84-18045-91-2
Depósito legal: B-12.915-2021

Borja Vilaseca (Barcelona, 1981) está felizmente casado y es padre de una niña y un niño. Trabaja como escritor, divulgador, conferenciante, profesor, emprendedor, empresario y creador de proyectos pedagógicos orientados a promover un cambio de paradigma de la sociedad.

Es el fundador de Kuestiona, una comunidad educativa para buscadores e inconformistas que impulsa programas presenciales y online para que las personas se conviertan en el cambio que este mundo tanto necesita, presente en siete ciudades de tres países. También es el fundador de La Akademia, un movimiento ciudadano que promueve de forma gratuita educación emocional y emprendedora para jóvenes de entre dieciocho y veintitrés años, presente en más de cincuenta ciudades de seis países. Y actualmente está liderando el proyecto Terra, una propuesta de escuela consciente que pretende revolucionar el sistema educativo.

También es uno de los referentes de habla hispana en el ámbito del autoconocimiento, el desarrollo espiritual y la reinvención profesional. Es experto en Eneagrama. Desde 2006 ha impartido más de trescientos cursos para más de quince mil personas en diferentes países y desde 2017 ofrece sus seminarios en versión online.

Como escritor, ha publicado cinco libros: *Encantado de conocerme*, *El Principito se pone la corbata*, *El sinsentido común*, *Qué harías si no tuvieras miedo* y *Las casualidades no existen*. Con su pseudónimo, Clay Newman, también ha publicado *El prozac de Séneca* y *Ni felices ni para siempre*. Parte de su obra literaria ha sido traducida y publicada en diecisiete países. Anualmente imparte cursos y conferencias en España y Latinoamérica para agitar la consciencia de la sociedad.

Para más información, visita las páginas webs del autor:
www.borjavilaseca.com
www.kuestiona.com
www.laakademia.org
www.terraec.es

También puedes seguirlo en sus redes sociales:
▶ Borja Vilaseca
🅞 @borjavilaseca
🅕 Borja Vilaseca
🅣 @BorjaVilaseca
🅛 Borja Vilaseca

Índice

SEGUNDA PARTE
EL DESPERTAR DE LA CONSCIENCIA

TERCERA PARTE
UNA ESPIRITUALIDAD SIN RELIGIÓN

A Irene, Lucía y Lucas.
Mis tres personas favoritas

Llamamos «casualidad» a la causa
ignorada de un efecto desconocido.

Voltaire

I

Este libro es una farsa

Cuestionar nuestras creencias más arraigadas requiere de mucho coraje porque implica aceptar que hemos podido estar equivocados toda la vida.

DAVID FISCHMAN

Un grupo de intelectuales liderados por un importante erudito decidió ir a visitar un centro de filosofía oriental. Sentían curiosidad por saber de qué se trataba. Por lo visto, ahí vivía un anciano sabio que impartía cursos de meditación. Y cada año atraía a más buscadores con ganas de iniciarse en el desarrollo espiritual.

Nada más llegar, el grupo entró en el vestíbulo, donde fue recibido amablemente por un guía. «Observad que hay dos puertas por las que podéis entrar en nuestro centro», dijo, señalando cada una de ellas. «En la primera hay un letrero que pone "Con prejuicios" y en la segunda, otro que dice "Sin prejuicios". Por favor, entrad por la que mejor os represente», concluyó.

El grupo hizo una larga pausa, durante la que se miraron unos a otros sin saber muy bien qué hacer. De pronto, el erudito decidió dar un paso al frente, dirigiéndose con decisión hacia la puerta donde ponía «Sin prejuicios». Inmediatamente después, el resto se puso detrás de él para acceder por la misma entrada.

Sin embargo, al intentar girar el pomo de aquella puerta, se dio cuenta de que no existía tal entrada. La puerta que rezaba «Sin prejuicios» era una ilusión óptica. En realidad era una pared sobre la que habían pintado una puerta. Molesto y avergonzado, el erudito fue hasta la puerta donde ponía «Con prejuicios», que era la única por la que se podía entrar en aquel centro de filosofía oriental.[1]

Acompañado por su séquito, el erudito entró en una de las salas de meditación, donde el sabio se hallaba solo y en silencio. Nada más verlos, saludó a los miembros del grupo con cordialidad. Y mirando a los ojos al erudito, le preguntó: «¿Qué puedo hacer por vosotros?». A lo que este le respondió: «Todavía no lo sé... Me considero una persona escéptica y de mente científica. Y si te soy sincero, el desarrollo espiritual me parece una pseudociencia para gente desesperada y sin criterio. Sin embargo, llevo tanto tiempo oyendo hablar acerca de ti que te concedo diez minutos para que me hagas un resumen de tus principales enseñanzas».

El anciano, sonriente y con mucha tranquilidad, le contestó: «Muchas gracias por tu honestidad. Permíteme que antes te invite a una taza de té». Acto seguido, empezó a llenar la taza del erudito. Y una vez que ya estaba llena, siguió sirviéndole hasta que el té se desbordó de la taza, derramándose sobre el suelo. Sorprendido y enfadado, el erudito estalló en gritos: «Pero ¿qué haces, necio? ¿Acaso no ves que la taza está llena y que no cabe nada más en ella?». Sin perder la compostura, el sabio le respondió: «Por supuesto que lo veo. Y de la misma manera observo que tu mente está demasiado llena de prejuicios. A menos que la vacíes es imposible que aprendas algo nuevo».[2]

1. Ni se puede explicar...

Este libro es una farsa. Esencialmente porque escribir sobre espiritualidad se asemeja bastante a intentar explicarle a un ciego de nacimiento cómo es el color violeta. Es imposible. Si bien el lenguaje es una herramienta muy útil para comunicarnos, ningún concepto alcanza a describir algo tan subjetivo, intangible y sutil como es el ámbito de la metafísica y la consciencia. Como mucho, las palabras pueden señalar el camino que te conduce a la experiencia, mas no son la experiencia en sí mismas.

Y es que una cosa es «comprender» y otra —muy distinta— «comprehender» con hache intercalada. Puede que estas dos palabras se parezcan mucho en la forma, pero existe un abismo entre el fondo de una y la otra. La primera se refiere al mero entendimiento intelectual de cualquier información o conocimiento expresados de forma conceptual. Es sinónimo de «entender». La segunda, en cambio, tiene un significado mucho más profundo: implica la experimentación y vivencia directa, posibilitando que dicho conocimiento se integre plenamente, volviéndose parte de uno mismo. Es sinónimo de «saber».

Por ejemplo, todo el mundo *comprende* conceptualmente el miedo que debe de sentirse cuando te tiras en paracaídas por primera vez. A través del intelecto, entiendes lo aterrador que ha de ser saltar desde un avión que vuela a cuatro mil metros del suelo. Sin embargo, tan solo puedes *comprehenderlo* cuando te atreves a vivirlo a través de tu propia experiencia. Solamente si has saltado en paracaídas sabes lo que se siente cuando se abre la puerta del avión instantes antes de saltar. En caso contrario, no tienes ni idea. Por mucho que te lo expliquen, es del todo imposible que comprehendas la sensación que deviene cuando caes en picado al vacío a doscientos kilómetros por hora. Para ello, no te queda más remedio que tirarte en paracaídas.

Del mismo modo, seguro que *comprendes* la frase «las casualidades no existen». Estés de acuerdo o no, entiendes lo que quiere decir. Sin embargo, igual no la has *comprehendido* de verdad. De hecho, estamos tan acostumbrados a conformarnos con la comprensión intelectual, que el propio verbo «comprehender» está en desuso en nuestra sociedad. Ya nadie lo utiliza. Esta es la razón por la que este libro es una farsa: el lenguaje a través del que está escrito no puede explicar el fondo de lo que en realidad pretendo compartir contigo: lo maravilloso que es vivir la vida desde nuestra dimensión espiritual.

Por más ensayos que escribamos y más conferencias que impartamos, la verdadera espiritualidad no puede teorizarse, comunicarse ni predicarse. Tan solo puede practicarse, vivenciarse y experimentarse. Más que nada porque no puede comprehenderse a través de la mente, el intelecto y el lenguaje lo que está más allá de la mente, el intelecto y el lenguaje. Por eso, a lo máximo que puede aspirar este libro es a inspirarte para que la experimentes directamente por ti mismo.

Las palabras no pueden expresar más que un pequeño fragmento del conocimiento humano; lo que podemos decir y pensar es siempre inmensamente menor de lo que experimentamos.

ALAN WATTS

2. ... Ni se quiere entender

El gran obstáculo y enemigo que tiene este libro es la escasa predisposición que en general tenemos los seres humanos para cuestionar nuestra manera de ver la vida. Tanto es así, que lo normal es ponernos a la defensiva cada vez que escuchamos información nueva y desconocida. Especialmente cuando atenta directamente contra viejas creencias que llevan demasiado tiempo arraigadas en nuestra mente.

La mayoría estamos instalados en nuestra zona de comodidad intelectual. Y muchos odiamos todo lo que tiene que ver con el cambio y lo nuevo. Tiranizados por todo tipo de prejuicios y estereotipos, tan solo estamos dispuestos a considerar y aceptar aquellas ideas que reafirman la forma de pensar con la que hemos sido condicionados por nuestro entorno social y familiar. De hecho, tendemos a menospreciar y a distanciarnos de quienes opinan diferente. Y también a rodearnos de —y a alabar a— quienes piensan como nosotros.

Espero que ese no sea tu caso. Y que tengas la suficiente humildad para abrir la mente todo lo que puedas, confrontando con tesón tu sistema de creencias. Te animo a que leas este ensayo con una mirada inocente. De hecho, el mensaje que quiero transmitirte solamente puede llegar a tu corazón y nutrir tu consciencia si permaneces en un estado de alerta y vulnerabilidad. No en vano, la intención de las páginas que siguen es contarte algo que es opuesto y diferente a lo que te han venido explicando hasta ahora. Para reconectar con tu dimensión espiritual has de desaprender casi todo lo que te han enseñado. Lo sé por experiencia personal.

Del mismo modo que un vaso solo puede llenarse cuando está vacío, te invito a que vacíes tu mente de dogmas, estereotipos e ideas preconcebidas. Solo así estarás en disposición de recibir con total apertura la información que contiene este ensayo. Por favor, intenta estar presente mientras lees, siendo consciente de cuándo tus prejuicios te están impidiendo hacerlo con la mente y el corazón abiertos.

En este sentido, estate muy atento cuando leas palabras como «dios», «religión», «espiritualidad», «consciencia», «sabiduría», «misticismo», «iluminación» o «divinidad». Principalmente porque están muy manchadas y alejadas de su significado esencial y original. De ahí que a lo largo de este libro comparta contigo su etimología, de manera que rescatemos juntos su auténtico y verdadero significado.

Si ya de por sí es imposible poner en palabras lo que quiero compartir contigo, ten en cuenta que lo más probable es que ni yo logre explicarme ni tú consigas entenderme. Y es que «entre lo que pienso, lo que quiero decir, lo que creo decir, lo que digo, lo que quieres oír, lo que oyes, lo que crees entender, lo que quieres entender y lo que entiendes, existen por lo menos nueve posibilidades de que no nos entendamos».[3] En fin, ojalá interpretes mis palabras de tal modo que te llegue el verdadero sentido con el que han sido escritas. Y como consecuencia, que te comprometas con experimentar, digerir e integrar las reflexiones que contienen estas páginas.

> La mente es como un paracaídas;
> solo funciona si se abre.
>
> ALBERT EINSTEIN

3. De la creencia a la experiencia

Todos nosotros hemos sido condicionados por nuestro entorno social y familiar para ver la vida de una determinada manera. Tú también. De ahí que en general tu mente esté encarcelada dentro de una invisible «pecera conceptual». Sea como fuere, esta influencia religiosa tiende a producir tres tipos de personas: creyentes, ateos y agnósticos. Los primeros creen en dios; los segundos no creen en él y los terceros se mantienen neutrales.

Curiosamente, este libro no va a contentar a ninguno de los tres. Principalmente porque trata sobre espiritualidad laica, la cual no tiene que ver con *creer*, sino con *experimentar*. No comulga con ninguna institución religiosa. Ni tampoco aboga por abrazar el ateísmo nihilista como filosofía de vida. Y lejos de negar la posibilidad de comprehender a dios y al universo, explica paso a paso el camino de autoconocimiento que has de transitar para reconectar con la chispa de divinidad con la que naciste.

Si algo he aprendido es que «verdad», «sabiduría» y «amor» son sinónimos. Y su denominador común es que no pueden enseñarse. Principalmente porque no tienen nada que ver con la información, el conocimiento o la erudición. De ahí que no los puedas obtener de ningún profesor ni tampoco tomarlos prestados de ningún gurú. La única manera de que comprehendas la verdad, seas sabio y aprendas a amar es viviendo experiencias profundamente transformadoras. Nadie puede recorrer este camino por ti. Absolutamente nadie.

Obviamente, este ensayo no tiene el poder de cambiarte la vida. Ninguno lo tiene. Dependiendo de la actitud con la que lo leas —así como la predisposición con la que lo lleves a la práctica—, puede que la transformación suceda, ¿quién sabe? Sea como fuere, te aseguro que tan solo voy a compartir contigo ciertas verdades universales que he verificado a través de mi propia experiencia.

ARROGANCIA *VERSUS* HUMILDAD

Frente a cualquier idea que desafíe tu *statu quo* intelectual, es importante que no confundas la arrogancia con el escepticismo. Más que nada porque el arrogante —o pseudoescéptico— no suele plantearse nuevos interrogantes porque cree que cuenta con todas las respuestas, erigiéndose como portavoz de la verdad. Reconocer que no sabe —o que puede estar equivocado— es demasiado doloroso para su ego. Así es como va encerrándose en una prisión mental construida a base de creencias y conceptos de segunda mano, muchos de los cuales son falsos y limitantes.

Por más seguridad que aparente, la arrogancia es una fachada que suele esconder un profundo miedo al cambio. Así, el arrogante hace todo lo posible para no modificar su postura rígida y estática frente a la vida. Le cuesta ser autocrítico y cuestionarse a sí mismo. Principalmente porque eso implica hacer algo que le aterroriza: cuestionar los pilares desde los que ha construido su identidad. De ahí que cuando entra en contacto con información nueva se sienta incómodo y amenazado. Por eso tiende a ridiculizar, demonizar e incluso a oponerse violentamente a ideas diferentes a las suyas.

El quid de la cuestión es que la arrogancia —o pseudoescepticismo— es una actitud ineficiente e insostenible que limita tu capacidad de ver y comprehender las cosas desde una nueva perspectiva. Desde un punto de vista biológico es antinatural, pues te impide evolucionar psicológica y espiritualmente como ser humano. Por el contrario, la humildad de reconocer que no sabes y que estás dispuesto a aprender te permite desarrollar un sano y constructivo escepticismo. Es decir, la actitud de explorar aquello que desconoces para expandir tu entendimiento y comprehensión. En esencia, no es más que un síntoma que pone de manifiesto tu madurez.

Así, es fundamental que te abras siempre a lo nuevo y a lo desconocido. Eso sí, nunca te creas nada de lo que te cuenten o leas, incluyendo —por supuesto— el contenido de este ensayo. Por el contrario, procura analizar, cuestionar y contrastar detenidamente toda la información que te llega desde el exterior. Y en la medida de lo posible verificarla a través de tu propia experiencia. La verdad, la sabiduría y el amor no pueden entenderse desde la mente. Solamente pueden experimentarse desde el corazón.

Dicho esto, déjame que insista: por favor, no te creas nada. No caigas en el error de convertir estos conceptos en nuevas creencias. Es importante que leas este libro con escepticismo y actitud crítica. Y sobre todo, que te atrevas a ponerlo en práctica. Si has seguido leyendo hasta aquí, gracias por tu tiempo, complicidad e interés. ¡Buen viaje!

Jamás se ha emborrachado nadie a base de
comprender intelectualmente la palabra «vino».

Anthony de Mello

II

Tómate la pastilla roja

Es más fácil engañar a la gente que
convencerles de que han sido engañados.

Mark Twain

*Había una oscura caverna en la que se encontraba un grupo de
seres humanos en cautiverio, prisioneros desde el día de su nacimiento. Todos ellos estaban atados con cadenas y grilletes que les
sujetaban el cuello, las manos y las piernas. Estaban sentados
sobre el suelo, apoyando sus espaldas contra un muro que se eri-
gía detrás de ellos. No podían moverse. Ni siquiera girar la cabeza. Tan solo veían la pared que había delante suyo.*

*Detrás del muro sobre el que estaban apoyados había un
pasillo con una hoguera encendida. Y un poco más lejos, la entrada de la cueva que daba al exterior. En aquel pasillo había una serie de objetos que sobresalían por encima del muro.
Y debido a la iluminación generada por el fuego, las sombras de
dichos objetos se proyectaban en la pared que los prisioneros sí
podían ver.*

Después de toda una vida viendo cada día la misma pared,

los esclavos consideraban como verdad las sombras proyectadas de los objetos. Ignoraban por completo lo que acontecía a sus espaldas, detrás del muro. Tampoco sabían de la existencia de la hoguera. Estaban convencidos de que las sombras eran la única realidad verdadera.

Un buen día, uno de los prisioneros —el más inquieto y curioso de ellos— se dio cuenta de que podía liberarse de sus cadenas. Ninguno de ellos lo había intentado nunca. Al levantarse del suelo, el resto de compañeros le increpó con severidad, exigiéndole que volviera a sentarse y quedarse quieto. Sin embargo, hizo caso omiso y empezó a buscar para saber qué más había dentro de la cueva.

Al encontrar el pasillo que había detrás del muro, descubrió una nueva realidad mucho más profunda y completa que la que había conocido nunca. Al ver directamente los objetos y la hoguera se quedó perplejo. Al principio no entendía nada. Pero poco a poco se dio cuenta de que lo que había estado viendo durante toda su vida no era real, sino una distorsión de la verdadera realidad.

Aquella toma de consciencia le hizo comprehender que su existencia había sido una farsa, un engaño, una ilusión, una ficción... Tras aquel shock inicial, siguió caminando por el pasillo hasta que se encontró con una escarpada senda que conducía hasta la salida de la caverna. Y nada más poner un pie fuera, sus ojos entraron en contacto por primera vez con la luz del día.

Al principio, aquella luz le causó una dolorosa sensación. Al haber estado toda su vida viviendo en la oscuridad, la luz del sol le quemó y le cegó la vista. Sin embargo, con el paso de las horas se acostumbró a la luz solar, de tal forma que esta acabó iluminándolo. Al ver con sus propios ojos el vasto mundo que acontecía fuera, se dio cuenta de que había pasado toda su vida siendo un esclavo confinado dentro de una caverna. Y justo en el instante en el que comprehendió aquella incómoda verdad, se convirtió —por fin— en un ser humano libre.

Movido por muy buenas intenciones, regresó a la cueva para liberar a sus compañeros de cautiverio. Y nada más verlos les contó la verdad: les dijo que eso que habían estado viendo en la pared en realidad eran sombras proyectadas por unos objetos que estaban detrás del muro iluminados por una hoguera. A su vez, les aseguró que habían estado engañados durante toda su vida, pues más allá de la oscuridad de la caverna se encontraba una realidad exterior llena de luz y de colores.

Nada más concluir su apasionada revelación, el resto de prisioneros empezó a ridiculizar y a reírse de aquel ser humano libre. Ajeno a sus burlas, les insistió que él estaba en lo cierto y que todos ellos estaban equivocados. Y que por favor le acompañaran al otro lado del muro para que pudieran comprobarlo por sí mismos, pudiendo así dejar de ser esclavos.

Harto de aquellas insinuaciones, uno de los prisioneros consiguió liberarse de sus cadenas, agarró una roca que había en el suelo y se la tiró a la cabeza, asesinando a aquel ser humano libre. El resto de rehenes celebró su muerte entre gritos y aplausos. Y continuaron encadenados a sus grilletes, esclavos de las sombras proyectadas sobre aquella pared durante el resto de sus vidas.[4]

4. ¡Despierta!

Antes de seguir leyendo este libro, tienes que tomar una decisión. Has de elegir entre tomarte la pastilla roja o la azul. La primera representa —simbólicamente— la verdad que puede liberarte de la cárcel mental en la que seguramente llevas tiempo malviviendo. La segunda, en cambio, simboliza las mentiras que la sociedad te ha venido contando para mantenerte preso desde el día de tu nacimiento.

Si bien «la verdad es amarga al inicio y dulce al final, las mentiras son dulces al inicio y amargas al final».[5] Esta es la razón por la que la píldora roja tiene un sabor desagradable. Si te la tomas, despertarás de la ilusión en la que estás inconscientemente confinado, también conocida como «matrix». Te darás cuenta de que tú también estás en cautiverio, preso por una serie de creencias erróneas y limitantes. Y comprehenderás de qué manera el sistema mantiene tu mente hipnotizada y secuestrada para que te comportes como un esclavo.

Es importante que sepas que —a corto plazo— la pastilla roja provoca efectos psicológicos muy dolorosos. Principalmente porque te lleva a conocerte a ti mismo en profundidad, cuestionando el núcleo sobre el que has construido tu identidad, así como tu forma de pensar. Si persistes, no te rindes y sigues indagando dentro de ti, con el tiempo este proceso te sanará y te transformará, permitiéndote cambiar de actitud frente a la vida. Y tarde o temprano te liberará de tus cadenas y grilletes mentales, experimentando una sensación de libertad y plenitud que hará que este viaje de autoconocimiento haya valido verdaderamente la pena. Es entonces cuando comprehenderás lo que significa «despertar».

Por otro lado, la píldora azul es dulce e increíblemente deliciosa. Si te la tomas, no podrás seguir leyendo las páginas que siguen. Este libro desaparecerá como por arte de magia. Y mañana te despertarás en tu cama, olvidando que este momento ha tenido lugar. Seguirás actuando de la forma en la que lo has venido haciendo, sin cuestionar el molde de pensamiento con el que fuiste adoctrinado.

De este modo, tomarte la pastilla azul te permitirá retomar tu vida de esclavo con normalidad. Al no ser consciente de tus grilletes, volverás a mirar hacia otro lado como si nada. De hecho, podrás seguir engañándote a ti mismo, negando cualquier asunción de responsabilidad personal. Seguirás culpando a los de siempre de tus problemas y de tu malestar, creyéndote que eres una pobre víctima de tus circunstancias.

Cabe señalar que —a medio y largo plazo— acabarás sintiéndote impotente y resignado, autoconvenciéndote de que no hay nada que dependa de ti para cambiar tu situación. Pero no te preocupes. Con la finalidad de mantenerte dormido y desempoderado, el sistema te proporcionará nuevas pastillas azules, que anestesiarán tu dolor y *parchearán* tu sufrimiento hasta que no sientas absolutamente nada. En fin, tú eliges: ¿pastilla roja o azul?

> La mejor manera de evitar que un prisionero escape
> es asegurarse de que nunca sepa que está encarcelado.
>
> Fiódor Dostoyevski

5. Sé viajero, no turista

Sin duda ya has hecho lo más difícil: reconocer que necesitas un cambio. Si no, sería imposible que estuvieras sosteniendo este libro entre tus manos. Debido a la crisis sistémica en la que nos encontramos, el autoconocimiento y el desarrollo espiritual están poniéndose de moda. Cabe señalar que este viaje hacia el interior puede realizarse de dos formas distintas: como un turista más —que es como lo hace la gran mayoría— o como un verdadero viajero.

Las diferencias son muy claras: los turistas tienen miedo y son algo perezosos. Por eso buscan confort y seguridad. Los viajeros, por su parte, son valientes y cuentan con iniciativa. De ahí que quieran aventura y libertad. Los turistas hacen turismo. Les gusta seguir un *tour* preestablecido. Siguen una agenda cerrada, totalmente planificada. Saben en todo momento qué lugares van a visitar. Y no se alejan demasiado del guía.

Los viajeros, en cambio, crean su propia ruta y siguen su propia senda. Para ello, cuentan con un mapa y una brújula propios. Al improvisar y fluir sobre la marcha, en demasiadas ocasiones terminan perdiéndose por sitios que ni siquiera sabían que existían, lo cual hace que su viaje sea mucho más auténtico y excitante. Esta es la razón por la que los turistas nunca saben dónde han estado, mientras que los viajeros nunca saben dónde están yendo. La gran diferencia es que los turistas vuelven a casa igual que como se fueron, mientras que los viajeros regresan transformados.

Exactamente lo mismo sucede con el viaje del autoconocimiento. Los turistas espirituales lo quieren todo fácil y masticado. Se quedan anclados en la teoría. Nunca salen de su zona de comodidad intelectual. Principalmente porque no están dispuestos a cuestionar sus creencias, desidentificarse del ego ni sentir el dolor reprimido que anida en su interior. En otras palabras, no quieren entrar en el barro, pues no les gusta ensuciarse ni mancharse las manos. Puede que miren hacia dentro, pero apenas se quedan en la superficie.

Los viajeros espirituales, por otro lado, están motivados con adentrarse hasta el fondo de la madriguera. Agradecen el apoyo de un guía, pero no temen tener que hacerlo solos. Están comprometidos con meterse en el fango para empezar a poner luz en sus sombras más oscuras. Y abiertos a confrontar su ignorancia, removiendo pilares muy profundos de su psique. En caso de aparecer el dolor, lo acogen y lo abrazan con cariño, pues saben que forma parte de su proceso de sanación y transformación. Y tú, ¿cómo estás viajando hacia el interior? ¿Como turista o como viajero?

El verdadero viaje de descubrimiento no consiste en buscar nuevos paisajes, sino en mirar con ojos nuevos.

MARCEL PROUST

6. Mi relación con dios

Llegados a este punto, me gustaría compartir brevemente contigo cómo ha sido mi relación con dios. Lo hago para que te hagas una idea de *desde dónde* está escrito este libro. Mis padres eran católicos no practicantes. Es decir, comulgaban con el catolicismo por una simple cuestión de condicionamiento y costumbre. Tan solo iban a misa cuando asistían a bodas y bautizos.

De hecho, fui bautizado a los pocos meses de nacer, no por convicción, sino por tradición.

A pesar de ir a un colegio laico, desde muy pequeño empecé a creer en dios. Principalmente porque se trataba de una creencia compartida por toda la gente que vivía en mi barrio. A los diez años les dije a mis padres que quería hacer la primera comunión. Se trata de un ritual en el que varios menores de edad reciben la eucaristía, ingiriendo delante de un altar pan y vino sacramental, los cuales simbolizan el cuerpo y la sangre de Jesucristo. Así es como los jóvenes creyentes manifiestan su supuesto deseo de estrechar lazos con dios.

De aquel día mi madre recuerda tres cosas: que fue la primera vez en mi vida que me puse una corbata; que momentos antes de empezar empujé sin querer a uno de mis compañeros a un estanque que había delante de la iglesia, y tuvo que ir a su casa para cambiarse de ropa; y que movido por mi inocencia, mastiqué la hostia con la boca abierta como si fuera una chuchería, frunciendo el ceño en señal de desagrado delante de todos los asistentes.

Antes, por eso, tuve que asistir a un curso de formación de treinta horas denominado «catequesis», en el que intentaron —sin mucho éxito— que siguiera el camino que conducía hasta Jesucristo. Me lo presentaron una y otra vez como «el hijo de dios» y me insistieron hasta la saciedad que tenía que amarlo con todas mis fuerzas para que se convirtiera en mi «salvador». Sin embargo, por aquel entonces era un chaval movido y travieso, y toda aquella liturgia me resultaba indiferente. Además, debido a mi falta de concentración y a mi exceso de dispersión, apenas pude memorizar el padrenuestro y los primeros versos del avemaría. La única razón por la que hice la primera comunión fue para poder celebrar la fiesta posterior y ser inundado por otro tipo de gracia: los regalos materiales de mis invitados.

Un año más tarde, volví a estar cara a cara frente a un miembro del clero. Fue durante las vacaciones de verano. Por lo visto, una de mis últimas gamberradas había molestado muchísimo a uno de nuestros vecinos católicos sí practicantes. Más allá de pedirles sinceras disculpas por mi inadecuado comportamiento, exigieron a mis padres que —como parte de mi redención— debería ir al confesionario de la parroquia para exponer mis pecados al cura. Y obligado por mis progenitores, eso hice.

Tras explicarle a aquel párroco católico lo que había sucedido, me mandó recitar quince padrenuestros, diez avemarías y cinco oraciones más cuyo nombre no recuerdo. La verdad es que no fui capaz de hacerlo. En primer lugar, por mi pésima memoria. Y en segundo y más importante, porque a pesar de tener solo once años no le vi ningún sentido. Si me había arrepentido y había pedido perdón por el error cometido, ¿para qué tenía que confesarme ante un cura y recitar todas aquellas oraciones de forma mecánica y repetitiva? Aquella fue la primera y la última que me *confesé* en toda mi vida.

Dejar de creer en dios

A lo largo de los ocho años siguientes, mi relación con dios fue del todo unidireccional. Era un adolescente tan egocéntrico que jamás le pregunté cómo estaba. Tan solo me acordaba de él para pedirle que me echara un cable para aprobar los exámenes y ligarme a las chicas que me gustaban. También lo mencionaba cada vez que no conseguía lo que quería. En varias ocasiones llegué a maldecir su nombre, entonando el típico lamento victimista: «¿Por qué a mí?».

A mis diecinueve años y a raíz de una serie de circunstancias personales muy adversas que tuve que afrontar, acabé tocando fondo. Llegué incluso a pensar seriamente en suicidarme. Sin embargo, lo único que *murió* fue la creencia en el dios de la Iglesia católica, convirtiéndome en ateo militante. Eso sí, dado que fui condicionado para creer que entre las nubes habitaba un ser malhumorado con barba y vestido de blanco, enseguida miré hacia el cielo, temeroso de ser fulminado por un rayo.

Influido por filósofos existencialistas como Friedrich Nietzsche, Jean Paul Sartre, Albert Camus, Emile Cioran y Fiodor Dostoyevski, concluí categóricamente que la vida carecía de propósito y sentido. Fue en aquella época cuando abracé la arrogancia como mi nueva doctrina. De hecho, me reía de los libros de autoayuda y juzgaba severamente a los autores especializados en espiritualidad. Si bien me había liberado de mis creencias religiosas, para conseguirlo había adoptado las creencias opuestas, igualmente limitantes e ineficientes a la hora de construir una vida plena.

No en vano, el teísmo y el ateísmo son las dos caras de una misma moneda, cuyo valor no lo da la experiencia, sino la creencia. Ninguna de estas dos corrientes de pensamiento antagónicas promueve nuestra verdadera libertad psicológica. Las dos nos condenan a un mismo tipo de esclavitud mental: son el mismo perro con distinto collar. Por eso, a pesar de haberme liberado de la religión seguía siendo esclavo de la ignorancia y, en consecuencia, de la angustia, el vacío y el sufrimiento.

Y así seguí hasta los veinticuatro años, perdido en un laberinto sin aparente salida. Despreciaba el mundo de los adultos, estaba muy enfadado con la vida y era un completo inadaptado del sistema. Harto de sufrir, poco a poco empecé a cuestionar el valor que tenía para mí pensar de forma nihilista. ¿Realmente el universo está regido por el azar y el caos? ¿Acaso no hay un propósito trascendente? Mientras trataba de responder a este tipo de interrogantes, comencé a devorar libros de autores como Erich Fromm, Viktor Frankl, Carl Jung, Hermann Hesse, George Orwell o Aldous Huxley, los cuales —me di cuenta *a posteriori*— hacían de puente entre la filosofía occidental y la oriental.

Una experiencia sin experimentador

Con la mente más abierta y el corazón menos roto, poco después me hablaron de una herramienta de autoconocimiento llamada «Eneagrama de la personalidad». Irónicamente, el curso al que asistí para profundizar en mi búsqueda existencial se realizaba en un convento de monjas. A pesar de mis enormes resistencias iniciales, aquella experiencia significó un nuevo punto de inflexión en mi vida. Sin duda alguna, descubrir lo que era el ego y comprehender de qué manera este condicionaba y limitaba mi percepción de la realidad fue una gran bofetada a mi arrogancia. No recuerdo haber llorado nunca tanto.

Reconocer la ignorancia propia es un trago amargo, pero necesario para crecer y evolucionar como seres humanos. Lágrima tras lágrima fui deshaciéndome de mi rígido sistema de creencias. Me despedí avergonzado de la prepotencia, inclinándome de rodillas de forma voluntaria para adoptar la humildad como filosofía de vida. Lo único que sabía era que no sabía nada. Me miré en el espejo y me dije: «No sé de dónde vengo. No sé quién soy. Ni tampoco sé hacia dónde voy». Paradójicamente, sentí un gran alivio en mi interior.

Ese fue el comienzo de una nueva etapa en mi camino de aprendizaje. Al día siguiente dejé de leer a Nietzsche y empecé a interesarme por las enseñanzas del Dalai Lama, Anthony de Mello, Sri Ramana Maharshi, Eckhart Tolle o Jiddu Krishnamurti. Y tan solo un año más tarde —el 19 de marzo de 2006 a las dos de la madrugada—, tuve una experiencia mística que cambió para siempre mi manera de ver y comprender la vida. Soy muy consciente de lo hierbas y esotéricas que pueden parecer mis palabras, pero te aseguro que a mis veinticinco años volví a nacer.

Estaba como siempre encerrado en mi cuarto, leyendo por vez primera las enseñanzas de Gerardo Schmedling, concretamente «La aceptología». Aquel texto decía cosas acerca del funcionamiento del universo que iban en contra de todo lo que me habían enseñado. Tanto es así, que al principio me sentí muy incómodo e incluso me puse a la defensiva. Sin embargo, en la medida en que fui avanzando en la lectura entré en un profundo estado de serenidad y quietud interior, una sensación nueva y desconocida para mí.

En un momento dado, algo me hizo clic. Y sentí una poderosa corriente de electricidad que recorrió todo mi cuerpo desde la base de la espalda hasta la coronilla. Aquel extraordinario escalofrío hizo que me explotara literalmente la cabeza. Y en cuestión de unos segundos toda la habitación se inundó de luz. De pronto allí no había ni rastro de Borja Vilaseca. Fue una experiencia sin experimentador. Tan solo se sentía una inmensa sensación de amor, paz y felicidad. ¡Pero sin que hubiera nadie que lo sintiera!

Aquel estado de consciencia se prolongó durante un mes y medio. Era imposible perturbarme porque no había nadie que pudiera perturbarse. En todo momento había una «consciencia-testigo» que veía desde fuera cómo un tal Borja vivía aquello que iba aconteciendo en cada instante. Sin embargo, en ningún momento existía la noción de que fuera un *yo* separado. La mente estaba totalmente aquietada y no quedaba ni rastro del ego que otrora tanta ansiedad y angustia me había hecho sufrir.

Recuerdo pasar horas y días enteros sentado en un banco de un parque cercano a mi casa —haciendo nada—, respirando conscientemente y sintiendo una conexión profunda con dios, la vida, el universo o como prefieras llamarlo. No podía dejar de llorar de felicidad... Y durante todo aquel periodo de permanente bienestar y extrema lucidez, el amor regía todas y cada una de mis actitudes y conductas, dando siempre lo mejor de mí frente a cada persona y situación en la que me encontrara. Eso sí, lo más irónico es que en ningún momento sentí que era yo el autor de dichas acciones. Sentía simplemente como la vida me vivía.

RECONECTAR CON LA DIMENSIÓN ESPIRITUAL

Con el tiempo, lenta pero paulatinamente fui regresando a mi estado de consciencia ordinario y habitual, identificándome nuevamente con el ego. Sin embargo, algo había cambiado para siempre. Aquella maravillosa experiencia dejó en mí un atisbo de verdad, un poso de sabiduría y una huella imborrable de amor en mi interior. Mientras escribo estas líneas la recuerdo como si hubiera sucedido ayer. Y es imposible que la olvide nunca.

Así fue como empecé a separar el grano de la paja. Es decir, a discernir entre la religión y la espiritualidad. Seis años después de *matar* en mi mente al dios-creencia, di a luz al dios-experiencia en mi corazón. No es que crea en esta fuerza invisible y creadora, sé que existe porque la he experimentado. A raíz de aquel despertar, reconecté con mi dimensión espiritual. Y solo unos meses después comencé a impartir mis propios cursos de autoconocimiento. Quería compartir con otros buscadores lo que a mí personalmente me estaba transformando.

A su vez, también me sumergí en la esencia que comparten todas las tradiciones espirituales de Oriente, como el hinduismo, el budismo, el taoísmo, el zen o el advaita. Y pese a todos los prejuicios que había adquirido durante mi etapa nihilista y ateísta, leí la Biblia y los Evangelios, tanto los oficiales como los no oficiales. Y fue entonces cuando me di cuenta de que todos los grandes místicos de la historia de la humanidad comparten un mensaje universal común, el cual no tiene nada que ver con las instituciones religiosas que se erigieron en su nombre.

Para desmarcarme de mi entorno social y familiar, por aquella época empecé a dejarme greñas y a llevar la barba larga y descuidada. También comencé a calzar chanclas con calcetines e ir vestido únicamente con unos pantalones *thai* y una camisa de lino a rayas con colores de lo más variopintos. Y cómo no, fui varias veces a India para aprender los fundamentos de la meditación, la contemplación y el yoga. Durante esa época el ego espiritual se apoderó de mí, haciéndome sentir superior por plantearme cuestiones trascendentales que la mayoría negaba o directamente desconocía...

Años más tarde, volví a tener alguna reminiscencia de aquella sensación de disolución de límites y profunda conexión con la vida. Esa vez a través de la experimentación con sustancias psicodélicas como el ácido lisérgico (LSD), las setas alucinógenas y el ayahuasca. Si bien me sirvieron para seguir abriendo la mente y expandiendo la consciencia, ninguna de estas experiencias se puede comparar con la que tuve de forma natural con veinticinco años.

En fin, ya ha llovido mucho desde entonces. Y de la mano de grandes sabios, como Siddartha Gautama, «Buda», Lao Tsé, Adi Shankara, Sócrates, Lucio Anneo Séneca o Jesús de Nazaret, he aprendido a priorizar la experiencia en detrimento de la creencia, convirtiéndome en un auténtico discípulo de la vida. Si bien hoy en día ya no busco la iluminación, de vez en cuando vuelvo a sentir la dicha que deviene cuando desaparecen la mente, el ego y el pensamiento, fundiéndome plenamente con el instante presente.

Ya han pasado más de quince años desde que desperté. Y si algo he verificado a lo largo de este tiempo es que las casualidades no existen. A su vez he comprobado que todo lo que nos sucede nos conviene para seguir creciendo, aprendiendo y evolucionando. Tras ocultarme durante muchos años en el armario espiritual, con este libro salgo de él para compartir mi pequeño testimonio vital. Y es que abrazar la espiritualidad laica es sin duda la experiencia más disruptiva, transformadora y revolucionaria que le puede suceder a cualquier ser humano. Principalmente porque te lleva a sentir —aunque solo sea por un instante— una profunda sensación de unión, conexión y comunión con la vida que va más allá de la lógica, la razón, los conceptos y el lenguaje. Y tras la que nunca nada vuelve a ser lo mismo, aunque todo siga igual y nada haya cambiado. Ojalá tengas la fortuna de experimentarlo.

Deja de creer en dios: ¡vívelo!

Willigis Jägger

PRIMERA PARTE

Una religión
sin espiritualidad

UNA RELIGIÓN SIN ESPIRITUALIDAD	EL DESPERTAR DE LA CONSCIENCIA	UNA ESPIRITUALIDAD SIN RELIGIÓN
Viejo paradigma	*Cambio de paradigma*	*Nuevo paradigma*
Yo ilusorio (ego)		Verdadera esencia (ser)
Identificación con la mente (maya)		Consciencia-testigo (*atman*)
Sensación de separación y desconexión		Sensación de unidad y conexión
Condicionamiento religioso		Experiencias transformadoras
Teísmo (dios creó el universo)		Panteísmo (dios es el universo)
Dios está fuera (dios-creencia)		Dios está dentro (dios-experiencia)
Instituciones religiosas		Escuelas de desarrollo espiritual
Con intermediarios religiosos		Sin Intermediarios
Jesucristo como «hijo de dios»		Jesús de Nazaret como «filósofo revolucionario»
Fieles dormidos y desempoderados		Viajeros despiertos y empoderados
Rituales y sacrificios		Autoconocimiento y desarrollo espiritual
Religión, ateísmo y nihilismo	*Crisis espiritual* ⟹	Espiritualidad laica
Creyentes, agnósticos y ateos		Buscadores espirituales
Teología		Misticismo
Rezo y oración		Meditación y contemplación
Idealización de santos y mártires		Aprendizaje de sabios y filósofos
Dogmatismo y fanatismo		Respeto y tolerancia
Psicología convencional		Psicología transpersonal
Universo caótico		Universo regido por leyes
Azar y casualidad		Sincronicidad y causalidad
Injusticia		Correspondencia
Sin sentido e intrascendencia		Sentido y trascendencia
Miedo de ir al infierno		Infierno como metáfora psicológica
Desconfianza en la vida		Confianza en la vida
Vacío y sufrimiento		Completitud y felicidad
Tensión y control		Fluidez y rendición

III

El verdadero pecado original

> Todas las miserias de la humanidad se deben a una
> sola cosa: a que somos incapaces de estar
> sentados solos y en silencio en una habitación.
>
> BLAISE PASCAL

En un pasado muy lejano los seres humanos éramos dioses. Pero debido a nuestro infantilismo, abusamos tanto de nuestros privilegios que la vida, el universo, dios o como prefiramos llamarlo nos quitó dicho poder. Y decidió esconderlo en el lugar en el que menos buscaríamos y que —por tanto— fuera el más difícil de encontrar. De este modo, la vida quería que reconectáramos con nuestra divinidad cuando verdaderamente hubiéramos madurado.

«¡Enterremos el poder de la divinidad bajo tierra!», le sugirió un miembro de su comité de consejeros. «¡Ya veo que ignoráis cómo son los seres humanos», replicó el universo. «Explorarán, excavarán y destruirán la tierra hasta que un día den con el escondite». Seguidamente, otro de sus consejeros, añadió: «Entonces, arrojémoslo al fondo de los océanos». Dios volvió a negar con

la cabeza. «No me convence, pues sé por experiencia que no saben estarse quietos. Allí también lo buscarán», dijo al cabo.

«¿Y si lo escondemos en la Luna?», propuso otro consejero. La vida rio a carcajadas. «Ahí también llegarán. Los seres humanos se gastarán una fortuna en naves para conquistar el espacio». El comité de consejeros se quedó en silencio, sin saber qué decir. «Según lo que afirmas, no hay lugar bajo la tierra, en el fondo de los océanos e incluso en la Luna donde los seres humanos no vayan a mirar nunca», afirmó cabizbajo uno de ellos.

Tras escuchar estas palabras, el universo tuvo una revelación. «¡Ya lo tengo! ¡Esconderemos el poder de la divinidad en lo más profundo de su corazón, pues es el único lugar donde a muy pocos se les ocurrirá buscar». Y así, desde el origen de los tiempos, la humanidad ha conquistado la naturaleza y explorado el espacio sideral, buscando inconscientemente algo que alberga en su interior.[6]

7. El ombligo del mundo

Cuando miramos el estado actual en el que se encuentra la humanidad, es difícil no preguntarse: ¿por qué hay tanta guerra, hambre y pobreza? ¿Por qué reina la violencia y la destrucción? ¿Por qué en general las relaciones humanas son tan conflictivas? Y en definitiva, ¿por qué hay tanto sufrimiento en el mundo? Desde una perspectiva cristiana, todos estos síntomas proceden de una misma causa: el «pecado original».

Según el libro sagrado judeocristiano —la Biblia—, el origen de nuestra corrupción como especie comenzó en el jardín del Edén. En este paraíso surgieron Adán y Eva, quienes vivían desnudos y felices. Eran los dos primeros humanos creados por dios. Si bien les dio libertad para hacer lo que quisieran, les prohibió solamente una cosa: comer el fruto del árbol del conocimiento del bien y del mal, simbolizado por una manzana.

Sin embargo, un día apareció una serpiente —la cual representa al diablo—, que los tentó para que pecaran. Al morder un trozo de manzana, se desvaneció su estado de inocencia. De pronto Eva y Adán se sintieron avergonzados por estar desnudos. Y al desobedecer a dios fueron expulsados del jardín del Edén. Como consecuencia de empezar a vivir en este estado de pecado original, la humanidad perdió —a su vez— su condición paradisiaca esencial. Y es precisamente el hecho de desviarse y alejarse de la voluntad divina lo que provocó la aparición del resto de pecados. De ahí que para el cristianismo todos seamos «pecadores».

Pero ¿qué significa exactamente esta palabra? Etimológicamente, «pecado» procede del latín *peccatum*, que quiere decir «delito, falta o acción culpable». A su vez, en arameo (*khata*), hebreo (*jattá'th*) y griego (*hamartia*) —los tres idiomas en los que se escribió la Biblia— significa «errar en el sentido de no alcanzar una meta, fallar en un objetivo o no dar en el blanco exacto». Más allá de su connotación religiosa y moral, «pecar» no es más que «equivocarse». De hecho, el «pecado original» alude al primer y más grande error que cometemos todos los seres humanos en el momento de nuestro nacimiento. Se trata de una experiencia psicológica que sucede durante el parto. Y no hay nada que podamos hacer para evitarlo.

LA HERIDA DE SEPARACIÓN

Antes de nacer, todos y cada uno de nosotros vivimos dentro del útero materno, una especie de *chill out* donde nos sentimos fusionados y conectados. A este sentimiento se lo conoce como «estado oceánico», en referencia a la gota de agua que se funde con el océano y que se caracteriza por la sensación de *ser uno con el todo*.

Así es como se sienten los bebés mientras flotan en el líquido amniótico. Y es que mientras estamos en el útero no tenemos la noción de ser un *yo* separado. No distinguimos entre nuestra madre y nosotros. Por el contrario, nos inunda un sentimiento de inmensidad sin límites, fronteras ni barreras. En ese estado somos todo lo que existe. No hay ningún tipo de separación. Nos sentimos unidos con la vida.

Sin embargo, todo cambia durante el parto, cuando literalmente nos desgajamos de nuestra madre. Es sin duda nuestra primera experiencia cercana a la muerte. Tras nueve meses viviendo en nuestro particular jardín del Edén somos expulsados del paraíso. Y tras cortar el cordón umbilical que nos une a la placenta de nuestra progenitora, empezamos a sentir la dolorosa herida de separación.

De pronto inhalamos nuestra primera bocanada de aire, estrenando así nuestros diminutos pulmones. Sentimos frío. Miedo. Y hambre. Es entonces cuando el estado oceánico desaparece y dejamos de sentirnos unidos y conectados. Por el contrario, comenzamos a experimentarnos como entes separados. Desde ese instante, empezamos a mirar equivocadamente hacia fuera con la esperanza de que alguien o algo nos devuelva a nuestro paraíso perdido. Sin embargo, en el camino perdemos el contacto con el ser esencial que anida en lo más profundo de nuestro corazón y desde donde podemos volver a sentirnos fusionados con la existencia.

Este trauma de nacimiento nos acompaña el resto de nuestra vida. Y para no olvidarlo nunca, nos deja como recuerdo nuestra primera cicatriz: el ombligo. No es casualidad que utilicemos expresiones como «mirarse el ombligo» o «el ombligo del mundo» para referirnos a aquellas personas extremadamente egocéntricas que se creen el centro del universo. En el fondo, están hablando del verdadero pecado original: la progresiva e inevitable identificación con el ego, un fenómeno psicológico que nos lleva a padecer una ilusión cognitiva: la de sentirnos separados.

En general, la inmensa mayoría de nosotros en lo profundo estamos divididos. Y es en este estado de separación cuando nos equivocamos —de principio a fin— en nuestra forma de vivir, errando en nuestra manera de interpretar y de relacionarnos con la realidad. La creencia de que «somos un *yo* separado» es la causa subyacente que genera la aparición del resto de errores en las diferentes áreas y dimensiones de nuestra vida. Esta es la razón por la que en el mundo hay tanto conflicto y sufrimiento.

Si bien no puede entenderse intelectualmente, la verdad es que somos, pero no un *yo*. Somos, pero no estamos separados del universo. Una vez que retiramos el velo de las apariencias —por medio del que fragmentamos la realidad—, nos damos cuenta de que no existe tal separación. Principalmente porque la existencia es una. Más allá de las formas, en el fondo solo hay unidad. En el instante en el que reconectamos con el ser esencial —y volvemos a sentirnos unidos y conectados— desaparece inmediatamente nuestra desdicha. Y nos inunda un estado de absoluta felicidad.

> Reí cuando me contaron que el pez en el agua tiene sed.
>
> KABIR

8. La dictadura del ego

En el momento de nacer, nuestro cerebro todavía no está del todo desarrollado. Tampoco podemos valernos físicamente por nosotros mismos ni ser autosuficientes a nivel emocional. De hecho, pasarán algunos años más hasta que podamos tener uso de razón. Y otros tantos para ser conscientes y capaces de autoobservarnos, pudiendo así conquistar nuestro diálogo interno. Hasta entonces, somos dependientes de nuestros cuidadores.

Esta situación de extrema dependencia y vulnerabilidad provoca que se active nuestro instinto de supervivencia: el ego. En el ámbito de la religión cristiana y católica se le conoce como «diablo» o «demonio». También se le llama «Satanás». De hecho, al considerarlo el malo de la película se incita a que lo matemos... Sin embargo, nuestro proceso de sanación y transformación para reconectar con nuestra verdadera esencia no pasa por demonizar ni destruir el ego. Más bien consiste en comprehender cómo funciona y de qué manera nos manipula. Principalmente porque solo así podremos aceptarlo, integrarlo y trascenderlo, liberándonos de su nociva influencia psicológica.

Y entonces ¿qué es el «ego»? Se trata de una palabra latina que significa «yo». Es un mecanismo de defensa que vamos desarrollando inconscientemente para poder sobrevivir al abismo emocional que suponen los primeros años de nuestra existencia. Así es como intentamos desesperadamente protegernos del angustioso dolor que nos causa experimentar la herida de separación. Al desconectarnos del ser esencial —y por ende, del estado oceánico en el que nos sentimos fusionados con la vida—, el ego viene a ser un parche que nos permite ir tirando.

Este *yo* ilusorio cuenta con ocho características principales. La primera es que es «ignorante». El ego ignora una verdad fundamental: que lo que en realidad somos es el ser esencial del cual perdimos el contacto al nacer. No en vano, desde el día en que nacemos somos condicionados por nuestro entorno social y familiar. Y por medio del sistema de creencias limitantes que vamos adquiriendo, acabamos construyendo una mentalidad prefabricada. Cuando estamos identificados con el ego, obviamos algo muy obvio: que nuestra percepción no es neutra ni objetiva, sino que es totalmente subjetiva. Es entonces cuando confundimos la realidad —lo que es—, con la distorsión que hacemos de la realidad en base a las lentes egoicas desde donde la percibimos.

El segundo rasgo de este mecanismo de defensa es que es «egocéntrico». Desde nuestra más tierna infancia nos convierte en el centro de nuestro diminuto universo. De ahí que nos lleve a utilizar los pronombres «yo», «mi», «me», «conmigo», «mío»... Bajo el embrujo de este *yo* ilusorio, esperamos que se sacien nuestras necesidades, se satisfagan nuestros deseos y se cumplan nuestras expectativas. Y por supuesto, que todo el mundo nos beneficie y que nadie nos perjudique. Cuando estamos cegados por el ego no vemos a nadie más que a nosotros mismos. Esta es la razón por la que nos tomamos todo lo que sucede como algo personal.

La tercera característica principal es que es «infeliz». Cuando estamos identificados con el ego nos es imposible comprehender que todo lo que necesitamos para sentirnos en paz reside en nuestro interior. Tampoco sabemos que el único amor que necesitamos es el que podemos potencialmente darnos a nosotros mismos. Esta es la razón por la que creemos que el bienestar y el afecto han de venir de fuera. Del ego también surge el apego. Es decir, la creencia de que alguien o algo externo es la causa de nuestra felicidad. De ahí que este *yo* ficticio nos convierta en mendigos emocionales, esperando que los demás nos amen para volver a sentirnos completos. Sin embargo, nada ni nadie pueden llenar el enorme vacío que sentimos cuando estamos desconectados de nuestra verdadera esencia. Por eso siempre deseamos más de lo que tenemos, manteniéndonos en un estado de insatisfacción crónico.

Adultos infantiles

El cuarto rasgo de este instinto de supervivencia es que es «infantil» en el sentido más peyorativo de la palabra. ¿Qué sucede en general cuando no le das a un niño lo que quiere? Que rompe a llorar desconsoladamente, gritando y pataleando como si fuera el fin del mundo. A pesar de su mirada dulce y angelical, los críos pueden actuar como auténticos dictadores, tratando a sus padres como si fueran sus súbditos. Del mismo modo, cuando estamos identificados con el ego en demasiadas ocasiones los adultos nos comportamos como niños pequeños, sufriendo por no conseguir lo que queremos.

El quinto atributo de este escudo protector es que es «reactivo». De hecho, cuando vivimos identificados con el ego somos presos de un encarcelamiento psicológico. Cada vez que sucede algo que atenta contra nuestra supervivencia física o emocional, reaccionamos impulsivamente. Nosotros no elegimos reaccionar. Por el contrario, la reacción se dispara automáticamente, provocando que nos perturbemos a nosotros mismos tomándonos un chupito de cianuro. De este modo, al no ser dueños de nuestras reacciones emocionales, nos convertimos en esclavos de nuestras circunstancias.

El sexto rasgo es que es «victimista». Cuando estamos tiranizados por el ego estamos convencidos de que los demás son la causa de nuestro sufrimiento. Esta es la razón por la que cada vez que nos perturbamos tendemos a victimizarnos, a quejarnos y a culpar siempre a algo o alguien externo de nuestro malestar. En ningún momento asumimos nuestra parte de responsabilidad. No se nos ocurre pensar que la causa real de nuestro sufrimiento no tiene tanto que ver con el hecho, sino con la reacción egoica que se desencadena mecánicamente frente al hecho. Por eso en general queremos cambiar a los demás y a la realidad, creyendo que así lograremos —por fin— sentirnos bien con nosotros mismos.

La séptima característica principal es que es un «farsante». El ego es un falso concepto de identidad, un *yo* ilusorio creado por conceptos, pensamientos y creencias de segunda mano. Al estar enajenados de nuestra verdadera identidad —el ser esencial cuyo contacto perdimos al nacer—, creemos que somos nuestra «personalidad». No es casualidad que esta palabra proceda del griego «prospora», que significa «máscara». Así, el ego es un disfraz con el que conseguir que *algo* de lo de fuera —lo que sea— resuelva nuestro conflicto interno, aplaque nuestro miedo y apacigüe nuestro dolor. Sin embargo, lo único que sí consigue es que nuestra vida se convierta en una farsa representada en ese gran teatro llamado «sociedad».

El octavo atributo es que es «inconsciente». Mientras estamos identificados con el ego no nos damos cuenta de que estamos identificados con el ego. Somos inconscientes de todos estos patrones y mecanismos de defensa, incluyendo nuestra propia inconsciencia. Lo cierto es que tampoco queremos saberlo, pues implicaría hacer lo que más tememos: cuestionar los pilares sobre los que hemos construido esta identidad prefabricada. De hecho, al ego no le interesa para nada que seamos conscientes de su existencia. Principalmente porque sería el principio del fin de su dictadura. Por eso hace lo posible para mantenernos dormidos, enajenados y desempoderados.

En definitiva, «el ego es la mente no observada que dirige nuestra vida cuando no estamos presentes como observadores».[7] Es entonces cuando nos percibimos —equivocadamente— como un *yo* separado de la realidad que observamos. Ser conscientes de cómo opera este dictador interior es el primer paso para salir de la ilusión, la trampa y el engaño a los que nos mantiene sometidos. Saber cómo funcionan sus diferentes mecanismos es lo que nos permite dejar de identificarnos con él. De ahí que para despertar sea fundamental darnos cuenta cuando este impostor se apodera de nosotros. Esencialmente porque no somos la charla que oímos en nuestra cabeza, sino el ser que escucha esa charla.[8] Del mismo modo que no podemos luchar contra la oscuridad, es imposible combatir el ego y vencer. En este caso, la *batalla* se gana encendiendo la luz.

> El nivel de sufrimiento en tu vida es
> proporcional al tamaño de tu ego.
>
> ECKHART TOLLE

9. El poder de las creencias

En el momento de nuestro nacimiento somos un ser puro, inocente e inmaculado; una criatura desprovista de nombre, idioma y acento. Nuestro cerebro —todavía en formación— está limpio de influencias y condicionamientos externos. A su vez, nada más nacer nuestra mente es como una «tabula rasa», una expresión latina que alude a una «tabla de cera sin ninguna inscripción encima». Es decir, una hoja en blanco, libre de creencias, dogmas, doctrinas e ideologías.

Eso sí, que nuestra mente esté vacía de ideas el día de nuestro nacimiento no significa que vengamos al mundo vacíos por dentro. Todo lo contrario: en nuestro interior albergamos un fruto en potencia. Este es el motivo por el que los recién nacidos tienen forma de semilla. Esencialmente porque lo son. El ser que somos en esencia contiene ciertos atributos originales y rasgos únicos que vienen de serie. Son innatos. Cada uno de nosotros nace con un inmenso potencial por descubrir, desarrollar y manifestar.

Sin embargo, debido a las condiciones meteorológicas que nos acompañaron durante nuestra infancia, en demasiadas ocasiones esta semilla no llega a florecer nunca. Y la vida se queda sin recibir nuestro fruto. No en vano, las escuelas industriales se asemejan a invernaderos donde se cultiva y se produce un mismo tipo de flor. En vez de detectar, respetar y potenciar nuestras cualidades inherentes, se nos *educa* para pensar y comportarnos de una misma manera. De ahí que se diga que «un adulto libre, auténtico y creativo es un niño que ha sobrevivido al sistema educativo».[9]

Mientras tanto, nuestros padres —haciéndolo lo mejor que saben— empiezan a proyectar inconscientemente su forma de ver la vida sobre nosotros. Es decir, a hacer lo mismo que sus progenitores hicieron en su día con ellos. En paralelo y por medio de las «neuronas espejo», los hijos empezamos a imitar sus actitudes, conductas y comentarios más frecuentes. Y como resultado, la semilla esencial con la que nacimos queda sepultada bajo una losa de condicionamientos que nos alejan del ser que en realidad somos.

Para recuperar el contacto con nuestra verdadera esencia no nos queda más remedio que pelar unas cuantas capas de cebolla, un arduo proceso que en demasiadas ocasiones nos hace llorar. Esta es la razón por la que la mayoría jamás cuestiona el sistema de creencias con el que ha cocreado inconscientemente una identidad falsa y prefabricada.

Al ignorar quiénes verdaderamente somos, empezamos a

vincular nuestra identidad con algo externo que en realidad no somos, haciendo depender de ello nuestro bienestar y nuestra felicidad. Este proceso de identificación nos lleva a creer erróneamente que somos nuestro cuerpo, nuestra mente, nuestras creencias, nuestros pensamientos y nuestras emociones. También nos hace creer que somos nuestro nombre, nuestra nacionalidad, nuestra religión, nuestro partido político, nuestro equipo de fútbol, nuestro título universitario, nuestro cargo profesional, nuestro perfil en las redes sociales, nuestra familia, nuestra pareja, nuestros hijos, nuestros amigos e incluso lo que la gente piensa de nosotros.

Al estar identificados con todos estos aspectos externos, estamos convencidos de que solamente seremos felices si logramos que cada uno de ellos sea de una determinada manera. Al estar tan desconectados de lo de dentro, desde el ego tratamos de controlar y cambiar lo de fuera para que se adapte a nuestros deseos, necesidades y expectativas. Y como consecuencia, nuestra existencia termina estando marcada por la lucha, el conflicto y el sufrimiento.

LO QUE CREES ES LO QUE CREAS

Y entonces ¿qué es una creencia? Se trata de un programa mental —o paquete de información— que habita en nuestra cabeza. Cada creencia actúa como un GPS interno, una especie de navegador existencial desde el que interpretamos y nos movemos por la realidad. Nuestro sistema de creencias no solo condiciona nuestra forma de percibir el mundo, sino también el tipo de pensamientos que se originan en nuestra mente. A su vez, influye en las emociones que sentimos, las decisiones que tomamos, las actitudes que adoptamos y los comportamientos que manifestamos. Y en definitiva, determina los resultados que cosechamos en las diferentes áreas de nuestra existencia.

Si bien nuestras creencias son invisibles, son tremendamente poderosas: son el germen desde el que cocreamos nuestra realidad y nuestra experiencia de vida. Lo que creemos es lo que creamos.

Así de simple. De ahí que sea tan importante que las cuestionemos. Esencialmente porque la mayoría de las ideas en las que creemos inconscientemente son falsas, erróneas y limitantes. No las hemos elegido libre y voluntariamente. Ni tampoco las hemos verificado empíricamente a través de nuestra propia experiencia.

Muchas de las cosas en las que creemos —incluyendo nuestra visión religiosa o atea de la vida— nos han sido impuestas desde nuestra más tierna infancia. Al ser niños inocentes y dependientes, endiosamos a los adultos en general y a nuestros padres en particular. Y al no poder adoptar una actitud escéptica ni un pensamiento crítico, nos creímos todo aquello que nos contaron acerca de dios y del universo. Debido a este proceso de condicionamiento —al cual seguimos llamando «educación»—, desarrollamos una determinada «cosmovisión». Es decir, una manera encorsetada de ver, comprender, interpretar y relacionarnos con el mundo.

¿Por qué la mayoría de personas que nacen en un entorno cristiano se consideran cristianas? ¿Y por qué, en cambio, la mayoría de quienes lo hacen en una comunidad musulmana se identifican con el islam? ¿Acaso tuvieron elección? En realidad, nadie nace siguiendo una determinada religión. De hecho, ninguno de nosotros es cristiano, judío, musulmán, budista, agnóstico o ateo. Solo nuestras mentes pueden serlo.

¿Qué creencias religiosas tendríamos hoy si hubiéramos nacido en un país con una cosmovisión religiosa diferente a la del entorno social y familiar en el que fuimos condicionados? Si bien el ser esencial seguiría siendo el mismo —inocente e incontaminado—, nuestra mente estaría gobernada por un sistema de creencias muy distinto. ¿Qué hubiera pasado si en lugar de nacer en España o algún país latinoamericano lo hubiéramos hecho en Arabia Saudí? Pues que en vez de pensar y hablar en lengua castellana lo haríamos en árabe. Y que en lugar de admirar a Jesucristo seríamos fieles seguidores de Mahoma.

Convertirse en ateo, por otro lado, no es más que renegar de un sistema de creencias teístas para abrazar su polo opuesto y contrario: un sistema de creencias ateístas. Sin embargo, la mente del ateo sigue estando esclavizada por paquetes de información basados en teorías y suposiciones racionales. Todavía puede dar un paso más allá, vaciando su cabeza de ideas preconcebidas para reconectar con la dimensión espiritual que está más allá del lenguaje y los conceptos.

La verdadera espiritualidad no tiene nada que ver con las creencias que proceden de fuera, sino con las experiencias que vienen de dentro. A pesar de que todos hemos sido adoctrinados de alguna u otra manera, toda esta programación queda registrada en el ego. Nuestra verdadera esencia siempre permanece intacta a la influencia externa. Nada ni nadie pueden acceder al ser esencial. Tan solo nosotros mismos. Principalmente porque esta *puerta* se abre desde dentro.

> Si las puertas de la percepción fueran limpiadas,
> todo aparecería ante nosotros tal cual es: infinito.

WILLIAM BLAKE

10. El laberinto de la mente

El ego y las creencias se vehiculan a través de la mente, un instrumento con un poder espectacular. Eso sí, dependiendo de cómo se utilice puede ayudarnos a cocrear una vida extraordinaria o directamente hacerla añicos. Debido a que solemos vivir de forma inconsciente, no la usamos en absoluto, sino que ella nos usa a nosotros. De hecho, estamos tan identificados con la mente que ni siquiera sabemos que somos sus esclavos.

Por más que se los confunda, el cerebro y la mente son dos *cosas* muy diferentes. El primero es un órgano tangible y material, mientras que la segunda es intangible e inmaterial. Sea como fuere, la mente es un instrumento con seis funciones principales. Y para explicar cada una de ellas, pongamos como ejemplo que asistimos a una conferencia sobre la mente impartida por una neurocientífica llamada «María».

«María está dando una conferencia sobre la mente», podríamos pensar. Aquí es donde entra la primera facultad: la «percepción». Se trata de la capacidad de describir, narrar, etiquetar y fragmentar la realidad lo más objetiva y neutramente posible. Una segunda habilidad es la «interpretación», la cual nos adentra en un terreno más subjetivo y especulativo, sacando conjeturas del tipo: «María está dando una conferencia sobre la mente porque le encanta compartir sus propias experiencias y reflexiones»; «María está dando una conferencia sobre la mente para lavar el cerebro de la gente»; o «María está dando una conferencia sobre la mente para dotar a las personas de herramientas útiles que las ayuden a mejorar su vida».

Una tercera capacidad es la «evaluación», desde la que opinamos, juzgamos y moralizamos aquello que vemos, cayendo en una dualidad basada en el bien y el mal. «María está dando una conferencia sobre la mente buenísima. Se nota que sabe mucho sobre el tema», podríamos considerar. O por el contrario: «María está dando una conferencia sobre la mente malísima. Es otra charlatana más de pseudociencia». Por otro lado, existe otra facultad: la «reflexión», gracias a la que podemos analizar, teorizar, racionalizar y conceptualizar, pensando cosas como: «La mente humana es un universo en sí mismo; parece tener un componente alienígena».

La quinta habilidad es la «memorización», con la que podemos recordar el pasado: «Hablando de alienígenas, nunca olvidaré la primera vez que vi *E. T., el extraterrestre*». Y la sexta es la «imaginación», con la que podemos fantasear, soñar o visualizar el futuro: «Estoy seguro de que algún día la humanidad tendrá contacto directo con alguna civilización alienígena». Y tras leer estas últimas líneas, puede que ahora mismo te estés preguntando —tú no, la mente— cómo hemos acabado hablando de extraterrestres...

A pesar de las increíbles facultades que nos aporta este instrumento, nos lleva a perder de vista la realidad real que acontece ante nuestros ojos. Mientras estamos atrapados en el laberinto de la mente —percibiendo, interpretando, juzgando, reflexionando, recordando o imaginando—, dejamos de estar en contacto con lo que es verdaderamente real.

Volvamos al ejemplo de María, la neurocientífica que está dando una conferencia. ¿Realmente es eso lo que está pasando? Si le quitamos la mente a ese momento, ¿qué es lo que verdaderamente está sucediendo? En el caso de que un alienígena —sin mente humana— estuviera presente en dicha conferencia, tan solo vería un ser emitiendo sonidos. No vería ni rastro de «María» ni de «neurocientífica» ni de «conferencia» ni de «mente». Tan solo vería a una criatura barboteando ruidos. Todo lo demás solo existe en nuestra mente.

Del mismo modo, estas palabras que estás leyendo ahora mismo no existen. En realidad son un mero conjunto de símbolos y signos que coloquialmente llamamos «letras». Al filtrarlas por nuestra mente las leemos como «palabras» que a su vez forman «frases», a las cuales les dotamos de sentido y significado en nuestra mente. Sin ir más lejos, veamos cómo se escribe «verdad» en idiomas que no emplean nuestro mismo alfabeto indoeuropeo, sino que cuentan con sus propios «logogramas» autóctonos: «真相» (en chino), «सत्य» (en hindi), «حقيقة» (en árabe), «진실» (en coreano), «እውነት» (en amárico), «шындық» (en kazajo), «အမှန်တရား» (en birmano)...

Dado que nuestra mente ha sido codificada en lengua castellana somos incapaces de dotar de significado a estos símbolos y signos tremendamente desconocidos, raros y lejanos para nosotros. En ninguno de ellos vemos ni leemos «verdad». Más bien percibimos una serie de garabatos extraños carentes de sentido. Exactamente lo mismo le sucede a un chino, un indio, un árabe, un coreano, un etíope, un kazajo y un birmano cuando le enseñas la palabra «verdad» escrita en lengua española. De ahí que no sea descabellado afirmar que este libro no existe. Tan solo está teniendo lugar en tu mente.

> Vives prisionero en un mundo imaginario creado por tu mente.
>
> Nisargadatta Maharaj

11. La ficción del pensamiento

«Pienso, luego existo».[10] Esta afirmación expresa uno de los errores más fundamentales de nuestra condición humana, pues equipara el pensamiento con el ser y la identidad con el pensar. En otras palabras, confunde el ego con nuestra verdadera esencia. Sin embargo, en el instante en que nos damos cuenta de que estamos pensando, esa consciencia no forma parte del pensar. Pero al estar tan identificados con la mente, creemos equivocadamente que somos el *yo* que piensa, el cual nos hace creer que estamos separados de la realidad sobre la que está pensando. Y dado que la mente no calla nunca, estamos convencidos de que somos la voz parlanchina que escuchamos en la cabeza. Así es como el ego se hace pasar por nosotros, produciéndose —sin que nos demos cuenta— una suplantación de identidad.

Si bien nadie sabe exactamente de dónde proceden los pensamientos, se cree que surgen de los impulsos eléctricos generados por el cerebro a través de las neuronas. Lo que sí se sabe con certeza es que lo que creemos influye en lo que pensamos. Y lo que pensamos determina aquello en lo que creemos. Pensamientos y creencias se relacionan por medio de una puerta giratoria. Así, un pensamiento repetido muchas veces —y sostenido en el tiempo— termina convirtiéndose en una creencia. Y una creencia muy arraigada en nuestra mente fomenta la aparición de una serie de pensamientos que la reafirman.

Y entonces ¿qué es un pensamiento? Se trata de una representación mental de una supuesta realidad. Los pensamientos son irreales y carecen de sustancia. No podemos tocarlos. Ni tampoco olerlos. No existen en el plano físico. Son un producto de nuestra imaginación. De ahí que nuestra mente sea —literalmente— una fábrica de creación compulsiva de historias ficticias e ilusorias. Y que nosotros seamos —sin quererlo ni saberlo— los productores, directores, guionistas, actores principales y secundarios de la película de nuestra vida.

Cada pensamiento es como una alfombra mágica, la cual nos transporta a mundos fantásticos e inexistentes. Al subirnos en ellos y creernos los cuentos que nos cuentan caemos en un profundo sueño. Y al perdernos en el laberinto de nuestra mente, perdemos la conexión con la realidad de lo que verdaderamente está sucediendo en el momento presente. Es entonces cuando creamos inconscientemente un sinfín de conflictos mentales —que nada tienen que ver con la realidad real—, experimentando toneladas de sufrimiento.

Mientras vivimos dormidos —desconectados del ser esencial—, estamos convencidos de que las mentiras que nos cuentan los pensamientos son verdad. Y como consecuencia creemos que las interpretaciones subjetivas y distorsionadas que hacemos de la realidad son la realidad en sí mismas. Sin embargo, «no vemos el mundo como es, sino como somos nosotros».[11] El mundo es una gran pantalla en la que proyectamos lo que llevamos dentro. Y también un enorme espejo en el que nos vemos reflejados.

A este mecanismo de «proyección» también se lo conoce como «la ley del espejo», según la cual todas las palabras que utilizamos para etiquetar lo que percibimos dicen mucho más acerca de nosotros que de la realidad externa que estamos etiquetando. Son un fiel reflejo de nuestra realidad interior. Cuando vivimos identificados con la mente y tiranizados por el ego, nuestra concepción de la vida está limitada por los límites inherentes al lenguaje y por las limitaciones de nuestro escaso vocabulario.

Lo que llamamos «realidad» no está fuera, sino dentro de nuestra mente, en nuestros pensamientos. Prueba de ello es que no todas las personas vemos lo mismo ante un mismo hecho. Cada uno vemos un reflejo de lo que llevamos dentro. Así, una misma situación —o una misma cosa— puede tener grados de importancia y significación distintos en función del nivel de comprehensión y consciencia de quien lo está observando. Por ejemplo,[12] para un animal un objeto determinado puede ser visto como «una forma blanca y negra»; un indígena que ha vivido toda su vida en la selva —apartado de cualquier civilización moderna— puede verlo como «algo rectangular y flexible que presenta una serie de extraños símbolos».

Por otro lado, un niño puede pensar que es «un libro»; un adulto cualquiera puede considerar que es «un tipo particular de ensayo que hace afirmaciones incomprensibles —e incluso ridículas— sobre la realidad»; en cambio, un experto en física cuántica puede apreciar que se trata de «un brillante tratado sobre cosmología que abre nuevos horizontes acerca del verdadero funcionamiento del universo».

En cada caso, el fenómeno observado sigue siendo el mismo, pero su nivel de importancia y significación depende de la mirada de cada observador. El animal no es capaz de ver lo que ve el indígena, que tampoco puede ver lo que ve un niño. A su vez, el chaval no es capaz de ver lo que ve un adulto cualquiera, cuya mirada no alcanza a ver lo que ve un experto en física cuántica. Si bien las afirmaciones de estos cinco observadores son parcialmente ciertas, todos ellos —a excepción del experto en física cuántica— ignoran que el objeto tiene una utilidad, un sentido y un significado mucho mayor del que pueden reconocer. Y por ende, tampoco saben lo que se están perdiendo...

Cabe señalar que en general no elegimos nuestros pensamientos, sino que devienen de forma involuntaria, mecánica y automática. Y tienden a ser monótonos y repetitivos, adentrándonos en bucles mentales de los que es muy difícil salir. Si bien el ego nos engaña y manipula —haciéndonos creer que somos el autor de lo que pensamos—, en realidad nosotros no pensamos. Pensar es una actividad que nos ocurre. La voz parlanchina que habita en nuestra cabeza tiene voluntad y vida propias. De ahí que estemos tiranizados por la mente y poseídos por el pensamiento.

Además, cuanto más enganchados estamos a la mente, más compulsivo se vuelve el pensamiento. Y cuanto mayor es el torrente de pensamientos que inundan nuestra mente, mayor se vuelve la identificación con este *yo* ficticio. Se trata de un círculo vicioso por medio del que llega un momento en que somos incapaces de dejar de pensar. Es entonces cuando nuestra mente se vuelve demente y nuestro pensar, completamente neurótico.

Para salir de este *matrix* mental es fundamental dejar de creernos todo lo que pensamos. Solo entonces descubrimos que no somos la mente. Ni tampoco el *yo* que piensa. Esta revelación es el germen de nuestro despertar. Y como consecuencia de esta toma de consciencia podemos observar la mente y empezar a cuestionar los pensamientos, lo cual transforma nuestra experiencia de vida.

Con el tiempo y la práctica, la autoobservación y la autoindagación nos llevan a recuperar la cordura y la lucidez. Y es entonces cuando empezamos a ser capaces de distinguir la realidad real que sucede en cada momento de aquello que percibimos, interpretamos y distorsionamos subjetivamente a través del lenguaje y los pensamientos. Diferenciar entre lo uno y otro es lo que distingue a los sabios de los ignorantes y a los despiertos de los dormidos.

El día que le enseñas a un niño el nombre de un pájaro,
deja de ver a ese pájaro para siempre.

Jiddu Krishnamurti

12. Ahogados por la emoción

Los pensamientos son ilusorios, pero pueden crear realidades. Para empezar, dentro de nosotros mismos. A través de un mecanismo llamado «sugestión», la mente produce un efecto psicosomático sobre el cuerpo. Así, cuando nos identificamos con algún pensamiento ficticio en el plano mental —y nos creemos que es verdad— se genera la emoción correspondiente en nuestra dimensión física. Es entonces cuando lo que pensamos se convierte en lo que sentimos. Y lo cierto es que sentir una emoción es algo muy real.

Pero ¿qué es una «emoción»? Se trata de la respuesta neuroquímica del cuerpo a un pensamiento. Cada una de ellas contiene ciertas sustancias que se disuelven en nuestro organismo físico, provocándonos determinadas sensaciones en nuestro interior. Etimológicamente procede del latín «emovere» que significa «mover»: es la energía y el impulso que nos mueve a tomar una acción determinada.

Dado que solemos vivir influenciados por creencias limitantes y bombardeados por pensamientos negativos, a veces es tan intenso lo que llegamos a sentir que terminamos ahogándonos en un mar de emociones. Y debido a nuestra falta de educación emocional, muchas de ellas son difíciles de gestionar y —en ocasiones— imposibles de sostener. Soledad. Tristeza. Melancolía. Envidia. Soberbia. Vanidad. Miedo. Inseguridad. Cobardía. Estrés. Ansiedad. Gula. Angustia. Culpa. Pereza. Ira. Rabia. Rencor. Agresividad. Asco. Frustración. Impotencia. Y mucha desesperanza...

Este tipo de emociones nos impiden actuar con eficiencia a la hora de afrontar los retos que nos va trayendo cada día. De hecho, nos vuelven mucho más torpes existencialmente hablando. Pongamos como ejemplo que tenemos una importante reunión de trabajo, vamos muy justos de tiempo y de pronto nos encontramos en medio de un inesperado atasco de tráfico. En el caso de vivir dormidos y estar identificados con el ego, seguramente pensemos algo disfuncional tipo: «¡Maldita sea! ¡Voy a llegar tarde! Esto no debería estar sucediendo».

Si justo en ese preciso instante observamos nuestra mente, enseguida nos damos cuenta de que la historia que nos estamos contando no es real. Tan solo es otro pensamiento. Y esta toma de consciencia provoca que no tenga ninguna influencia sobre nosotros. Lo cierto es que un pensamiento nunca es un problema en sí mismo, sino el hecho de que nos identifiquemos inconscientemente con él.

Por contra, si nos creemos la voz que escuchamos en nuestra cabeza enseguida aparece la emoción correspondiente en nuestro cuerpo. En este caso en forma de ira. Así es como nos tomamos un chupito de cianuro. Y envenenados por esta sustancia química, de pronto nos asaltan más pensamientos cargados de rabia y frustración. De este modo nos sumergimos en un círculo vicioso en el que el pensamiento y la emoción se retroalimentan mutuamente.

Sentimientos y estados de ánimo

Una emoción sostenida durante algún tiempo se convierte en un sentimiento. A su vez, un sentimiento prolongado termina mutando hasta transformarse en un estado de ánimo. Y a lo largo de este proceso nos asaltan de forma automática pensamientos que vibran en esa misma frecuencia energética. No en vano, la mente y el cuerpo están conectados. Son las dos caras de una misma moneda. Nuestro pensar determina nuestro sentir. Y nuestro sentir influye en nuestro pensar. De este modo, si seguimos alimentando la ira que hemos sentido en el atasco de tráfico, es bastante probable que esta emoción se convierta en un permanente sentimiento de frustración, el cual —a su vez— puede derivar en un estado de amargura crónico.

Y quién sabe, perturbados por la ira, la frustración y la amargura puede que llegue un día en el que pensemos que «el mundo es imperfecto» y que «la mayoría de personas son inútiles y mediocres». Y eso es precisamente lo que veremos. Al identificarnos inconscientemente con estos pensamientos y sugestionarnos con las emociones correspondientes, quedamos atrapados en otra mazmorra mental invisible llamada «profecía autocumplida». Se trata de una predicción que una vez hecha es —en sí misma— la causa de que se haga realidad. Así es como nuestra experiencia emocional valida y reafirma aquello en lo que venimos pensando.

Al creernos una y otra vez el pensamiento «la mayoría de personas son inútiles y mediocres», a lo largo de nuestro día a día encontramos un sinfín de hechos que confirman la veracidad de esta afirmación. Principalmente porque este sesgo cognitivo nos lleva a poner el foco de atención en los errores que cometen otras personas y no tanto en sus aciertos. De ahí que tengamos la sensación de que —efectivamente— la gente sea «inútil y mediocre». Sin embargo, la auténtica inutilidad y la verdadera mediocridad se encuentran en nuestra forma de ver y de interpretar la realidad.

El mismo error cometemos al lidiar con lo que sentimos emocionalmente en nuestro interior. Estamos convencidos de que nuestras emociones surgen como consecuencia de determinadas situaciones externas, como por ejemplo un atasco de tráfico, el cual consideramos «un suceso incorrecto que no debería estar sucediendo». Más allá de las mentiras que nos cuenta el ego, la incómoda verdad es que la causa de nuestras emociones reside en lo que pensamos en nuestra mente acerca de lo que sucede. Así, la única *incorrección* —en caso de haber alguna— es nuestra manera de posicionarnos frente a la realidad.

Eso sí, esta toma de consciencia es demasiado dolorosa para el ego. Esta es la razón por la que en vez de cuestionarnos a nosotros mismos, solemos escoger mirar hacia otro lado. Así es como seguimos por la ancha avenida del autoengaño, creyendo que somos víctimas de nuestras circunstancias. Hipnotizados por la venenosa voz de nuestra cabeza, es una simple cuestión de tiempo que nuestro pensamiento se instaure en la negatividad, generando —por sugestión— la realidad emocional correspondiente.

De hecho, llega un momento en el que el dolor que sentimos es tan insoportable que empezamos a reprimir nuestras emociones todo lo que podemos, llegando incluso a dejar de sentir. Así es como nos desconectamos por completo del cuerpo, afianzando la identificación con la mente. Sin embargo, el dolor emocional no se va a ninguna parte. Permanece enquistado en lo más hondo de nosotros y nos sigue a todos lados como una sombra.

Adictos a la infelicidad

No se trata de engancharnos ni pelearnos con las emociones. Ni tampoco evitarlas ni reprimirlas. El verdadero desafío es aprender a sentirlas, observarlas y gestionarlas, comprehendiendo que nos dan información muy valiosa sobre la calidad de nuestros pensamientos. Y también sobre nuestro grado de ignorancia o sabiduría a la hora de percibir la realidad. Sentir ira frente a un atasco de tráfico es un claro indicador de que nos estamos equivocando en la forma de interpretar la situación que estamos viviendo. Principalmente porque no es nada funcional ni adaptativo experimentar enfado ante una situación que no podemos cambiar. Nos tomamos un chupito de cianuro para nada.

Eso sí, el dolor emocional que experimentamos tiene su propia función: molestarnos lo suficiente para que miremos hacia dentro y empecemos a cuestionar la forma de interpretar lo que nos sucede. En eso consiste despertar. No en vano, todo el sufrimiento tiene su origen en la mente. Detrás de nuestras perturbaciones siempre encontramos alguna creencia limitante y algún pensamiento que no está de acuerdo con lo que está sucediendo en cada momento. En vez de juzgarlo y condenarlo, hemos de aprovechar nuestro malestar como lo que verdaderamente es: un útil despertador para darnos cuenta de que nos hemos vuelto a dormir.

Después de ingerir litros y litros de cianuro, tarde o temprano llega un día en el que caemos presos de otro mecanismo psicológico denominado «cuerpo-dolor»,[13] un retorcido rasgo del ego que aparece cuando llevamos una temporada muy descentrados. Se trata de un parásito psíquico que ansía tanto la negatividad que convierte el sufrimiento en fuente de placer, volviéndonos adictos a la infelicidad. Es entonces cuando —tiranizados por este *yo* ilusorio— no podemos evitar pensar de forma obsesiva acerca de nuestras desgracias. Ni tampoco podemos dejar de hablar compulsivamente sobre nuestra desdicha.

Así es como el ego se alimenta de nuestro malestar y nuestra insatisfacción para poder perpetuarse y sobrevivir. No en vano, el objetivo del cuerpo-dolor es mantenernos en la ignorancia y la inconsciencia, alejándonos de nuestra verdadera esencia. Por eso procura mantenernos encerrados en la cárcel de nuestra mente, envenenándonos con todo tipo de pensamientos negativos. Cada nuevo chupito de cianuro que nos tomamos va engordando la gruesa capa de dolor emocional que —cual costra— nos separa y aleja —todavía más— del ser esencial.

Llega un momento en que estamos tan mal con nosotros mismos que al estar en presencia de otras personas intentamos provocarlas para crear algún tipo de conflicto con el que generar más drama en nuestra vida. Y esto lo conseguimos de dos maneras opuestas y complementarias: por un lado queriendo infligir dolor a otros, adoptando el rol de agresor. Y por el otro, deseando sufrirlo, asumiendo el papel de víctima. A menos que dejemos de alimentar el cuerpo-dolor, ambas estrategias egoicas nos conducen casi irremediablemente a un mismo destino: la depresión.

En función de cómo se utilice, la mente tiene el poder de crear y de destruir, así como la capacidad de sanarnos y de enfermarnos. O dicho metafóricamente, de abrirnos las puertas del cielo o de enviarnos directamente al infierno. El mecanismo de sugestión —también llamado somatización— es la razón por la que el «efecto placebo» sí funciona. Se trata de la mejora o la desaparición de los síntomas de una enfermedad que un paciente puede experimentar llevando a cabo un tratamiento que —en sí mismo— no contiene ninguna propiedad curativa real.

Diversos estudios científicos[14] han demostrado que algunos pacientes experimentan una notable recuperación en sus procesos de curación tomando una sustancia totalmente inocua, carente de principios activos. Eso sí, en todo momento a los enfermos se les hace creer que se trata de un remedio muy eficaz, el cual tiene el mismo aspecto, gusto y forma que un medicamento verdadero. A partir de ahí la sugestión se encarga del resto. Al estar convencidos de que dicho placebo va a sanarles, la mente de algunos pacientes genera sobre sus cuerpos efectos terapéuticos positivos y beneficiosos. Esta es la razón por la que las instituciones religiosas han triunfado tanto hasta ahora. Al estar tan desconectados de nuestra dimensión espiritual, la religión se ha convertido en el gran placebo de la humanidad.

Si estás deprimido estás viviendo el pasado.
Si estás ansioso estás viviendo el futuro.
Si estás en paz estás viviendo el presente.

Lao Tsé

IV

La *historia* de la religión

La religión es como un par de zapatos. Encuentra uno
que se ajuste a ti, pero no me hagas usar los tuyos.

GEORGE CARLIN

*En una aldea vivían seis eruditos ciegos, que estaban siempre
compitiendo entre ellos por ver cuál era el más inteligente y pers-
picaz. Un buen día oyeron hablar de que muy cerca de su pueblo
había aparecido un extraño animal conocido por el nombre de
«elefante». Y dado que no tenían ni idea de lo que era, enseguida fueron a visitarlo para saciar su curiosidad.*

*Una vez llegaron hasta donde se encontraba el paquidermo,
los seis eruditos ciegos empezaron a tocarlo y examinarlo para
saber cómo era. El primero de ellos fue a parar hasta la pata del
mamífero. Y tras tocarla durante un rato, dijo que se parecía a
un «tronco de árbol». El segundo le palpó el estómago y aseveró
con rotundidad que se asemejaba a una «pared». El tercero le
acarició una oreja y afirmó categóricamente que era como un
«ventilador».*

El cuarto erudito ciego, por su parte, le agarró la cola y tuvo clarísimo que aquel animal tenía la forma de una «cuerda». El quinto, en cambio, se topó con uno de sus colmillos y declaró tajantemente que aquel animal era como una «lanza». Finalmente, el sexto fue a parar a su trompa y exclamó con cierta arrogancia que los otros no tenían ni idea de lo que estaban diciendo, pues el elefante le recordaba a una «serpiente».

Enojados los unos con los otros, aquel grupo de eruditos ciegos se enzarzó en una discusión intelectual que duró unas cuantas horas. Sin embargo, en ningún momento consiguieron ponerse de acuerdo sobre cómo era un elefante. Cada uno de ellos estaba convencido de que su experiencia era la única verdadera, creyendo que los demás estaban equivocados.[15]

13. Los orígenes de lo sagrado

La religión es casi tan antigua como la humanidad. En esencia, tiene que ver con la búsqueda de lo sagrado. Con nuestro íntimo afán de trascendencia. Y con la necesidad de reconectar con la chispa de divinidad que reside en lo más profundo de nosotros. De hecho, la verdadera religiosidad no tiene nada que ver con ninguna institución religiosa, sino más bien con la dimensión espiritual que reside dentro de cada ser humano. Y la experimentamos cuando regresamos a *casa* —a nuestro paraíso celestial perdido: el ser esencial—, sintiendo nuevamente la sensación de conexión y unidad que perdimos el mismo día de nuestro nacimiento.

Sin embargo, con el paso de los siglos la palabra «religión» se ha convertido en una de las más manchadas y viciadas de nuestro vocabulario. Tanto es así que su significado original no tiene nada que ver con el actual. Etimológicamente, procede del latín «religare» y quiere decir «reunir», «reconectar», «vincular» y, en definitiva, «ligar lo humano con lo divino». Paradójicamente, cuanto más se fue institucionalizando la religión, más se fue también desvinculando de la espiritualidad, perdiendo su verdadera razón de ser. Así, un ser humano verdaderamente religioso es aquel que ha tenido alguna experiencia de desidentificación del ego y de reconexión profunda con su verdadera esencia. Y que como consecuencia ya no se siente un *yo* separado, sino que ha vuelto a unirse con la vida, el universo, dios o como prefiramos llamarlo.

Irónicamente, hoy en día la religión divide más que une. Enfrenta más que conecta. Y causa más guerra que paz. Y esto es así porque es una creación del ego, en vez de ser una manifestación del ser. Desde el principio de los tiempos, la inmensa mayoría de nuestros antepasados se empeñó en buscar esta conexión espiritual mirando hacia fuera, en vez de hacia dentro. Esta es la razón por la que la historia de la religión es simplemente eso: una *historia* dirigida por la mente, narrada por el ego y protagonizada por todo tipo de creencias limitantes y pensamientos ilusorios.

Desde que la especie humana comenzó su andadura existencial, la religión ha sido el cuento más popular que nos hemos venido contando para afrontar la locura inabarcable que supone existir y estar vivos. Eso sí, en vez de juzgarla y condenarla, es fundamental entender que ha tenido una importante función evolutiva y un destacado papel en nuestra supervivencia como especie. Ciertas creencias religiosas permitieron a nuestros antepasados mejorar su relación con la hostil realidad que les tocó vivir. Mediante el mecanismo de sugestión, la religión tuvo un efecto muy positivo sobre las mentes y los corazones de nuestros ancestros. Fue el placebo con el que trataron de apaciguar su dolor, calmar su miedo y compensar su ignorancia.

Gracias a las creencias religiosas, los primeros seres humanos pudieron sobrevivir emocionalmente en un mundo amenazador, en el que la muerte los acechaba en todo momento. Además de aplacar su ansiedad ante el posible ataque de depredadores, los ayudó a gozar de tranquilidad frente a los misterios del universo. Así, también inventaron la religión para intentar contestar a preguntas que por aquel entonces no tenían respuesta. Y poder darle algún sentido a una existencia enigmática y desconcertante.

A su vez, la religión también permitió construir y mantener un sentido de comunidad que favorecía la colaboración social entre los individuos. Prueba de ello son los numerosos rastros y huellas que lo sagrado ha ido dejando en forma de símbolos, ritos y mitos comunes. La religión apareció en diferentes periodos y lugares para que los seres humanos pudieran participar de una experiencia ritual compartida. De este modo ayudó a generar una consciencia colectiva que aumentó sus posibilidades de supervivencia en un entorno brutalmente salvaje y adverso.

El culto a la muerte

Si bien no sabemos cuándo, dónde y cómo se originó la religión, los historiadores han intentado recomponer su historia a partir de aquellos restos arqueológicos que han sobrevivido a los estragos del tiempo: tumbas, santuarios, templos, objetos de culto, esculturas, pinturas... Estos son los únicos indicios que pueden darnos cierta idea de cómo fueron sus inicios, mucho antes de que aparecieran el lenguaje, la escritura y se redactaran los denominados «libros sagrados», como la Torá, la Biblia o el Corán.

De hecho, el primer vestigio de consciencia religiosa apareció en las comunidades más primitivas del Paleolítico, las cuales rendían culto a la muerte. Lo cierto es que se han encontrado restos de ritos funerarios que datan de hace unos cien mil años. Por aquella época, nuestros antepasados prehistóricos construyeron las primeras tumbas de la historia.[16] En ellas se encontraron cadáveres cuidadosamente depositados dentro de la sepultura. Y todos los muertos estaban cubiertos de color rojo. A veces lo hacían derramando sangre sobre el difunto. Otras, echándoles tierra teñida de almagre, un óxido rojo de hierro muy abundante en la naturaleza, el cual empleaban como colorante.

No en vano, nuestros ancestros paleolíticos eran eminentemente cazadores. Y cuando uno de los miembros de su comunidad resultaba herido, veían que la pérdida de sangre le producía debilidad y en muchos casos, la muerte. En consecuencia, este fluido rojizo adquirió un valor divino y una connotación sagrada: simbolizaba la salud y la vida. Por eso estaba presente en todos los ritos funerarios de la época.

A su vez, en muchas tumbas prehistóricas[17] se encontraron multitud de detalles que ponen de manifiesto la intención con la que nuestros ancestros realizaban estas ceremonias funerarias. En algunos casos, el difunto sostenía en sus manos cornamentas de ciervos o mandíbulas de jabalí. En otras, sus huesos estaban sazonados con ocre y rodeados de conchas. También se hallaron cadáveres junto a numerosos adornos, utensilios y armas fabricados con diferentes tipos de piedra y huesos de diversos animales.

Todos estos restos arqueológicos son un indicio de que nuestros antepasados creían en la existencia de un alma independiente del cuerpo. Pero ¿qué es el «alma»? Etimológicamente viene del latín «anima», que significa «aire y aliento», como el que inhala el bebé justo después de nacer. También procede del griego «psyché», que quiere decir «soplo o hálito», como el que exhala el moribundo justo antes de fallecer. Es sinónimo de «espíritu», que a su vez procede del latín «spiritus», que también se refiere al acto de «inhalar y exhalar». En esencia, el alma es nuestra parte inmaterial e invisible; el espíritu que nos insufla aire y dota de vida. Y en definitiva, el aliento vital que nos mantiene vivos y que se desvanece cuando nos morimos.

En base a esta concepción del alma humana, nuestros ancestros llevaron a cabo estos ritos funerarios para preparar y dotar al muerto de los recursos necesarios para su próxima encarnación. No en vano, estaban convencidos de que había vida después de la muerte. Esta es la razón por la que el difunto se colocaba en posición fetal, aludiendo a la posibilidad de un segundo nacimiento. Si es verdad o no sigue siendo un misterio. Lo que está claro es que el cuerpo se queda enterrado en la sepultura y se pudre con el paso del tiempo. Pero ¿qué pasa con el alma? Dado que en última instancia este soplo vital es esencialmente energía, lo más probable es que ni nazca ni muera, sino que se transforme constantemente. ¿Quién sabe?

> No importa si existe vida después de la muerte.
> Lo importante es que haya vida antes de la muerte.
>
> Eduard Punset

14. El arte mágico de la prehistoria

Si bien los ritos funerarios fueron los primeros indicios de consciencia religiosa en la historia de la humanidad, la primera religión de la que tenemos constancia es el «animismo». Y parte de la premisa de que detrás de cualquier fenómeno se oculta una fuerza sobrenatural e impersonal —una especie de gran alma o espíritu universal— que lo guía y dirige. Es decir, que todo lo que existe —ya sean humanos, animales, árboles, plantas, ríos, mares, montañas, lluvia, tierra, fuego, aire, sol, luna o cualquier otra cosa que forme parte de la existencia— goza de un aliento vital que lo mueve y anima.

El animismo estuvo presente en gran parte de las comunidades primitivas del Paleolítico —compuestas por grupos reducidos de seres humanos—, las cuales eran nómadas y vivían integradas en la naturaleza. Al ser pueblos cazadores, se movían y desplazaban constantemente siguiendo las manadas de animales de los cuales se alimentaban. A su vez, recolectaban los frutos y las semillas que iban encontrando en los bosques, selvas y praderas por los que iban deambulando. Y en el caso de asentarse temporalmente en zonas costeras, también se dedicaban a la pesca.

Su completa dependencia del hábitat natural llevó a nuestros antepasados prehistóricos a desarrollar la creencia de que existía una providencia divina superior, la cual era dueña de su destino y con la que tenían que mantener una excelente relación. Miraban con asombro y sobrecogimiento todos los misterios que rodeaban su existencia. Y empezaron a inclinarse con humildad frente a esta inteligencia y fuerza sobrenatural que creían que gobernaba los fenómenos naturales que permitían su supervivencia.

Fue entonces cuando aparecieron los magos, los hechiceros, los brujos y especialmente los chamanes, a quienes sus respectivas comunidades atribuyeron el poder de controlar e incidir en ciertos procesos naturales mediante rituales y hechizos. Básicamente, la función social del chamán consistía en interceder entre el mundo visible y el invisible en favor y beneficio de la comunidad de la que formaba parte.

De hecho, nuestros antepasados prehistóricos creían que los chamanes tenían un pie en esta realidad y un pie en la otra dimensión. Y los veneraban por su capacidad de entrar en estados alterados de consciencia —a menudo con la ayuda de alucinógenos— mediante los que podían desprenderse de su cuerpo y conectar con el plano espiritual. Para lograrlo, lideraban sesiones dentro de cuevas en las que realizaban bailes y trances chamánicos para comunicarse con la divina providencia de cuya fuente de sustento dependía su tribu.

En la mayoría de los casos, estas ceremonias prehistóricas se realizaban en rincones inaccesibles de grutas tortuosas a las que aún hoy —incluso con material de escalada moderno— sigue siendo muy complicado acceder. Y es que nuestros ancestros no vivían en estas cavernas. No eran cavernícolas. De ahí que no emplearan estas cuevas para refugiarse —ni siquiera dormir—, sino que las concibieran como santuarios donde celebrar sus ritos y rituales sagrados.

La primera deidad de la historia

Con la finalidad de garantizar que cada cacería tuviera el éxito esperado, el chamán invocaba al espíritu de los animales que su comunidad se proponía capturar. Y lo hacía pintando sus imágenes en las paredes de estas cuevas.[18] De hecho, todavía hoy se conservan restos arqueológicos de estos grabados rupestres de la época del Paleolítico. Y eso que algunos de ellos tienen más de sesenta y cinco mil años. Son las primeras expresiones de arte de la humanidad.

Muchos enmarcan estas pinturas dentro del denominado «arte mágico». Principalmente porque estos dibujos formaban parte de rituales de hechicería: eran el conjuro que empleaba el chamán para controlar los azares de la caza, hechizando a los animales codiciados por su tribu. En muchos grabados aparecen flechas en el corazón de bisontes, osos, caballos, renos, mamuts y ciervos, entre otros mamíferos de la época. A su vez, también dibujaban puntos y huellas de manos, los cuales simbolizan la creencia animista de que todos los seres vivos estamos interconectados y compartimos el mismo espíritu universal.

Con el paso de los siglos —y dentro de estas comunidades nómadas de cazadores-recolectores—, nuestros ancestros se inventaron la primera deidad de la historia: «el señor de las bestias», amo y guardián del alma de los animales salvajes. Se estima que surgió hace unos diecisiete mil años. Y solía dibujarse en las paredes de las cuevas prehistóricas con rostro de hombre y una cornamenta de cérvido. Si bien se han hallado diferentes formas de representarlo, en la mayoría se pintaba con el tronco superior de humano y el inferior de animal.[19]

Debido a las adversas condiciones de vida que tuvieron que afrontar para poder sobrevivir, nuestros antepasados empezaron a proyectar su anhelo de caza y necesidad de alimento en este dios. Por otro lado, confiaban en la capacidad del chamán de su tribu para establecer una comunicación directa con él. Y poder así mantener una relación íntima que les favoreciera. A su vez, creían que para gozar de su buena voluntad y ser recompensados con las suficientes presas, tenían que realizar una serie de ceremonias y rituales sagrados en su honor. Empleando el mecanismo de la profecía autocumplida, comenzaron a desarrollar la creencia de que cuanto más creyeran en esta deidad superior, mejor les irían las cacerías.

Así fue como empezaron a venerar y obedecer al señor de las bestias, quien —a través del chamán de la tribu— les dio unas órdenes muy precisas que tenían que seguir a pies juntillas. Solamente podían cazar un número determinado de presas por expedición. En caso de matar animales a la ligera, nuestros ancestros podían cometer un sacrilegio, faltando al respeto y enojando a esta deidad... Este relato religioso —completamente imaginario y ficticio— pone de manifiesto el nacimiento de un pensamiento simbólico creado a través de la mente y el ego.

Sin embargo, gracias a la religión animista los pueblos prehistóricos crearon las primeras reglamentaciones de la historia. De hecho, establecieron una serie de preceptos y límites —supuestamente dictados por su dios— que favorecían la convivencia entre sus miembros. Y que además posibilitaban una armonía simbiótica con el medio natural del que dependían y en el que estaban integrados. De este modo, la religión empezó a ocupar un lugar destacado en las primeras civilizaciones humanas del Paleolítico, cumpliendo una función evolutiva y social: beneficiar y mejorar la calidad de vida de nuestros ancestros.

Una creencia no es verdadera porque sea útil.

Henri-Frédéric Amiel

15. Un dios para cada cosa

Hace unos once mil quinientos años la humanidad vivió otro punto de inflexión evolutivo excepcional. Lenta pero progresivamente, los seres humanos dejamos de ser cazadores-recolectores y nos convertimos en agricultores-granjeros, cambiando las cacerías y las lanzas por los huertos y los arados. En vez de buscar comida empezamos a producirla a través de la agricultura, cultivando y almacenando nuestros propios alimentos. Y en lugar de perseguir animales comenzamos a criarlos por medio de la ganadería, apacentando nuestros propios rebaños.

Al cambiar nuestro estilo de vida, dejamos de pedirles a las fuerzas espirituales que nos ayudaran con la caza para rogarles que nos fuera bien con la cosecha. En este sentido, los ritos y los rituales sagrados comenzaron a girar en torno al control de la fertilidad de la tierra —la cual se vinculó con la fecundidad femenina—, elevando la posición de las mujeres dentro de las comunidades.

Así, en algunos santuarios de la época se han encontrado restos de figuritas talladas en piedra y marfil, en los que aparecen mujeres con los órganos de la maternidad (pechos, barriga y genitales) hinchados y exagerados. También se han hallado bajorrelieves que muestran mujeres dando a luz a toros. Según muchos historiadores de la religión,[20] estos nuevos símbolos eran expresiones del culto a la denominada «gran diosa» o «diosa madre», una nueva deidad cuya función era dar vida y velar por la fecundidad y la fertilidad de la tierra.

Por otra parte, al empezar a controlar nuestros medios de subsistencia abandonamos definitivamente el nomadismo —tan común durante el Paleolítico— para iniciar una existencia sedentaria, la cual se consolidaría durante el Neolítico. Y esta hazaña supuso una revolución sin precedentes en la historia de la humanidad: por primera vez dejamos de ser siervos del medio ambiente para convertirnos en amos de la naturaleza. Este proceso de empoderamiento trajo consigo nuevos desafíos, transformando por completo nuestras creencias religiosas.

A partir de entonces empezamos a vernos a nosotros mismos como una especie separada del mundo natural, lo cual supuso el principio del fin de la cosmovisión animista que nos unía en alma y espíritu a la naturaleza. A su vez, al dejar de estar conectados con los animales comenzamos a domesticarlos, dominarlos y explotarlos en beneficio propio. Y como consecuencia, empezamos a sentirnos dioses terrenales de nuestro pequeño universo, del cual sin duda nos considerábamos su centro.

Prueba de ello fue la construcción de Göbekli Tepe[21] —que en turco significa «Colina del Ombligo»—, el primer templo religioso de la historia, edificado hace unos once mil años. En muchas de sus paredes aparecían figuras de humanoides abstractas. Tenían rostro, pero carecían de ojos, boca y orejas. Contaban con manos y piernas, pero eran de tamaño gigante y desproporcionado. En definitiva, eran una nueva y evolucionada forma de representar a lo divino, cuyo aspecto era cada vez más humano.

HUMANIZACIÓN DE LOS DIOSES

De este modo, la fuerza sobrenatural, amorfa e impersonal del animismo fue poco a poco siendo sustituida por miles de almas individuales y espíritus personales, los cuales tomaron forma de dioses y diosas. Y dado que cada vez gozábamos de más poder y protagonismo sobre nuestra existencia, comenzamos a proyectar nuestros rasgos y atributos humanos sobre lo divino mediante un mecanismo psicológico llamado «antropomorfización». Así es como creamos deidades a nuestra imagen y semejanza. Por medio de la ley del espejo, el reino espiritual ubicado en los cielos —donde supuestamente viven los dioses— se convirtió en un fiel reflejo de la realidad mundana situada en la Tierra, donde habitan los seres humanos.

Con el paso de los siglos, al señor de las bestias del Paleolítico y a la gran diosa del Neolítico los acompañaron un sinfín de nuevas y más sofisticadas deidades, las cuales comenzaron a aparecer durante la Edad de Bronce. De hecho, sabemos de su existencia gracias a una nueva revolución que marcaría el devenir de la *historia* de la religión: la escritura cuneiforme, inventada hace unos cinco mil doscientos años en el marco de la primera civilización urbana: la Sumeria, ubicada en la antigua Mesopotamia.

Por medio de pictogramas —signos icónicos dibujados que

representan objetos reales—, nuestros antepasados sumerios dejaron por escrito sus creencias y pensamientos religiosos. Y lo cierto es que su fértil imaginación les permitió inventarse un dios para cada cosa, consolidando así una nueva concepción religiosa: el «politeísmo». Es decir, la creencia de que existen «muchos dioses», cada uno de los cuales cumple una función determinada en nuestra existencia. Tanto es así, que el panteón de los sumerios albergaba más de tres mil deidades diferentes.

Todos estos nuevos dioses (y diosas) tenían un denominador común: se asemejaban demasiado a los seres humanos que los crearon. Para empezar, todos ellos tenían nombre de pila, como «Utu» (dios del Sol), «Nammu» (diosa-madre), «An» (dios del cielo), «Inanna» (diosa del amor y de la guerra) o «Enlil» (dios del viento). También contaban con su propia personalidad e historia personal, la cual dio lugar a numerosos mitos y epopeyas en los que se reflejaban fantasías, temores y anhelos profundamente humanos.

El triunfo de estos relatos sagrados —ficticios e imaginarios— contribuyó a propagar y expandir el politeísmo por diferentes rincones del planeta, dando lugar —durante los siglos venideros— al nacimiento de las grandes religiones politeístas del mundo: egipcia, hindú, griega y romana. No en vano, a la gente de a pie le era muy fácil identificarse con estos dioses humanizados, cuyas vidas de ciencia ficción tanto admiraban y codiciaban. Creer en ellos les daba fuerza para hacer frente y soportar las inclemencias de su propia realidad.

En todas estas civilizaciones, los dioses y las diosas se convirtieron en parte del decorado y la cotidianeidad de sus ciudadanos. Y pronto colonizaron el inconsciente colectivo de la humanidad. De hecho, el proceso de antropomorfización llegó hasta tal punto que en cada ciudad se construyó un templo para cada deidad. Esencialmente para que los dioses en cuestión tuvieran una residencia terrenal donde guarecerse y vivir cómodamente. Y por supuesto, donde sus fieles seguidores pudieran ir a visitarlos para comunicarse con ellos a través del rezo y la oración. Es decir, hablar a solas con su propia mente para pedirle a una entidad ficticia todo tipo de favores. Eso sí, para engrandecer a sus dioses nos les quedó más remedio que humillarse. De ahí que a la hora de *hablar con ellos* tuvieran que postrarse de rodillas.

Idolatría, sacerdotes y sacrificios

Con la aparición de los templos, también entraron en escena los sacerdotes, a quienes terminaron designando para que hicieran de intermediarios entre el pueblo y los dioses. Es decir, entre la tierra y el cielo. Esto fue lo que catapultó hasta el estrellato la religión organizada. Cabe señalar que esta casta sacerdotal se volvió con bastante rapidez casi exclusivamente masculina y misógina. De este modo, la evolución de las instituciones religiosas siguió la estela de las sociedades en las que fueron creadas, las cuales hace unos tres mil años empezaron a volverse patriarcales por todas partes. En el momento en el que los hombres se apoderaron de la tierra, el cielo se masculinizó también.

Poco después empezó a popularizarse la «idolatría». Se trata de una práctica religiosa por medio de la que se idealiza y venera con fervor a un «ídolo». Es decir, a una imagen u objeto de culto que es adorado por la deidad que supuestamente contiene o representa. Fue tal la conmoción que causó la idolatría en su época, que de pronto empezaron a producirse en masa todo tipo de tótems, talismanes y estatuas que —según se creía— eran literalmente una manifestación de lo divino. Y es que los fieles no reverenciaban ni rezaban a dichos objetos materiales, sino a los espíritus que estaban convencidos que habitaban en ellos. A su vez, comenzaron a celebrar anualmente una serie de ceremonias, festividades y tradiciones para alabar y enaltecer a sus respectivos dioses.

A diferencia del chamán del Paleolítico —que experimentaba lo sagrado en su propio cuerpo a través del trance chamánico—, el sacerdote lo realizaba a través de un nuevo tipo de ritual: el del «sacrificio». Esta palabra procede del latín «sacrum», que significa «hacer lo sagrado». Esencialmente, era la manera en la que los seres humanos alimentábamos a los dioses y las diosas para gozar de su divina protección y benevolencia. En el fondo era un mero intercambio regido por medio de una cuestión puramente matemática. Cuanto mayor era el favor que le pedían, mayor tenía que ser también el regalo o sacrificio entregado. Nuestros ancestros se regían por una simple creencia, según la que iban a recibir en función de lo que daban.

Al principio, estos rituales consistían en dar cereales —o incluso sacrificar algún animal— a cambio de que las condiciones meteorológicas favorecieran las cosechas. Sin embargo, en la medida en que sus peticiones se volvieron más ambiciosas, también creció la cantidad y la magnitud de sus ofrendas. Prueba de ello es una tablilla encontrada en la ciudad de Uruk, en la antigua Sumeria. En ella aparece un listado de todos los sacrificios que se hicieron a lo largo de un año para contentar al dios An y favorecer a sus cuarenta mil habitantes. En total se sacrificaron 18.000 corderos, 2.580 lechales, 720 bueyes y 320 terneros. Ningún historiador sabe qué le pidieron a cambio...[22]

LA FUNCIÓN DEL CHIVO EXPIATORIO

Dado que los deseos y expectativas del ego son imposibles de satisfacer, con el tiempo a nuestros ancestros el asunto de los sacrificios se les fue de las manos. Siguiendo la lógica de que cuanto más valiosa fuera la ofrenda entregada, más generoso sería el dios en cuestión, terminaron por sacrificar a seres humanos. En algunos casos extremos, llegaron incluso a *entregar* a su bien más preciado: sus propios hijos...

Eso sí, para justificar y compensar moralmente estos asesinatos en serie, desarrollaron un mecanismo de defensa llamado «chivo expiatorio». Una vez al año, se elegía a una persona a la que declaraban culpable por todas las matanzas realizadas. Seguidamente, el sumo sacerdote ponía sus manos sobre la cabeza de este individuo, transfiriéndole la responsabilidad de todos los *pecados* cometidos por los miembros de su comunidad. De este modo, el colectivo se eximía a sí mismo de su propia violencia, proyectándola sobre una víctima a la que sacrificaban sin piedad.

Al margen de estas prácticas, el politeísmo fue mutando hasta convertirse en «henoteísmo». Si bien se seguía creyendo en la existencia de muchas deidades, esta nueva creencia religiosa estableció una jerarquía entre ellas, considerando que unos pocos dioses y diosas eran más importantes y superiores que el resto. Por otro lado, con el paso del tiempo el nivel de antropomorfización también fue evolucionando y sofisticándose, llegando a su máxima expresión con el apogeo de la antigua Grecia, hace unos dos mil quinientos años.

Fue entonces cuando se popularizaron los «dioses del Olimpo». Se trata de doce dioses principales —Zeus, Hera, Poseidón, Hermes, Afrodita, Apolo, Hestia...— que forman parte de una familia disfuncional, cuyas historias son un auténtico culebrón cósmico protagonizado por el drama y el conflicto. Lo cierto es que llegó un punto en el que estos dioses se volvieron demasiado humanos para que la gente los tomara en serio.

> Si las vacas y los toros supieran dibujar,
> dibujarían a los dioses como vacas y toros.
>
> Jenófanes de Colofón

16. El monopolio del monoteísmo

En la medida en que los pueblos se fueron convirtiendo en grandes ciudades y estas en gigantes imperios, la religión también fue evolucionando hasta compartir el trono junto a los reyes de la época. Nuevamente, al transformarse las instituciones terrenales, también cambiaron las del cielo, adoptando uno de los rasgos más característicos del ego: el afán de poder para dominar y controlar a los demás. Al consolidarse la figura del emperador único, el henoteísmo mutó hasta convertirse en «monolatrismo». Es decir, la creencia de que existe una jerarquía divina según la cual uno de los dioses es superior a todos los demás.

Por medio de la ley del espejo, cuanta más autoridad se concedía a un solo individuo en la tierra, más poder ostentaba un solo dios en el cielo. A este fenómeno psicológico se le llama «politicomorfismo». Se trata de la divinización de la política terrenal, tanto de sus instituciones como de los jefes de Estado que las gobiernan. De hecho, los reyes empezaron a ser considerados como dioses. Y del mismo modo que este nuevo dios supremo estaba por encima del resto de deidades, el monarca lideraba una administración central que estaba por encima del resto de regiones que formaban parte de su imperio.

De ahí surgió la «teocracia». Es decir, el gobierno que ejerce una divinidad a través de su representante en la tierra: el emperador. Esta nueva forma de monarquía divina ejercía un enorme control social sobre los ciudadanos, a quienes no les quedaba más remedio que obedecer sumisamente al emperador como si fuera dios. Rebelarse contra el rey era considerado una rebelión contra el poder divino, lo cual era castigado con la pena de muerte. No en vano, el monarca era el representante de dios en la tierra. Y en consecuencia, gozaba de total autoridad e impunidad para impartir justicia a su manera. De este modo, la religión y la política iniciaron una relación simbiótica —mutuamente beneficiosa— que perdura hasta nuestros días.

Eso sí, a ambas instituciones todavía les quedaba un peldaño más por subir para alcanzar el monopolio del poder que ambas perseguían, pasando del monolatrismo al «monoteísmo». Es decir, la creencia de que solamente existe un único dios en el universo, tachando de falsos a todos los demás. El primero en intentarlo fue el faraón Amenhotep IV hace unos 3.350 años en el antiguo Egipto. Por aquel entonces esta civilización era politeísta y su panteón contaba con numerosas deidades, como «Amón» (dios de la creación), «Isis» (diosa-madre), «Horus» (dios del cielo), «Osiris» (dios de la muerte) o «Atón» (dios solar), entre otros.

Durante el cuarto año de su reinado, este monarca decidió imponer unilateralmente el monoteísmo sobre todo su imperio, considerando que Atón era el único dios verdadero. Y para reafirmarse en su nueva convicción religiosa, este faraón se cambió el nombre por el de «Akenatón» —en alusión a este dios solar—, erigiéndose como su único representante y portavoz en la tierra. De este modo y para disgusto de la población, eliminó de golpe y porrazo el resto de deidades del panteón egipcio.

A partir de entonces, se declaró ilegal adorar a un dios que no fuera Atón. De hecho, durante el reinado de Akenatón la palabra «dioses» fue eliminada del vocabulario de la lengua egipcia. Sin embargo, casi inmediatamente después de la muerte de este faraón, el monoteísmo fue tachado de herejía y sacrilegio. Y con la entronización del nuevo emperador, el politeísmo volvió a ser la religión oficial de esta civilización.

Zaratustra y el zoroastrismo

El segundo intento de establecer el monoteísmo como creencia religiosa dominante sucedió hace unos tres mil cien años en la antigua Persia, de la mano del profeta iraní, Zaratustra Spitama. En un momento dado, tuvo una visión durante la que se le presentó Ahura Mazda, una nueva deidad que no formaba parte de ningún panteón de la época. Y entre otras cuestiones, le reveló que era el único y verdadero dios del universo. A partir de entonces, Zaratustra se convirtió en su mensajero, compartiendo con sus coetáneos todas las indicaciones y reflexiones que esta deidad le iba transmitiendo.

Entre otras consideraciones de carácter moral, hubo una que resultó ser una gran innovación religiosa: la creencia de que Ahura Mazda iba a juzgar a cada ser humano por el tipo de pensamientos, palabras y obras que hubiera tenido a lo largo de su vida. Y que en función del veredicto final sería recompensado o castigado eternamente después de que muriera. De este modo, Zaratustra introdujo en nuestro lenguaje simbólico dos conceptos nuevos revolucionarios: «cielo» e «infierno», los cuales siguen vigentes en la narrativa religiosa de la actualidad.

Sin embargo, su mensaje monoteísta fue rechazado y condenado por su propia comunidad, haciendo valer el dicho de que «nadie es profeta en su tierra».[23] No en vano, suponía un cambio de cosmovisión religiosa demasiado disruptivo. De ahí que tras la muerte de este profeta iraní, la religión que se fundó en su nombre —el zoroastrismo— cayera en el olvido durante mucho tiempo, renaciendo siglos más tarde al convertirse en la religión oficial del Imperio aqueménida. Hoy en día está presente en Irán, Paquistán, Afganistán, Azerbaiyán e India.

El triunfo del monoteísmo sucedió en el seno del judaísmo. El inicio de esta religión se remonta a hace más de tres mil ochocientos años, cuando un dios llamado «Elohim» se presentó en el antiguo reino de Canaán —que abarcaba lo que en la actualidad es parte de Israel, Palestina, Siria, Jordania y Líbano— ante el pastor Abram. Lo cierto es que esta deidad le cambió el nombre por el de «Abraham», que en hebreo significa «padre de muchos pueblos». Este encuentro significó un punto de inflexión crucial en la *historia* de la religión monoteísta. De hecho, a Abraham se le considera el primer profeta de la humanidad.

Tras una larga y apasionante historia llena de adversidades, la creencia en un único dios omnipotente y todopoderoso —más adelante conocido como «Yahvé»— fue aceptada entre los judíos hace unos dos mil setecientos años. Si bien a Abraham se le venera como el patriarca de su pequeña nación —Israel—, su profeta principal fue Moisés, a quien Yahvé le había revelado diez mandamientos que sus seguidores debían obedecer para cumplir con su ley divina.

Así fue como los judíos —«el pueblo elegido»— se erigieron como los portavoces de la verdad, argumentando que el judaísmo era la única religión auténtica. De este modo, Israel se convirtió en el primer Estado monoteísta de la historia. Sus creencias religiosas le sirvieron para reafirmar y enfatizar una idea de la que los judíos estaban absolutamente convencidos: que solamente podía existir un solo dios —Yahvé— para un solo pueblo: ellos. Al menos eso es lo que recoge en su libro sagrado —la Torá—, el cual contiene la ley y el patrimonio cultural e identitario de los judíos.

Judíos contra cristianos

Sin embargo, hace unos dos mil años les salió un primer competidor que puso en jaque su monopolio monoteísta: el cristianismo. En este caso, su profeta fue el judío Jesús de Nazaret, quien a su vez llamaba «Padre» al dios que decía representar. Educado en el judaísmo, a Jesús se le conoce como «Cristo», que en hebreo significa «el mesías». De hecho, a sus primeros discípulos se les consideró «judeocristianos». El conflicto entre unos y otros comenzó debido a que el mensaje revolucionario de este filósofo cuestionaba el orden social establecido y atentaba contra las instituciones políticas y religiosas de su época.

Así, décadas después de ser condenado a muerte se produjo la ruptura definitiva entre los judíos y los cristianos. Por un lado, los primeros no reconocían a Cristo como mesías y salvador, pues su profeta seguía siendo Moisés. Y por el otro, los cristianos no querían seguir la antigua ley judía, sino la nueva fe que su profeta les había revelado. En este sentido, el verdadero fundador del cristianismo no fue Jesús, sino uno de sus discípulos, Pablo de Tarso, más conocido como «san Pablo». Fue él quien lideró a sus seguidores para fundar la Iglesia católica y adorar a una nueva versión de dios: aquel que había enviado a la tierra a su hijo Jesucristo para iluminar a la humanidad, sumida en las tinieblas y la oscuridad.

Y es precisamente la deificación de Jesús lo que catapultaría el cristianismo hasta lo más alto del firmamento religioso. Y eso que la divinización de seres humanos venía siendo una constante desde hacía varios siglos. Sin embargo, había algo muy novedoso en su caso. Y no porque Jesús fuera el hijo de un humilde carpintero, mientras que la gran mayoría de seres humanos endiosados habían sido reyes, monarcas, emperadores y faraones. Lo verdaderamente excepcional de su divinización no tenía nada que ver con él, sino con lo que representaba.

Hasta ese momento, se creía que todos los demás dioses humanos habían sido una de las muchas manifestaciones de una de las múltiples deidades que poblaban los templos religiosos panteístas, henoteístas o monolatristas. Pero desde una óptica monoteísta, Jesús era considerado la única manifestación humana del único dios del universo. Y un reconocimiento de semejante magnitud no había sucedido nunca antes en toda la *historia* de la religión.

A lo largo de los tres siglos siguientes, la comunidad cristiana fue creciendo exponencialmente a lo largo y ancho del Imperio romano. Y todo gracias a la creencia de que Jesucristo había sido enviado para liberar a los seres humanos de sus pecados para poder ir al cielo y evitar el infierno. Sin embargo, la popularidad que esta nueva religión de moda iba teniendo sobre cada vez más ciudadanos de la época fue directamente proporcional al nivel de persecución llevado a cabo por la corte imperial. Entre otras atrocidades, intentaron quemar todas las iglesias que rendían culto a Jesucristo, destruir todos sus textos sagrados y masacrar a todo aquel que se declarara «cristiano».

El cristianismo como religión oficial

Llegó un momento en el que el Imperio romano se volvió tan extenso que el emperador Diocleciano —tras retirarse de su cargo— decidió dividirlo en cuatro territorios, cada uno de ellos gobernado por un rey diferente. Esta trascendental decisión no tuvo el efecto esperado y degeneró en una guerra civil entre los cuatro aspirantes, que empezaron a rivalizar por conquistar el trono. Según cuenta la leyenda, uno de ellos —Constantino I— tuvo un sueño premonitorio justo el día antes de una decisiva batalla contra otro de sus contendientes. En él se le apareció una cruz luminosa en el cielo junto con este mensaje: «Con este signo vencerás».

A pesar de no comulgar para nada con el cristianismo, al día siguiente hizo que todos los miembros de su ejército pintaran ese símbolo cristiano sobre sus escudos. Y seguidamente obtuvo una victoria que allanó el camino para que se proclamase emperador único de Roma. Al atribuir su éxito al dios de Jesucristo, Constantino I no solo finalizó la persecución contra sus seguidores, sino que poco después de ascender al trono —en el año 313— legalizó el cristianismo por medio del famoso Edicto de Milán. Y lo cierto es que no le fue nada mal. Enseguida se dio cuenta de lo ventajoso que era —desde un punto de vista político— adoptar una religión monoteísta. Fue entonces cuando entró nuevamente en escena el politicomorfismo, dejando muy claro que al haber solamente un dios en el cielo solo podía haber un emperador en la tierra.

Un poco más tarde —en el año 380—, el cristianismo se convirtió en la religión oficial del Imperio romano. Así, los cristianos pasaron de ser una minoría perseguida a una mayoría perseguidora, exterminando a sus enemigos como estos los habían atacado a ellos en el pasado. Del mismo modo que había hecho el judaísmo en su día, el cristianismo se erigió como la única religión verdadera. Y con el apoyo del imperio que la abanderaba, empezó a imponer a la fuerza su cosmovisión religiosa sobre el resto del mundo. Tanto es así que el libro sagrado de los cristianos —la Biblia— sigue siendo el más leído de la historia hasta ahora, con más de cinco mil millones de copias vendidas.[24]

Tras el judaísmo y el cristianismo —en el año 622— emergió una nueva religión monoteísta: el islam, fundado por el profeta árabe Abū l-Qāsim Muḥammad ibn ʿAbd Allāh ibn ʿAbd al-Muttalib ibn Hāšim al-Qurayšī, más conocido como «Mahoma», que significa «el encomiable» y es considerado como «el último de los profetas». Principalmente porque —al igual que les ocurrió a Abraham, Zaratustra, Moisés y Jesús—, Mahoma experimentó una serie de revelaciones divinas, las cuales plasmó en el Corán, el libro sagrado de los musulmanes

Entre otras cuestiones, afirmó ser el mensajero de Alá, el único dios del universo. En este caso, la aceptación de su prédica monoteísta no recibió tanta resistencia como le ocurrió a sus antecesores. Lo cierto es que Mahoma dijo explícitamente que Alá era Elohim y Yahvé, el dios de los judíos. Y por ende, también era el mismo dios del cual Jesús hablaba. Básicamente, lo que este profeta hizo fue afirmar que el dios monoteísta judío y cristiano desde su primera aparición —en tiempos de Abraham— siempre había sido Alá.

Desde entonces, la batalla por el monopolio monoteísta sigue enfrentando a sus tres principales contendientes: el judaísmo, el cristianismo y el islam. Curiosamente, estas tres religiones tienen varios puntos en común. Para empezar, las tres aseguran estar en posesión de la verdad, presentando sus sagradas escrituras como una expresión literal de la palabra de dios. De hecho, estas tres religiones veneran al profeta Abraham, al que consideran un personaje muy destacado en sus respectivas *historias*. Este profeta es uno de los protagonistas de la Torá —el libro sagrado de los judíos—, el cual viene a ser los primeros cinco capítulos del Antiguo Testamento de la Biblia, el texto de referencia para los cristianos. Por su parte, los musulmanes cuentan con el Corán, donde Abraham también juega un rol muy destacado.

¿Realidad o ficción?

Pero ¿qué son estos libros sagrados? En esencia, son un conjunto de mitos, poemas, plegarias y textos proféticos, muchos de los cuales están inspirados en tradiciones orales que se remontan a hace más de tres mil ochocientos años. En sus páginas aparecen todo tipo de historias —supuestamente basadas en hechos reales— que relatan acontecimientos surrealistas e inverosímiles para nuestros días. Eso sí, con una carga simbólica y metafórica espectacular.

Cabe señalar que en la Biblia hay numerosos pasajes que son una mezcla de mitos y leyendas prestados de culturas y civilizaciones mucho más antiguas, como la persa, la asiria, la sumeria o la egipcia. Eso sí, adaptados y novelados, con nombres y personajes diferentes. Por ejemplo, el relato del diluvio universal y el arca de Noé es casi una copia literal de un texto mesopotámico.[25] Lo mismo sucede con la historia de Moisés siendo abandonado en una cesta en el río al nacer.[26] E incluso con la propia historia de Jesucristo. Existen muchos otros mitos ancestrales en los que se relatan hechos prácticamente iguales, como el día de su nacimiento; tener una madre virgen; ser visitado por tres reyes de Oriente que seguían una estrella en el cielo; obrar milagros, así como morir crucificado y resucitar a los tres días.[27]

En este sentido, al mirar con lupa la *historia* de la religión es del todo imposible saber si todos estos textos están basados en hechos reales o son fruto de la fértil imaginación humana. De ahí que tanto el judaísmo, el cristianismo y el islam se basen en la «fe». Es decir, en el acto de creer ciegamente lo que dicen sus libros sagrados sin cuestionar lo que supuestamente dijeron sus profetas. Esencialmente porque al hacerlo se pondría en cuestión la palabra de dios. Y en consecuencia, se alteraría el orden social establecido por las instituciones políticas y religiosas que siguen ostentando el poder hoy en día.

Actualmente, estas tres religiones monoteístas cuentan con sus propios «teólogos». Es decir, quienes se dedican al estudio de dios por medio de la lectura y el análisis de sus respectivas sagradas escrituras. El problema radica en que muchos de ellos son ortodoxos y fundamentalistas: hacen una interpretación literal de sus respectivos textos sagrados —o fundacionales—, creyendo a pies juntillas todo lo que se dice que dijeron sus respectivos profetas. De ahí que en la mayoría de debates religiosos no haya lugar para la autocrítica ni para el cuestionamiento, pues podría poner en peligro los pilares sobre los que se asientan sus arraigadas creencias.

Sea como fuere, tanto la religión judía como la cristiana y la musulmana se consideran a sí mismas las representantes de dios en la tierra, tachando a las otras dos de ser completamente falsas. Paradójicamente, las instituciones religiosas —sean del culto que sean— son lo único que se interpone entre los seres humanos y dios. Esencialmente porque han venido vendiendo una idea equivocada de cómo acceder a lo divino, distorsionando el papel que juega la verdadera espiritualidad en nuestras vidas.

Dado que es inconcebible que todas las religiones monoteístas estén en lo correcto, la conclusión más razonable es que todas están equivocadas.

CHRISTOPHER HITCHENS

V

En el nombre de dios

Las religiones son como luciérnagas:
necesitan la oscuridad para brillar.

ARTHUR SCHOPENHAUER

Hace mucho tiempo, un hombre descubrió el arte de hacer fuego. Al día siguiente, empezó a compartir este descubrimiento tan excepcional con el resto de habitantes que vivían en los pueblos cercanos. No en vano, por aquel entonces todos ellos padecían las inclemencias de un frío glacial. Tanto es así, que en algunos casos morían congelados.

Nada más llegar a la primera aldea, les presentó los utensilios necesarios para hacer fuego; y seguidamente les enseñó paso a paso cómo encender una hoguera. De este modo, en un par de días todos los vecinos de aquel poblado ya sabían cómo utilizar el fuego para calentarse y cocinar alimentos. Curiosamente, antes de que pudieran darle las gracias a este revolucionario y generoso inventor, este ya se había marchado al siguiente pueblo. No estaba interesado en recibir elogios ni alabanzas. Solo quería que la gente se beneficiara del fuego. Y esta motivación trascendente fue la que lo llevó a recorrer a pie cientos de pueblos de todo el país, llenando de luz y de calor la existencia de miles de seres humanos.

Sin embargo, de pronto se encontró con un gran obstáculo. Los sacerdotes de la época comenzaron a temer la enorme popularidad cosechada por aquel sabio inventor. Con el paso del tiempo, empezaron a notar cómo iba disminuyendo la influencia y el control que tenían sobre la gente. Por esa razón decidieron envenenarlo. Tras su repentina muerte, los habitantes de aquel país quedaron desolados. Y comenzó a correrse el rumor de que el descubridor del fuego había sido asesinado por los clérigos.

Para evitarse mayores conflictos, los sacerdotes afirmaron que aquel hombre en realidad era un ser divino enviado por dios para iluminar a la humanidad. Y para dignificarlo, mandaron hacer enormes retratos del sabio inventor, los cuales colocaron en el altar principal de cada templo. A su vez, crearon una serie de rituales para honrarlo. De hecho, se inventaron numerosas festividades en su nombre. Así es como la casta religiosa se convirtió en su intermediaria, mediando entre el legado de este inventor y el resto del pueblo. Sin embargo, en aquel país ya nadie hacía fuego.

Cada semana, la gente acudía en masa a las iglesias para rendirle homenaje, venerando los utensilios que permitían crear fuego. Las ceremonias y los rituales se seguían al pie de la letra. Se habían convertido en una tradición nacional. Los sacerdotes recordaban por medio de grandilocuentes sermones los beneficios inherentes al fuego. Y la gente aplaudía y los adoraba. Todo el mundo hablaba del inventor. Y así ha sido desde hace más de dos mil años. A día de hoy abundan las estampitas que ilustran las llamas. Y los cantos sobre el calor y el olor que desprendía el fuego. Sin embargo, desde la muerte de aquel revolucionario inventor, en aquel lugar jamás se ha vuelto a encender una hoguera.[28]

17. La ironía de Jesús de Nazaret

Dentro de la cosmovisión occidental en la que hemos sido *educados*, casi nadie pone en duda que Jesús de Nazaret sigue siendo el personaje más influyente que el mundo ha conocido. Prueba de ello es que el año en el que vivimos contabiliza el tiempo que ha transcurrido desde que nació. Parece mentira que un pobre carpintero haya sido capaz de dividir la historia humana en dos: antes y después de su nacimiento.

Sin embargo, todo lo que sabemos de él es lo que nos ha llegado a través de los cuatro evangelios canónicos —Mateo, Marcos, Lucas y Juan— que aparecen en el Nuevo Testamento de la Biblia. Es decir, la versión oficial de la Iglesia católica, apostólica y romana, la cual se cree que está inspirada por dios, es leída por lo general de forma literal y se toma como verdad absoluta. Y eso que los hechos que se relatan se escribieron —como mínimo— unos treinta y cinco años después de su muerte.

El resto de documentos históricos que hablan de la vida y obra de Jesús —entre los que destacan los evangelios apócrifos, los evangelios gnósticos o los manuscritos del mar Muerto— no gozan de la misma credibilidad entre la comunidad teológica cristiana contemporánea. De hecho, no son aceptados como fidedignos por la Iglesia católica. Principalmente porque cuestionan la imagen divinizada que se pretende dar de Jesús en la Biblia.

En este sentido, es fundamental diferenciar entre el «Jesús histórico» y el «Jesús divinizado». Es decir, entre «Jesús de Nazaret» —un ser humano de carne y hueso— y «Jesucristo», una idealización creada por los seguidores de la religión cristiana, quienes lo consideran «el hijo de dios». Y entonces, desde una perspectiva puramente histórica, ¿quién fue Jesús? Esencialmente fue un pobre campesino judío que nació en Nazaret hace unos dos mil años y que vivió unos treinta y tres años entre Galilea y Judea, lo que a día de hoy viene siendo Israel y Palestina.

Pocos años después de su nacimiento, estas dos provincias

fueron ocupadas por el Imperio romano. Y de la noche a la mañana sus habitantes tuvieron que empezar a pagar impuestos al emperador de Roma. Y esto es algo que exaltaba especialmente a los seguidores de la ley judía, para quienes Israel no pertenecía a este gobierno extranjero, sino al dios único en el que creían. A su vez, la casta religiosa se había corrompido por completo, convirtiéndose en una leal aliada del estado totalitario de la época, el cual sumía en la pobreza y la desesperación a la mayoría de la población judía.

Si bien se sabe que durante su adolescencia Jesús trabajó como carpintero y albañil, también se convirtió en un buscador espiritual. Rebelde e inconformista, de muy joven empezó a cuestionarse las creencias con las que había crecido. Y al profundizar en su propio ser, vivió una experiencia mística de conexión y unidad con la vida que cambiaría para siempre su forma de estar en el mundo.

Fue entonces cuando se transformó en un librepensador y en un filósofo que decidió compartir su mensaje con todo aquel que estuviera dispuesto a escucharlo con la mente abierta. Sus enseñanzas promovían valores como el amor, la felicidad, la compasión, el perdón, la humildad, el servicio, la confianza, la rendición, la ética, la meditación, la trascendencia del ego y la reconexión con el ser esencial. Eso sí, dado que se dirigía a personas analfabetas, tendía a utilizar metáforas y parábolas, muchas de las cuales con el tiempo se han malentendido y distorsionado.

ACTIVISTA REVOLUCIONARIO

Por otro lado, Jesús de Nazaret fue un activista revolucionario. De hecho, se le considera un «zelote». Es decir, un seguidor del movimiento político y nacionalista que pretendía liberar a Israel del yugo extranjero. Jesús se atrevió a desafiar al gobierno del Imperio romano, el más poderoso que el mundo jamás ha conocido. Y tras predicar en muchos pueblos y localidades llegó hasta Jerusalén, donde fue declarado culpable por «sedición».

Esta es la razón por la que fue condenado a muerte por crucifixión. Este tipo de pena capital no se utilizaba tanto para matar al criminal en cuestión, sino para recordar a los ciudadanos lo que les podía ocurrir si desobedecían y se rebelaban contra las leyes del imperio. De ahí que se llevara a cabo en lugares públicos donde todo el mundo pudiera verlo. Y que se dejara el cadáver colgado hasta ser devorado por los cuervos... De este modo, Jesús murió por desafiar a los ricos y los poderosos. Es decir, por atentar contra la corrupta casta sacerdotal y la despiadada ocupación romana.

Décadas después de su muerte, comenzó el proceso de metamorfosis entre el Jesús histórico y el Jesús divinizado: Jesucristo. Según la Biblia, Cristo fue concebido por el espíritu santo y nació de la virgen María en Belén. Después de predicar la palabra de dios y obrar muchos milagros, fue asesinado a petición del pueblo judío durante el mandato de Poncio Pilatos. Y tras ser crucificado para redimir a los seres humanos de sus pecados, resucitó a los tres días y subió al cielo donde se encuentra junto al dios único del monoteísmo cristiano. A su vez, se cree que algún día volverá para presenciar el juicio final, según el cual la humanidad será juzgada por sus obras.

Esta nueva imagen de Jesús se debe en gran parte a la visión que san Pablo —el fundador del cristianismo— tenía sobre él. Y eso que jamás lo conoció en vida. Sin embargo, con el tiempo la Iglesia católica se hizo con los derechos de imagen de este profeta, apropiándose de su marca personal para perpetuar su poder sobre millones de individuos por todo el planeta. De este modo, el Jesús histórico acabó siendo sepultado por el Jesús divinizado, una versión tuneada para encajar con la agenda y los intereses políticos y religiosos del Imperio romano.

La ironía de Jesús de Nazaret es que el *statu quo* político contra el que se rebeló lo sigue utilizando a día de hoy como herramienta de control social. A su vez se ha convertido en un icono de aquello contra lo que más luchó: las instituciones religiosas. Por otro lado, su mensaje de amor, misericordia, fraternidad y solidaridad se ha visto manchado por las numerosas y sangrientas guerras que se han llevado a cabo a lo largo de la historia para expandir el cristianismo que supuestamente él representa.

Y no solo eso. El ejemplo de humildad y la austeridad que intentó inculcarles a sus discípulos choca frontalmente con la opulencia y los lujos inherentes a los obispos del Vaticano en la actualidad. En definitiva, si Jesús de Nazaret levantara la cabeza no se creería lo que sus llamados «seguidores» han hecho en su nombre. Seguramente se rebelaría contra el Estado en el que vivimos, así como contra los dirigentes de la Iglesia católica que tanto han distorsionado el patrimonio espiritual de este filósofo revolucionario.

> No penséis que he venido a traer paz a la tierra.
> No he venido a traer paz, sino espada.
>
> JESÚS DE NAZARET

18. Los crímenes de la religión

La inmensa mayoría de los seres humanos hemos vivido de forma ignorante e inconsciente, desconectados del ser esencial y, por ende, identificados con el *yo* ilusorio. De ahí que con la consolidación de los tres grandes monoteísmos —judaísmo, cristianismo e islam— hayamos ido creando instituciones religiosas a imagen y semejanza del ego, proyectando en este dios único nuestro lado oscuro.

Desde entonces, nuestras motivaciones y nuestras acciones se han convertido en las motivaciones y las acciones de dios, pero sin límites ni consecuencias. De este modo, la religión se ha vuelto un instrumento perfecto para canalizar nuestro miedo y nuestro dolor. Esta es la razón por la que a lo largo de toda la historia ha generado todo tipo de luchas, conflictos y divisiones en vez de tender puentes hacia la unidad de la que todos procedemos.

En el nombre de dios hemos cometido un sinfín de crímenes, barbaridades y atrocidades. Tanto es así que esta palabra está prostituida, corrompida y manchada de sangre. Esencialmente porque ha venido siendo utilizada de forma muy equivocada por personas que nunca han experimentado la sensación de paz y armonía que proporciona la conexión espiritual con el ser esencial.

Al regirse desde la creencia —en lugar de la experiencia—, las diferentes religiones son —esencialmente— ideologías con las que la gente se identifica para realizar su sensación de ser un *yo* separado. Y como consecuencia, refuerzan inconscientemente el sentimiento de que estamos separados de dios, creyendo que se trata de un ente externo a nosotros. Esta concepción tan errónea de lo divino es la raíz de donde han surgido creencias tan limitantes y afirmaciones tan absurdas, como por ejemplo: «Mi dios es el único verdadero mientras que tu dios es falso». No en vano, uno de los indicadores más claros de que seguimos identificados con el ego es creernos en posesión de la verdad.

En el caso del cristianismo, este dogmatismo se acentuó a partir del primer concilio de Nicea —celebrado en el año 325—, cuando se decidió combatir con intolerancia y vehemencia contra los cristianos que se desviaban de las sagradas escrituras, a quienes se tachaba de «herejes». Y también contra los no cristianos —especialmente judíos y musulmanes—, a quienes consideraban «infieles». Fue entonces cuando emergió con fuerza el «fanatismo religioso». Es decir, la creencia ciega de que solamente una fe es el camino hacia la auténtica salvación, mientras que el resto de los senderos conducen irremediablemente a la perdición.

LAS CRUZADAS Y LA INQUISICIÓN

Con el paso de los siglos, el cristianismo y el islam fueron gozando de cada vez más poder e influencia. Y dado que ambos seguían pugnando por ser la única religión verdadera, entre los siglos XI y XIII se llevaron a cabo «las cruzadas». Estas ocho expediciones militares fueron impulsadas por la Iglesia católica para liberar «Tierra Santa» —los lugares en los que vivió Jesús— de la ocupación musulmana. Y como recompensa, los sacerdotes católicos prometieron a los que partieran la remisión de todos sus pecados.

En el bando contrario —el islam—, se promovió la «yihad» por la «umma». Es decir, la «guerra» por la «comunidad musulmana», enviando mártires a las cruzadas para que lucharan contra sus adversarios cristianos y murieran en el nombre de Alá. En este caso, los imanes islámicos aseguraron a sus héroes que serían compensados con setenta vírgenes en el más allá... Se estima que durante estas contiendas bélicas cientos de miles de judíos, musulmanes y cristianos se mataron entre ellos de forma cruel y descarnada. Irónicamente, a estas contiendas bélicas llevadas a cabo por motivos religiosos se las denomina «guerras santas».

A su vez, la Iglesia católica profesionalizó el arte de suprimir la herejía por medio de la «Inquisición». Bajo este título se formaron varias instituciones creadas a partir del siglo XII y cuya finalidad consistía en detectar y exterminar a todos aquellos que comulgaran con una doctrina divergente a la enseñanza oficial, basada en las sagradas escrituras de la Biblia. Al ser considerados enemigos del Estado, los herejes no solo fueron perseguidos y excomulgados, sino que muchos de ellos también fueron torturados y condenados a muerte. Así es como se empezó a legitimar la violencia, asesinando a la gente en el nombre de dios.

En paralelo, las instituciones religiosas de los tres grandes monoteísmos se volvieron cada vez más «androcéntricas» y «patriarcales», confiriendo a los hombres todo el poder y la autoridad. De este modo se denigró a las mujeres, despojándolas de cualquier posibilidad de asumir alguna posición de liderazgo. Así fue como lenta y progresivamente pasaron a ser propiedad de los hombres, quienes consideraban que su única función era la de tener sus hijos y atender los quehaceres del hogar. De hecho, a día de hoy —en pleno siglo XXI— las mujeres siguen sin poder oficiar misas ni ocupar cargos de dirección en dichas instituciones, un privilegio solamente reservado para los hombres.

En el ámbito del cristianismo —durante la época en la que estuvo vigente la Inquisición—, el cuerpo de la mujer empezó a verse como una tentación que conducía al pecado. Tanto es así que la Iglesia católica terminó declarando que lo femenino era algo «demoniaco» auspiciado por el mismísimo diablo. De hecho, entre los siglos XV y XVII se llevó a cabo la «caza de brujas», durante la que miles de mujeres fueron quemadas en la hoguera por practicar la «brujería». Es decir, por elaborar brebajes y medicamentos, por dedicarse a la adivinación y a la magia, por interesarse por el conocimiento y la filosofía, así como por manifestar conductas sociales y sexuales inapropiadas para las autoridades religiosas.

Por otra parte, tras el *descubrimiento* de América —una expedición financiada por los Reyes Católicos—, la Iglesia católica envió a miles de misioneros para evangelizar a los indígenas de las tierras que habían sido colonizadas. Este proceso de conversión a la fe cristiana significó la destrucción de la cosmovisión religiosa, la cultura y la vida de millones de nativos americanos, quienes sufrieron todo tipo de abusos y vejaciones por parte de los conquistadores.

GUERRAS ENTRE CATÓLICOS Y PROTESTANTES

Un poco más adelante —durante los siglos XVI y XVII— se produjeron varias guerras civiles religiosas entre católicos y protestantes en Europa, las cuales causaron la muerte de decenas de miles de personas. Estos sangrientos enfrentamientos se iniciaron cuando el teólogo y fraile alemán Martín Lutero abogó —en 1517— por reformar la Iglesia católica, escindiendo en dos a esta institución. Fue entonces cuando empezaron a surgir infinidad de formas distintas de concebir las enseñanzas de la Biblia, dando lugar a nuevas confesiones cristianas. Y dado que por aquel entonces ya existía la imprenta, estas nuevas ideologías religiosas se extendieron como la pólvora.

Además del catolicismo y el protestantismo, destacan la ortodoxia, el monofisismo, el nestorianismo, el anglicanismo, el presbiterianismo, el anabaptismo, el metodismo, el pentecostalismo, el restauracionismo, el adventismo y el gnosticismo. Cada una de estas corrientes religiosas hace una interpretación subjetiva diferente de las sagradas escrituras. A su vez, dentro de estas tradiciones han ido surgiendo múltiples y divergentes sectas, cada una de las cuales cuenta con su propio sistema de creencias. Se estima que en la actualidad hay miles de confesiones cristianas distintas por todo el mundo. Eso sí, tienen un mismo rasgo en común: todas ellas se consideran a sí mismas la única y verdadera Iglesia de Jesucristo.

Este fanatismo religioso también provocó que durante el siglo XVI la Iglesia católica profesionalizara el arte de la censura y el «oscurantismo». Es decir, la práctica deliberada de ocultar la verdad acerca de determinados hechos que atentaban contra la buena imagen de esta institución. A su vez, impidieron que ciertos conocimientos fueran difundidos entre la población, de manera que solamente la élite —compuesta por reyes, aristócratas, nobles, políticos, cardenales, obispos y sacerdotes— pudiera beneficiarse de ellos. No en vano, desde siempre la casta política y religiosa ha sabido que las personas ignorantes son las más fáciles de adoctrinar, manipular y controlar.

A partir de entonces, se prohibió la impresión de libros sin la autorización previa del clero. De hecho, todos aquellos manuscritos que no comulgaran con las creencias cristianas fueron quemados y destruidos. Y en paralelo, se elaboraron una serie de «índices de libros prohibidos» por ser considerados heréticos. El objetivo era impedir que pudieran popularizarse aquellas nuevas ideas que cuestionaran los fundamentos cristianos y difirieran de la fe católica.

En estas listas también se incluía cualquier tipo de texto que pudiera confundir a los creyentes y dañar sus costumbres cristianas. Así es como la religión actuó como órgano censor, restringiendo totalmente la libertad de expresión y coartando de raíz la libertad de pensamiento. Y por supuesto, cualquier escrito relacionado con la sexualidad era directamente tachado de «satánico» y quemado en la hoguera. Si bien la Inquisición fue abolida en 1834, estos índices perduraron hasta 1966.

Evidentemente, todas estas barbaridades no las ha cometido la religión, sino que han sido ejecutadas por fanáticos religiosos. Es decir, seres humanos identificados con el ego, guiados por creencias irracionales y movidos por el miedo, la ignorancia, la inconsciencia y el dolor. Y lo cierto es que a día de hoy —en pleno siglo XXI— se sigue derramando sangre por cuestiones de fe. Prueba de ello es el interminable conflicto armado entre judíos y palestinos en Israel. Es decir, entre seguidores del judaísmo y fieles del islam. Es tanta la guerra y la violencia generada por motivos religiosos que la gran pregunta sigue siendo: ¿cuántas vidas se habrán destruido a lo largo de la historia en el nombre de dios?

El fanatismo es una sobrecompensación de la duda.

CARL GUSTAV JUNG

19. El miedo al infierno

El cristianismo cuenta con unos dos mil cuatrocientos millones de fieles en todo el mundo. El denominador común de todos ellos es la admiración que sienten por Jesucristo. En España, por ejemplo, dos de cada tres personas se declaran creyentes de esta religión. Eso sí, de estos solo el 20 % va a misa todos los domingos.[29] Es decir, que la mayoría son «católicos no practicantes». Lo son por una cuestión de condicionamiento y tradición; creen en lo que creen porque desde muy niños les inculcaron —tanto en casa como en la escuela— este tipo de creencias religiosas.

Y la única razón por la que siguen creyendo en ellas es porque todavía no las han cuestionado.

Sea como fuere, la Iglesia católica está profundamente arraigada en nuestra cultura. Y por más siglos que pasen, la cosmovisión judeocristiana sigue formando parte del inconsciente colectivo de la sociedad occidental. De ahí que no sea descabellado afirmar que —de alguna forma u otra— «todos somos cristianos». Para empezar, echemos nuevamente un vistazo a nuestro calendario. Y recordemos —una vez más— que el año en el que vivimos se calcula a partir de la fecha de nacimiento de Jesucristo. Por otro lado, los nombres más comunes en nuestra sociedad —Antonio, María, José, Carmen, Manuel, Josefa, Francisco, Ana, David, Isabel, Juan, Teresa...[30]— son de origen judeocristiano.

A su vez, la gran mayoría de festividades que celebramos hoy en día tienen que ver con esta entidad religiosa. Evidentemente esto no siempre fue así. Las primeras celebraciones que festejaron nuestros antepasados tenían que ver con los dioses del politeísmo, quienes veneraban a los fenómenos de la naturaleza que posibilitaban su supervivencia. Sin embargo, con la aplastante victoria del monoteísmo, estas fiestas y deidades empezaron a considerarse «paganas». Se trata de un adjetivo peyorativo utilizado tanto por judíos como por cristianos para descalificar cualquier creencia o ritual religioso que se salga de los dogmas de su fe.

Con la finalidad de erradicar cualquier indicio de paganismo en la sociedad, la Iglesia católica adoptó muchas de estas festividades como propias. De este modo consiguió imponer la religión cristiana frente a las tradiciones antiguas, las cuales fueron desapareciendo lenta y progresivamente. Así, la fiesta del solsticio de verano —celebrada a finales de junio en el hemisferio norte para dar la bienvenida al calor— se convirtió en el día de «San Juan», uno de los principales santos del catolicismo.

Por otro lado, la fiesta de la «Navidad» tiene que ver con el solsticio de invierno. Se trata del momento del año en el que el Sol alcanza el punto más bajo con respecto al horizonte en el hemisferio norte, provocando que los días sean mucho más oscuros. En la antigua civilización romana ese día celebraban la *«Natalis Solis Invictis»*: la fiesta del «nacimiento del sol invencible». Esencialmente porque a partir de entonces el astro solar comienza a ascender otra vez por el firmamento, provocando que los días empiecen a ser cada vez más luminosos. De ahí que nuestros antepasados —que no gozaban de electricidad como nosotros— celebraran ese día como «el triunfo de la luz sobre la oscuridad».

Tras la implantación del cristianismo como religión oficial, la Iglesia católica estableció el nacimiento de Jesucristo el 25 de diciembre para que los romanos no tuvieran que abandonar esta fiesta tan popular. Y lo mismo hizo con el resto de festividades y tradiciones paganas. Por medio de este proceso de suplantación mitológica, esta institución religiosa ha conseguido perpetuarse en el imaginario colectivo sin que nos demos cuenta. Estamos tan imbuidos y acostumbrados a convivir con la iconografía cristiana que la damos por sentada.

EL LEGADO PSICOLÓGICO DEL JUDEOCRISTIANISMO

Al margen de controlar nuestro calendario y estar muy presente en nuestras festividades, la cosmovisión judeocristiana sigue enquistada en nuestra mentalidad. Nos guste o no, el legado psicológico de esta fe religiosa sigue condicionando inconscientemente la relación con nosotros mismos, con los demás y con la vida. Hay que tener en cuenta que la Iglesia católica lleva siglos ostentando una privilegiada posición de poder, influencia y autoridad en nuestra sociedad. Y lo cierto es que en complicidad con la Monarquía y el Estado, esta institución religiosa ha determinado —en gran medida— nuestra forma de comportarnos, así como nuestra manera de concebir a dios y al universo.

Así, su dios todopoderoso, invisible y omnipresente cuenta con una lista de «diez mandamientos» que debemos cumplir, dividiendo el mundo entre «santos» y «pecadores». Estos son:

«Amarás a dios sobre todas las cosas. No tomarás el nombre de dios en vano. Santificarás las fiestas. Honrarás a tu padre y a tu madre. No matarás. No cometerás actos impuros. No robarás. No darás falso testimonio ni mentirás. No consentirás pensamientos ni deseos impuros. Y no codiciarás los bienes ajenos».

Lejos de ser unas recomendaciones existenciales de carácter voluntario, la fe cristiana deja muy claro que al final de nuestra vida seremos juzgados por este dios punitivo, al cual hemos de adorar ciegamente y obedecer con sumisión. No en vano, en función de cómo hayan sido nuestros actos —de lo mucho o lo poco que hayamos «pecado» a lo largo de nuestra vida—, nuestra alma descansará en el cielo o arderá en el infierno para toda la eternidad. Por más irracional que este tipo de creencias puedan parecernos hoy en día, muchos creyentes padecen «hadefobia». Es decir, un profundo miedo al infierno, el cual les causa angustia, estrés y ansiedad crónicos.

Del mismo modo que para lograr que un burro se mueva has de poner frente a él una zanahoria o golpearlo por detrás con un garrote, la Iglesia católica emplea la recompensa y el castigo para influir en nuestro comportamiento. Por un lado, nos ofrece premios e incentivos en el más allá para portarnos como buenos samaritanos en el más acá. Por el otro lado, nos amenaza con penas y sanciones divinas para evitar que caigamos en la tentación y actuemos como pecadores.

Así es como el judeocristianismo nos ha inculcado una determinada «moral». Es decir, un punto de vista subjetivo acerca de cómo deben ser las cosas. En esencia, se trata del conjunto de normas sociales rígidas que tenemos que seguir para ser considerados «buenas personas» a los ojos de dios, así como los estrictos códigos de conducta que hemos de cumplir para actuar correctamente y ser merecedores de su gracia.

Es evidente que la creencia en este legislador y juez divino previene a muchas personas de cometer según qué crímenes y delitos. Sin embargo, la consecuencia directa de imponer esta moral cristiana es que la ética y la integridad —en caso de suceder— no emergen de manera libre y voluntaria desde el ser esencial. Por el contrario, se convierten en algo forzado desde fuera. Y como consecuencia, muchas de las acciones supuestamente altruistas que realizan los fieles creyentes no son un fin en sí mismo, sino un medio para ir al cielo y escapar del infierno. Es decir, para recibir una zanahoria y evitar un garrotazo.

Por otro lado, la religión católica sigue ostentando el monopolio de los ritos fúnebres. En occidente casi todos los velatorios están presididos por una cruz y están oficiados por un cura. A su vez, en los cementerios la simbología cristiana aparece por todas partes. Eso sí, cada vez más familias están optando por ceremonias laicas, empleando formas alternativas para despedirse de sus seres queridos.

EL SEXO COMO PECADO

Cabe destacar que la fe católica también juzga y condena ciertas emociones humanas, las cuales considera que son «pecado» y, por tanto, no deberíamos experimentar. Se trata de «los siete pecados capitales»: ira, soberbia, envidia, avaricia, gula, lujuria y pereza. Debido a la falta de educación emocional, en general no tenemos ni idea de cómo gestionar dichas emociones. Sin embargo, debido al exceso de condicionamiento religioso en ocasiones nos sentimos mal con nosotros mismos por el simple hecho de experimentarlas.

La moral cristiana es la razón por la que no recibimos educación sexual en las aulas. Esencialmente porque la Iglesia católica considera «pecado» la sexualidad que se produce fuera del matrimonio. De hecho, para esta institución el acto de copular tan solo debería llevarse a cabo con fines reproductivos. Tanto es así, que en pleno siglo XXI sigue inculcando a sus seguidores para que en ningún caso practiquen la masturbación y la fornicación. Y que tampoco utilicen nunca un método anticonceptivo. En este sentido, les advierte que en caso de realizar un aborto serán excomulgados de su religión. A su vez, rechaza y condena la homosexualidad, prohibiendo el matrimonio entre dos personas del mismo sexo entre sus fieles.

Como consecuencia, en el inconsciente colectivo de la humanidad hemos venido creyendo que «el sexo es algo sucio, vergonzoso y pecaminoso». Esta es la razón por la que muchos de nosotros hemos venido reprimiendo nuestros impulsos y deseos sexuales, así como padeciendo todo tipo de disfunciones en la cama. Curiosamente, practicar sexo es algo tan necesario y natural como respirar, comer, dormir y hacer nuestras necesidades fisiológicas. Al condenarlo moralmente, estamos rechazando una dimensión de nuestra condición humana. Y esta fragmentación interior es fuente de numerosas neurosis, así como la causa de mucho sufrimiento e insatisfacción.

De este modo, la moral cristiana genera que muchos de nosotros nos sintamos culpables por sentir según qué emociones y por realizar según qué actos. Así, la «culpa» es otro mecanismo psicológico que utiliza la Iglesia para controlarnos y manipularnos. De ahí surge el «arrepentimiento» y su consiguiente «confesión». Además, nos han hecho creer que necesitamos de la figura externa de un salvador que nos ayude a purificar nuestros pecados y obtener el «perdón» de dios. Esta es la razón por la que muchos siguen pensando que la clase clerical de esta institución religiosa —como los obispos, los curas y los sacerdotes— son los únicos que pueden verdaderamente intermediar entre nosotros y dios.

Desde esta cosmovisión religiosa no basta con perdonarnos internamente a nosotros mismos cuando cometemos un error, sino que la salvación de nuestra alma pasa irremediablemente por acudir a un redentor externo. Así es como el cristianismo fomenta claramente el borreguismo. De hecho, está muy presente en su discurso. Prueba de ello es que los miembros del clero son los «pastores» encargados de guiar a los creyentes, a quienes conciben como las «ovejas» que forman parte de su rebaño o congregación. Cabe señalar que cuanto menos conectados estamos con nuestro poder interior, más endiosamos e idolatramos a figuras externas. De ahí la suprema devoción que se sigue teniendo hoy en día por Jesucristo, así como la absoluta idealización de su representante en la tierra: el papa.

Con la finalidad de mantenernos en un estado de permanente dependencia, esta entidad religiosa también nos educa para creer que «el dinero es la raíz de todos los males» y que «los ricos son corruptos y mezquinos». A pesar de que la Iglesia católica rinde culto a la pobreza, la sede del Vaticano es un icono del lujo, la riqueza material y la ostentación. Y es que los dirigentes de esta institución no trabajan para erradicar las causas de la pobreza, sino que tan solo se dedican a paliar sus síntomas por medio de la «caridad». En otras palabras, dan pescado en vez de enseñar a pescar.

No en vano, ¿qué sería de la Iglesia si no hubiera pobres ni pobreza? ¿En qué lugar quedaría esta institución si los seres humanos experimentáramos a dios en nuestro corazón? ¿Qué ocurriría si el Estado dejara de financiarla con dinero público? Y en definitiva, ¿qué pasaría con esta entidad religiosa si la humanidad reconectara con su verdadera dimensión espiritual? Pues simple y llanamente que desaparecería de la faz de la Tierra para siempre.

> Esperar que la vida te trate bien por ser buena persona es como esperar que un tigre no te ataque porque seas vegetariano.
>
> BRUCE LEE

VI

El desencantamiento del mundo

El destino de nuestra época se caracteriza por la racionalización y la intelectualización; pero sobre todo, por el desencantamiento del mundo.

Max Weber

Un joven científico fue condecorado con un premio por los hallazgos encontrados durante sus últimas investigaciones. Al finalizar la cena de gala, una orquesta de músicos subió al escenario para seguir amenizando la velada. De pronto, su mujer le hizo un gesto para que la sacara a bailar. Paralizado por el miedo, negó con la cabeza y le suplicó que no insistiera.

Seguidamente, la mujer del tímido científico empezó a bailar en dirección a la pista de baile, provocando una sonrisa en todos los miembros de la banda. Estuvo bailando sola, dándolo todo durante casi un minuto, mientras el resto de invitados la miraba con incredulidad. Horrorizado, su marido escondía su cabeza entre sus hombros como una tortuga se oculta dentro de su caparazón. Debido a su inseguridad, aquel joven científico jamás había bailado.

Enseguida un par de asistentes siguieron los pasos de aquella valiente mujer y se pusieron a bailar como locos a su lado. Y a los pocos segundos la pista estaba llena a rebosar de intelectuales poseídos por el ritmo de aquella música tan marchosa. A lo lejos, el tímido científico los miraba asombrado. No podía entender cómo aquellas personas —supuestamente serias, racionales y respetables— movían sus brazos y sacudían sus piernas de forma tan caótica, sin ningún tipo de orden ni armonía.

En medio de toda aquella multitud de bailarines, volvió a cruzar la mirada con su mujer, la cual le hizo un gesto para que fuera a bailar con ella. Incapaz de vencer su vergüenza, volvió a negar con la cabeza. Eso sí, en esta ocasión el enamorado científico le lanzó un beso con la mano a modo de disculpa. Fue entonces cuando algo le hizo clic. «Tengo que aprender a bailar», se dijo para sus adentros.

Al día siguiente fue a la biblioteca, donde buscó los mejores libros para iniciarse en el arte de la danza. Y así fue como empezó a devorar un sesudo ensayo tras otro, cada cual más denso que el anterior: «Teoría del baile». «Antropología de la danza». «Psicología del ritmo»... En menos de tres meses, se leyó más de cincuenta ensayos.

En paralelo a las horas que dedicaba a la lectura, empezó a visitar diferentes pistas de baile. Y durante horas se quedaba sentado en la barra del bar, observando desde la distancia cómo el resto de personas bailaban. Y así siguió durante años, leyendo, investigando y documentándose acerca de todo lo relacionado con el baile. A su vez, empezó a elaborar informes con sofisticados cálculos matemáticos, en los que analizaba y reflexionaba acerca de los músculos exactos que las personas movían cuando danzaban. También comenzó a medir el ritmo, la velocidad y el movimiento de los diferentes estilos musicales... Sin embargo, todavía no se sentía preparado para bailar con su mujer.

A pesar de contar con elaborados algoritmos, aquel científico no lograba resolver el único misterio que le faltaba por descifrar: no tenía ni idea de cómo la gente lo hacía para armarse de valor y superar el miedo al ridículo. Ni tampoco sabía qué era lo que producía semejante alegría en quienes bailaban. Y era tal su desconcierto, que se sentía incapaz de bailar. Y así fueron pasando los años, hasta que aquel científico decidió escribir un libro para plasmar todo lo que había aprendido durante su vida adulta acerca del baile y de la música. Se pasó más de una década escribiendo solo en su despacho. Y finalmente lo publicó. Se titulaba «La ciencia del baile» y estaba compuesto por diez tomos muy gruesos. Aquel libro se convirtió en un best seller mundial, convirtiendo a su autor en el mayor experto de la historia del baile de la humanidad.

Ya siendo un anciano, recibió el premio de honor de la asociación internacional de la danza por su enorme contribución a esta disciplina. Curiosamente, lo obtuvo sin haber pisado jamás una pista de baile. Esa misma noche le dio un infarto y se murió. Y junto a la cama donde yacía tumbado, encontraron un diario que recogía sus últimas palabras, escritas justo después de haber recibido aquel reconocimiento: «Qué diferente hubiera sido mi vida si en vez de haberme dedicado a estudiar el baile, me hubiera permitido simplemente bailar».[31]

20. El asesinato de dios

Del mismo modo que toda causa genera un efecto, toda acción genera una reacción. Esta es la razón por la que tras un largo periodo de la humanidad gobernado por la intolerancia, el fanatismo y el oscurantismo religioso —denominado «Edad Media» o «Edad Oscura»—, a mediados del siglo XVIII emergió con fuerza una nueva etapa protagonizada por la «Ilustración». Se trata de un movimiento cultural e intelectual iniciado en Europa, cuya finalidad era iluminar las sombras de la ignorancia mediante las luces del conocimiento y la razón. Y así de paso evitar que los seres humanos siguieran matándose en nombre de sus creencias religiosas. De ahí que a esta etapa también se la conozca como el «Siglo de las Luces».

Fue entonces cuando se consagró el «método científico», la herramienta utilizada por la ciencia para combatir la irracionalidad y la superstición abanderadas por la religión. Esta metodología cuenta con una serie de pasos específicos muy precisos, los cuales permiten demostrar y certificar que ciertos conocimientos son realmente objetivos y veraces. Y que —por tanto— no están sujetos a la creencia ni a la interpretación subjetiva. Principalmente porque solamente acepta como válidos aquellos hechos probados y verificados empíricamente a través de la experimentación, el análisis, la evaluación y la contrastación de resultados.

Fue tal la inspiración provocada por este nuevo enfoque más lógico y racional, que fomentó que cada vez más personas comenzaran a cuestionar la cosmovisión religiosa con la que habían sido condicionados. De pronto unos cuantos valientes filósofos[32] dejaron de seguir ciegamente el «teísmo» —la creencia de que existe un dios creador del universo—, abrazando su opuesto contrario: el «ateísmo». Es decir, la creencia de que no existe ningún tipo de deidad. Y a diferencia de etapas anteriores, esta nueva corriente ideológica empezó a consolidarse como una alternativa al *statu quo* religioso de la época.

Sin embargo, durante la Edad Oscura el adjetivo «ateo» era un insulto que se empleaba de forma muy negativa y despectiva. De hecho, el ateísmo era una concepción existencial subversiva e incendiaria. Si ya creer en otro dios que no fuera el cristiano era una herejía, negar su existencia era algo escandalosamente inconcebible. De ahí que este tipo de creencias se tuvieran que erradicar de raíz para preservar el orden religioso establecido. Tanto es así que los individuos considerados «ateos» a menudo terminaban enfrente de algún tribunal de la Inquisición y —por ende— quemados en alguna hoguera.

Así, el ateísmo surgió para desenmascarar el poder político que ostentaban los sacerdotes desde la sombra. Y para empoderar nuevamente al individuo en detrimento de las instituciones religiosas. En esencia, lo que pretendía era liberar a los creyentes de la alienación psicológica e intelectual a la que habían sido sometidos por parte de la Iglesia católica. Y es que para los ateos «la religión es el opio del pueblo».[33] De ahí que esta ideología abogue por el escepticismo y el pensamiento crítico como medios para combatir el borreguismo y la credulidad. Y lo haga anteponiendo por encima de todo la razón a la fe. Esencialmente porque esta lleva a la gente a creer en dios sin contar con ninguna evidencia que demuestre su existencia.

«Dios ha muerto»

A finales del siglo XIX el ateísmo vivió en Europa un punto de inflexión excepcional. Fue entonces cuando se puso de moda el eslogan ateo más popular de toda la historia: «Dios ha muerto».[34] A partir del siglo XX esta corriente filosófica empezó a crecer y extenderse por todo el mundo, consiguiendo que los ateos[35] gozaran de cada vez más relevancia y aceptación social. Desde entonces algunos de ellos se han vuelto fanáticos y radicales. Entre estos, destacan los miembros del denominado «nuevo ateísmo»,[36] un movimiento intelectual originado a principios del siglo XXI y cuyo sentido de identidad está basado en su feroz antagonismo con el teísmo. De hecho, se declaran por encima de todo «antiteístas».

En este sentido, consideran que ha llegado la hora de desenmascarar la fe y erradicar la religión, pues desde la óptica de la ciencia y de la razón no se sostienen desde ningún punto de vista. La paradoja de esta corriente de pensamiento es que se muestra igual de vehemente, dogmática e intolerante que el adversario contra el que combate. Y justifican su cruzada intelectual alegando que no se puede demostrar científicamente que dios existe. Irónicamente, tampoco se puede probar lo contrario. De ahí que el debate meramente racional entre teístas y ateos sea tan estéril como interminable. No en vano, el dios del que ambos contendientes hablan es un mero concepto creado por medio de creencias de segunda mano y pensamientos ilusorios, detrás de los cuales se encuentra agazapado el ego.

El quid de la cuestión es que el dios que los ateos dicen haber asesinado nunca nació. Tan solo existió —y sigue existiendo— en la imaginación de quienes creen o no creen en él. Así, lo único que murió cuando se mató a este «dios-creencia», fue la imagen subjetiva y distorsionada que los creyentes creen que debe de ser esta deidad. Sin embargo, la palabra «dios» apunta a una dirección que no puede ser comprendida a través de la mente, el intelecto, el lenguaje y la razón. Y es que no es una creencia, sino una experiencia.

Del mismo modo que un péndulo se mece de un extremo al otro hasta encontrar su punto de equilibrio, algún día la humanidad trascenderá la dualidad creada entre el teísmo de los creyentes y el ateísmo de los ateos, los dos puntos opuestos del *péndulo* religioso. Y en vez de seguir mirando y buscando fuera de nosotros mismos —perdidos en el laberinto de nuestra propia mente—, finalmente experimentaremos a dios en nuestro interior. Sin embargo, dado que la espiritualidad está secuestrada por la religión, el «dios-experiencia» sigue estando solamente al alcance de quienes se atreven a cuestionar ambas corrientes ideológicas. Y es que los verdaderos librepensadores no son los que gozan de libertad de pensamiento, sino los que han ido un paso más allá y se han liberado del yugo de la mente y de la cárcel de los pensamientos.

> El primer sorbo de la copa de la ciencia te vuelve ateo,
> pero en el fondo del vaso dios te está esperando
>
> WERNER HEISENBERG

21. El fanatismo científico

Nadie pone en duda que el método científico es una bendición para la humanidad. Gracias a la curiosidad, la investigación y el análisis de los científicos hemos logrado avances increíbles que han mejorado espectacularmente nuestra calidad de vida. Sin embargo, del mismo modo que se suele confundir la religión con la espiritualidad, es fundamental diferenciar entre ciencia y cientificismo.

Etimológicamente, la palabra «ciencia» proviene del latín *«scientia»*, que significa «conocimiento» o «saber». Se trata de una disciplina que observa y estudia los fenómenos naturales que forman parte de la realidad, incluyendo nuestra propia condición humana. En esencia, es una manera de pensar, de mirar las cosas y de entender el mundo. Y su función es descubrir nuevas ideas y soluciones que nos ayuden a dar respuesta a los desafíos existenciales que van emergiendo en cada momento de nuestra evolución.

En cambio, el «cientificismo» es un movimiento intelectual, fanático y radical que afirma categóricamente que la ciencia es la única fuente de conocimiento verdadera, legítima y fiable. Y que todo aquel saber que no pueda ser demostrado y verificado a través del método científico es falso y no tiene ningún tipo de validez intelectual. En otras palabras, el cientificismo es la versión religiosa de la ciencia.

En este sentido, la ciencia se centra en estudiar fenómenos físicos, tangibles y materiales. Y lo hace con humildad y escepticismo, dudando de todo, incluso de sí misma. Conoce muy bien sus límites y sus limitaciones. No en vano, es consciente de que hay áreas y dimensiones incomprehensibles para el intelecto y la razón. Sabe hasta dónde llega su ámbito de investigación en base a los medios de los que dispone para realizar sus experimentos. Por eso se mantiene neutra frente a aquellas nuevas ideas sobre las cuales todavía no tiene suficientes evidencias científicas para probar si son ciertas o falsas.

Tanto es así que la ciencia defiende que «algo es verdad hasta donde se sabe en estos momentos». Principalmente porque ha comprobado la impermanencia que rige la vida, según la que nada es para siempre y todo está en continuo cambio. Y es que no hay ninguna evidencia que sostenga que cualquier cosa que hoy consideramos cierta se mantenga inamovible mañana. De ahí que los auténticos científicos adopten una postura humilde y flexible, abriendo sus mentes a información nueva, diferente y desconocida. Llegado el caso, tienen la capacidad de cuestionarse a sí mismos, cuestionando aquellas creencias que desde hace mucho tiempo vienen considerando como verdaderas. Además, su curiosidad les lleva a cambiar, innovar y mejorar los métodos, los enfoques y las herramientas que utilizan para realizar sus investigaciones.

La arrogancia del cientificismo

El cientificismo, por su parte, es arrogante, rígido y dogmático. Parte de la premisa de que ostenta la verdad absoluta. Y debido a su hiperracionalismo, niega la existencia de cualquier cosa que no se pueda ver ni tocar. También rechaza frontalmente todo aquello que no pueda ser medido a través de cálculos matemáticos o comprobado mediante probetas en un laboratorio. A su vez, los cientificistas califican despectivamente como «pseudociencia» cualquier idea o solución que no pueda probarse a través del método científico. Y dado que menosprecian la dimensión intangible de nuestra condición humana, ridiculizan y demonizan sistemáticamente la religión, la metafísica y la espiritualidad, a las que meten en el mismo saco.

Irónicamente, el cientificismo se contradice a sí mismo al afirmar que «la ciencia es el único camino para obtener un conocimiento objetivamente verdadero y genuino». Esencialmente porque esta afirmación no puede probarse a través del método científico. Sin embargo, para los cientificistas sus creencias y argumentos son verdaderos simplemente por el hecho de defender la ciencia, a pesar de carecer de justificación científica.

Los cientificistas son esencialmente fanáticos de la ciencia; piensan y actúan exactamente igual que los fanáticos de la religión. Tanto es así que declaran que «la ciencia es atea». De forma similar al ateísmo, originariamente el cientificismo surgió en

Europa para combatir la superstición y la irracionalidad. Sin embargo, con el tiempo se ha mimetizado con aquello contra lo que luchaba, convirtiéndose en la nueva religión del siglo XXI. Del «fuera de la Iglesia no hay salvación» estamos pasando al «fuera de la ciencia no hay conocimiento válido».

Más allá de este fanatismo científico, cabe señalar que la ciencia no es atea ni tampoco teísta. Y si bien a día de hoy todavía no ha sido capaz de verificar a través de sus métodos la veracidad de la dimensión espiritual, probablemente tarde o temprano lo hará. Si bien la religión y el cientificismo es imposible que lleguen a ningún acuerdo, la ciencia y la espiritualidad están condenadas a encontrarse. Y lo harán el día que los científicos verifiquen empíricamente —a través de su propia experiencia subjetiva— lo que los místicos y sabios de todos los tiempos vienen diciendo desde hace miles de años.

> El día que la ciencia comience a estudiar los fenómenos
> no físicos, progresará más en una década que
> en todos los siglos anteriores de su existencia.
>
> NIKOLA TESLA

22. ¿Quién creó el universo?

Desde tiempos inmemoriales, los seres humanos venimos tratando de descifrar el misterio que envuelve la creación y el origen del universo. Y la verdad es que seguimos sin tener ninguna certeza al respecto. Es como si una de las células microscópicas que habitan en nuestro cuerpo intentara comprender cómo se produjo nuestro nacimiento. Y entonces ¿qué es el «universo»? Proviene del latín *universum*, que significa «totalidad». Es decir, todo lo que existe. Absolutamente todo, incluyendo el espacio, el tiempo, la energía y la materia. Se estima que el 95 % del universo está compuesto por energía y materia oscuras, las cuales siguen siendo un enigma para la comunidad científica. El

5 % restante está formado por galaxias, estrellas, planetas, asteroides y meteoritos.

A partir de aquí, existen diferentes teorías e hipótesis para intentar explicar la existencia del universo. Desde el ámbito religioso —liderado por el teísmo—, la discusión teológica gira en torno a la «creación». Y en este sentido, existe la creencia compartida de que «dios creó el universo».[37] Así, la gran mayoría de los creyentes considera que dios es una entidad separada y aparte de todo lo que existe, incluido de nosotros mismos. Y esto se debe a que están identificados con el ego: el *yo* ilusorio que refuerza la herida de separación y desde la que formulan todo tipo de teorías acerca de cómo dios ha podido crear el universo. Sin embargo, los ateos siempre rebaten este argumento alegando que si dios es el creador de todo lo que existe, entonces ¿quién creó a dios? Y dado que esta pregunta no tiene respuesta, se acogen a la fe para evitar tener que responderla.

Por su parte, desde el ámbito científico la investigación y el debate se centran en el «origen» del universo. En este caso, se cree que se originó hace unos trece mil ochocientos millones de años a partir de un «átomo primigenio», un punto extraordinariamente diminuto, denso y caliente desde el que se produjo el *big bang*,[38] que en inglés significa «gran explosión». Y como consecuencia, empezó a surgir toda la energía y la materia, dando lugar —a su vez— al nacimiento del espacio y del tiempo tal y como hoy lo conocemos. Desde entonces, el universo está expandiéndose y enfriándose en todas direcciones.

Más concretamente, el nacimiento del universo se vincula con una partícula que surgió de la nada, a la que llaman «el bosón de Higgs»[39] o «la partícula de dios». Según esta teoría, en dicha partícula se concentró una acumulación nuclear que se transformó en una masa de energía y materia que terminó explotando. En resumidas cuentas, la versión científica parte de la premisa de que el universo se formó a partir de la «nada».

Del mismo modo que sucede con la perspectiva religiosa,

cabe preguntarse: ¿cómo se creó esta *nada* que había antes de que surgiera la partícula de dios que provocó el *big bang*? ¿Y cómo puede ser que hubiera «algo» antes del universo si no había energía, materia, espacio ni tiempo? Nuevamente, a día de hoy estas preguntas son imposibles de responder. Y mucho menos de probar y verificar empíricamente. Llegado el caso, ¿cómo podrían demostrarse semejantes descubrimientos?

Por último, existe una tercera hipótesis principal —la teoría del «estadio estacionario»—,[40] la cual parte de un principio metafísico que dice que «nada surge de la nada».[41] En este caso se cree que el universo no tiene creador ni tampoco cuenta con ningún origen. Es decir, que no tiene principio ni final, sino que existe desde siempre y para siempre, pues es literalmente infinito. De ahí que no tenga ningún sentido reflexionar acerca de la causa última que reside detrás de este misterio imposible de resolver.

Solo hay dos formas de vivir la vida: una es vivirla como si nada fuera un milagro; la otra es hacerlo como si todo fuera un milagro.

ALBERT EINSTEIN

23. El desierto espiritual

En pleno siglo XXI, la religión se mantiene en bastante buena forma. Unos ocho de cada diez seres humanos en todo el planeta siguen comulgando directa e indirectamente con alguna fe religiosa. De estos, casi todos apoyan el «teísmo» y creen en la existencia de dios, sea el que sea. Eso sí, la gran mayoría no es practicante ni va nunca a su correspondiente iglesia, sinagoga o mezquita. Esencialmente porque dichas creencias no las han elegido libre y voluntariamente, sino que les fueron impuestas a lo largo de su proceso de condicionamiento, convirtiéndose en parte de su cultura y tradición.

El mercado de la fe sigue liderado por el cristianismo, que

acapara aproximadamente el 35 % de los creyentes. En segundo lugar se encuentra el islam (28 %) y el último lugar de este pódium de honor lo ocupa el hinduismo, con el 18 % de los fieles. En lo alto de esta clasificación mundial también están presentes el budismo (8 %) —que es una filosofía más que una religión—; las religiones étnicas de África, Asia y Latinoamérica (6 %) —en algunas de las cuales sigue vivo el animismo—; la religión tradicional china (4 %) —que incluye el taoísmo y el confucianismo—; así como el sintoísmo, el sijismo, el juche, el judaísmo, el jainismo y el bahaísmo.

A pesar de que las creencias religiosas siguen gobernando el inconsciente colectivo de la humanidad, hoy en día estamos viviendo un fenómeno cultural imparable e irreversible. A medida que las sociedades modernas van desarrollándose intelectual, económica y tecnológicamente, lenta pero progresivamente la ciencia está ganando la batalla a la religión. De hecho, cuanto mayores son los niveles de educación y de ingresos de la población, menor es su predisposición a creer en dios. Con el paso de los años la fe y la superstición están siendo reemplazadas por la lógica y la razón, provocando que cada vez haya menos creyentes y más ateos.

En este sentido, se estima que dos de cada diez personas del planeta no siguen ninguna confesión religiosa.[42] De hecho, el «ateísmo» no para de crecer a nivel mundial año tras año; cada vez son más los que no creen en ningún tipo de deidad. A su vez, otros optan por abrazar el «agnosticismo». Al considerar que no hay evidencias definitivas a favor o en contra de la existencia de dios, mantienen una postura neutral, afirmando que se trata de una cuestión inaccesible e incomprensible para el entendimiento humano.

En este contexto marcado por el auge del laicismo y la progresiva secularización de la sociedad, ¿qué hay de la «espiritualidad laica»? Es decir, aquella que no está vinculada con ninguna creencia ni institución religiosa, sino que deviene como consecuencia de conocernos a nosotros mismos y de experimentar la reconexión con el ser esencial. Si bien en el pasado la dimensión espiritual ha estado secuestrada y anulada por la religión, hoy en día es ridiculizada y demonizada por el cientificismo, que se limita a tacharla de «pseudociencia *new age*».

El principal efecto de este exceso de fervor racional es que estamos presenciando el triunfo del «nihilismo»,[43] que significa «la doctrina de la nada». Se trata de una ideología existencialista que considera que vivimos en un universo amoral e indiferente que no tiene ningún propósito ni finalidad. Así, para los nihilistas la vida carece de cualquier sentido trascendente. Esta corriente de pensamiento nació en Europa a finales del siglo XVIII. Y empezó a popularizarse en el siglo XX coincidiendo con el auge del ateísmo. No en vano, «la muerte de dios» que los ateos proclamaron significó el fin de los valores y la moral cristiana para una parte de la sociedad.

La función del nihilismo

En sus orígenes, el nihilismo surgió para destruir los cimientos de la vieja y falsa cosmovisión religiosa que tanto daño había hecho a la humanidad en el pasado. Y para emanciparnos del yugo mental al que nos sometieron las instituciones religiosas durante siglos. Así, su finalidad era ser el medio con el que llevar a la humanidad un escalón por encima de la religión. Sin embargo, el nihilismo ha terminado convirtiéndose en un fin en sí mismo. Y como resultado ha dejado tras de sí una gigante *nada* en el corazón de muchos seres humanos, quienes nos hemos quedado huérfanos de sentido y significado. De pronto nos sentimos libres, pero ¿para qué? Si la vida no tiene sentido ni existe ningún propósito trascendente, ¿qué hacemos ahora con nuestra libertad?

Al no encontrar ninguna respuesta convincente a estas preguntas, la nueva creencia compartida por cada vez más personas es que el universo está regido por el caos, el azar, la aleatoriedad y la casualidad. Y como consecuencia, ¿qué importa qué hagamos con nuestra existencia? ¿Qué más da cómo nos comportemos entre nosotros? Ya no hay ningún dios punitivo que esté observando desde el cielo nuestros actos. Ni tampoco un juicio final en el que tengamos que rendir cuentas. Ni mucho menos un infierno en el que nuestra alma arda para siempre.

La muerte del dios-creencia ha supuesto el nacimiento del individuo egocéntrico tal y como lo conocemos hoy en día. ¿Quién no se cree el ombligo del mundo y el centro de su universo? Al no conocernos a nosotros mismos, en general seguimos identificados con el *yo* ilusorio y desconectados del ser esencial. Y al no haber sanado nuestra herida de separación —el verdadero pecado original—, la mayoría sentimos un insoportable vacío existencial, un agujero negro dentro de nosotros que no se llena con nada.

Debido al desierto espiritual en el que vivimos, la sociedad occidental está degenerando y se encuentra en total decadencia. El racionalismo, el ateísmo, el nihilismo y el cientificismo son ahora mismo los nuevos pilares del «*zeitgeist*» —o «espíritu de nuestra época»—, el cual está caracterizado por «el desencantamiento del mundo».[44] Se trata de una sensación de cinismo, decepción, desilusión y descontento generalizado que está llevando a que cada vez más personas no crean en nada, empezando por no creer en sí mismas.

El nihilismo ha generado una profunda grieta en nuestra cosmovisión, provocando el principio del fin de una larga etapa gobernada por una «religión sin espiritualidad». Y por ello, hemos de darle el enorme mérito que se merece, sintiéndonos agradecidos por la contribución realizada. Sin embargo, ha llegado la hora de dar un paso más allá, trascendiendo el actual debate ideológico meramente racional y conceptual. Los tiempos que se avecinan requieren de nuevos métodos y enfoques alternativos. Y esto pasa por dejar atrás el ámbito de las *creencias* para empezar a adentrarnos en el de las *experiencias*.

Sin duda alguna, hoy en día estamos inmersos en un cambio de cosmovisión sin precedentes en toda la historia de la humanidad. Eso sí, el cambio de paradigma que este mundo tanto necesita solo puede suceder si cada uno de nosotros —de forma individual— vive una experiencia de unidad y conexión profundamente transformadora. Esencialmente porque solo así podemos reconectar con el ser esencial y, por ende, con nuestra dimensión espiritual laica. A este clic evolutivo se le conoce coloquialmente como «el despertar de la consciencia».

Viviendo, todo nos falta;
muriendo, todo nos sobra.

Félix Lope de Vega

SEGUNDA PARTE

El despertar
de la consciencia

UNA RELIGIÓN SIN ESPIRITUALIDAD *Viejo paradigma*	EL DESPERTAR DE LA CONSCIENCIA *Cambio de paradigma*	UNA ESPIRITUALIDAD SIN RELIGIÓN *Nuevo paradigma*
Yo ilusorio (ego)		Verdadera esencia (ser)
Identificación con la mente (maya)		Consciencia-testigo (*atman*)
Sensación de separación y desconexión		Sensación de unidad y conexión
Condicionamiento religioso		Experiencias transformadoras
Teísmo (dios creó el universo)		Panteísmo (dios es el universo)
Dios está fuera (dios-creencia)		Dios está dentro (dios-experiencia)
Instituciones religiosas		Escuelas de desarrollo espiritual
Con intermediarios religiosos		Sin intermediarios
Jesucristo como «hijo de dios»		Jesús de Nazaret como «filósofo revolucionario»
Fieles dormidos y desempoderados		Viajeros despiertos y empoderados
Rituales y sacrificios		Autoconocimiento y desarrollo espiritual
Religión, ateísmo y nihilismo	Crisis espiritual	Espiritualidad laica
Creyentes, agnósticos y ateos		Buscadores espirituales
Teología		Misticismo
Rezo y oración		Meditación y contemplación
Idealización de santos y mártires		Aprendizaje de sabios y filósofos
Dogmatismo y fanatismo		Respeto y tolerancia
Psicología convencional		Psicología transpersonal
Universo caótico		Universo regido por leyes
Azar y casualidad		Sincronicidad y causalidad
Injusticia		Correspondencia
Sin sentido e intrascendencia		Sentido y trascendencia
Miedo de ir al infierno		Infierno como metáfora psicológica
Desconfianza en la vida		Confianza en la vida
Vacío y sufrimiento		Completitud y felicidad
Tensión y control		Fluidez y rendición

VII

La noche oscura del alma

No hay despertar de consciencia sin dolor. La gente es capaz
de cualquier cosa —por absurda que parezca— para evitar
enfrentarse a su propia alma. Nadie se ilumina fantaseando
sobre la luz, sino solamente haciendo consciente su oscuridad.

CARL GUSTAV JUNG

*Había una vez un burro que llevaba una existencia de esclavitud
miserable. Era propiedad de un anciano campesino que lo utilizaba para conrear el campo. La vida de aquel asno era tan mo-
nótona y repetitiva que siempre andaba triste y cabizbajo por no
gozar de libertad. Sin embargo, estaba resignado; en ningún
momento se planteaba la posibilidad de vivir la vida de otra
forma.*

*Un buen día, el campesino se llevó al burro para transportar
unas mercancías al pueblo de al lado. Y tras completar su trabajo, volvieron de regreso hacia casa de madrugada por un prado
por el que no habían pasado nunca. La noche era tan oscura que
apenas se veía por dónde caminaban. Y de pronto, el asno se cayó
dentro de un pozo vacío y abandonado que estaba cubierto por
la maleza. El hombre sacó su linterna, miró hacia abajo y vio que
el burro seguía vivo. Sin embargo, observó que el agujero en el*

que se había caído era demasiado profundo, concluyendo que era imposible sacarlo. Y dado que era muy tarde, el campesino se fue a su casa, dejando ahí al pobre animal.

El burro se pasó toda la noche solo, lamiéndose las heridas. Estaba aterrado. Al día siguiente apareció el anciano campesino junto con otros vecinos de su pueblo. Nada más verlos, el asno empezó a rebuznar de alegría, mirándolos con un brillo especial en los ojos. Sin embargo, el campesino había decidido dejar morir ahí al burro. Eso sí, para que nadie más volviera a caerse dentro de aquel pozo, se propuso sellarlo tirando tierra dentro de él. Y así fue como —palada tras palada— fueron llenando de arena aquel agujero. Enseguida el animal se dio cuenta de lo que estaba pasando. Y para tratar de evitarlo empezó a moverse con todas sus fuerzas, pero el pozo era tan estrecho que tan solo podía dar vueltas sobre sí mismo.

Después de caerle encima montones de tierra, el burro tenía la cara recubierta de arena. No podía ver nada y le costaba cada vez más respirar. Fue entonces cuando empezó a sufrir un ataque de ansiedad. Y esta vez sus rebuznos transmitían impotencia, pánico e histeria. Eran desgarradores. Y justo en el momento en el que se rindió —aceptando su cruel destino— fue recuperando la calma. Y en vez de intentar mover su cuerpo, se quedó quieto, agachando la cabeza hacia el suelo.

Al actuar de esta manera, la tierra dejó de caerle en la cara y poco a poco fue recobrando la vista y empezando a respirar mejor. Y como acto reflejo, comenzó a sacudirse la arena que le iba cayendo encima, pisándola y aplanándola con sus pezuñas. De este modo, cada vez había más tierra por debajo del asno, reduciendo la distancia que le separaba de la salida de aquel pozo. El burro había aprendido a usar en su propio favor las paladas de arena que le estaban echando encima para enterrarlo.

Horas más tarde, el anciano campesino y sus vecinos se sorprendieron al ver salir a aquel animal por su propio pie. Y nada más pisar la pradera, toda la gente se quedó atónita. La mirada de aquel burro rebosaba fuerza, madurez y optimismo. Se sentía *agradecido por la experiencia que acababa de vivir en aquel pozo, como si hubiera muerto y renacido. Y con un renovado brillo en sus ojos, miró por última vez a su antiguo dueño y salió trotando en dirección al bosque, iniciando una nueva vida en libertad.*[45]

24. Hipnosis colectiva

«Despertar» es algo que sucede de forma gradual. Y si bien suele culminar con un «momento cumbre» —una especie de «eureka» o «epifanía»—, siempre viene precedido por una serie de etapas previas arquetípicas, las cuales comparten unos determinados rasgos generales comunes. Tanto si somos conscientes —como si no— todos nosotros nos encontramos inmersos en alguna de las cinco fases que rigen el «desarrollo espiritual». Es decir, el proceso de aprendizaje que nos permite trascender el ego y reconectar con el ser esencial.

La primera etapa tiene que ver con «la desconexión del ser». Recordemos que desde el instante en que nacemos vamos perdiendo el contacto con el *estado oceánico* que sentíamos al estar en el útero materno. A su vez, también nos alejamos de la sensación de unidad de la que procedemos y que nos acompañaba mientras estábamos fusionados con nuestra madre. Y como consecuencia, nos olvidamos de nuestra verdadera identidad esencial, desconectándonos de nuestra dimensión espiritual.

Para compensar el insoportable dolor que nos causa este trauma de separación, empezamos a desarrollar inconscientemente el ego, una coraza con la que intentamos protegernos del abismo emocional que por aquel entonces supone estar vivos. Con el paso de los años, esta máscara artificial se convierte en nuestra nueva identidad. Y entre otros engaños, este mecanismo de defensa ilusorio nos lleva a identificarnos con el cuerpo y la mente, creyendo que somos un *yo* separado de la realidad.

En paralelo a este proceso psicológico interno, empezamos a recibir numerosos estímulos externos que nos influyen poderosamente a la hora de construir y reforzar nuestro falso concepto de identidad. Desde muy niños somos condicionados para comportarnos de una determinada manera por nuestro entorno social y familiar. También somos programados por la escuela y manipulados por el sistema para pensar de una determinada forma, adquiriendo una determinada cosmovisión religiosa compuesta por creencias y valores de segunda mano.

Una vez culminado nuestro proceso de desconexión, pasamos a la segunda etapa: «la negación del ser». Debido al adoctrinamiento recibido, entramos en la adolescencia —y posteriormente en la edad adulta— ignorando quiénes verdaderamente somos. Así es como nos volvemos ignorantes de nuestra propia ignorancia, desconociendo por completo cómo funcionamos por dentro. Debido a nuestra falta de educación emocional y espiritual, malvivimos tiranizados por nuestra inconsciencia, mirando siempre hacia fuera. En eso precisamente consiste vivir dormidos: en el hecho de que no nos damos cuenta de que *no nos damos cuenta*.

UNA SOCIEDAD DE SONÁMBULOS

Del mismo modo que cuando estamos durmiendo por la noche creemos que lo que estamos soñando es verdad, cuando vivimos dormidos durante el día estamos convencidos de que lo que pensamos es la realidad. De forma equivocada, muchos confundimos el estado de vigilia con vivir despiertos. Sin embargo, al levantarnos cada mañana —y a plena luz del día—, en general seguimos viviendo como sonámbulos: secuestrados por la mente y poseídos por el pensamiento. Prueba de ello es que somos incapaces de dejar de pensar ni siquiera durante un instante.

A este estado de vigilia se le denomina «inconsciencia ordinaria».[46] Esencialmente porque es como vivimos diariamente la inmensa mayoría de nosotros. Al negar el ser esencial, la herida de separación nos causa la incómoda, molesta y permanente sensación de que nos falta algo para sentirnos completos. Esta es la razón por la que tendemos a buscar la comodidad, somos adictos al entretenimiento y nos es casi imposible estarnos quietos haciendo nada. Lo cierto es que son muy pocos los que se sienten verdaderamente a gusto consigo mismos. El resto se pasa la vida huyendo, mirando para otro lado y yendo hacia ninguna parte. Curiosamente, estas conductas neuróticas se aceptan socialmente como algo «normal».

La incómoda verdad es que la sociedad contemporánea vive en un estado de hipnosis colectiva. Y el sistema se aprovecha de ello. Por medio de la propaganda que emite a través de los medios de comunicación masivos, inserta diaria y subliminalmente una serie de mensajes en nuestro subconsciente. Este es el motivo por el que solemos llevar un mismo estilo de vida estandarizado, basado en trabajar, consumir y evadirnos todo lo que podemos mientras podemos. A su vez, votamos cada cuatro años y pagamos religiosamente nuestros impuestos para poder echarle la culpa de nuestros problemas a los políticos de turno.

Así, tarde o temprano nos conformamos y resignamos con llevar una existencia prefabricada —puramente materialista—, transitando con los ojos vendados por la ancha avenida por la que circula la mayoría. Y no solo eso. La sociedad también se ha convertido en un gran teatro repleto de máscaras, disfraces y farsantes. De ahí que al interactuar con otros seres humanos solamos mantener relaciones banales y encuentros intrascendentes —llenos de gente y de ruido—, pero carentes de conexión, autenticidad e intimidad. Todo gira en torno al propio interés del ego, provocando un sinfín de conflictos con aquellos otros contra los que competimos, y que a su vez compiten contra nosotros.

La ironía de nuestra época es que si bien a nivel material nunca antes hemos sido tan ricos, a nivel espiritual nunca antes hemos sido tan pobres. Al estar tan poco desarrollados espiritualmente, seguimos enfermizamente obsesionados con el crecimiento económico. Y como antídoto contra la monotonía, el hastío y el aburrimiento que provoca llevar una existencia sin sentido, el culto al ego se ha convertido en la nueva religión. De ahí que inconscientemente creamos que para ser felices debemos satisfacer nuestras necesidades, hacer realidad nuestros deseos y cumplir nuestras expectativas egoicas. Parece que tengamos que llegar a ser alguien, en vez de ser simplemente quienes somos.

A su vez, cuanto más infelices somos, mayor es también nuestro consumo de bienes materiales. Así, en vez de resolver la raíz del problema interno —la identificación con el ego—, seguimos mirando y buscando fuera, creando nuevos conflictos cada vez más sofisticados. Movidos por un hedonismo frívolo y trivial nos estamos perdiendo en el laberinto del materialismo, comprando todo tipo de cosas que no necesitamos con la intención de tapar el dolor que nos causa vivir tan desconectados de nosotros mismos, de los demás y de la vida.

Y como consecuencia nos estamos ahogando en el hiperconsumismo, convirtiendo el planeta en un gran vertedero. No en vano, nuestro malestar y nuestra voracidad existencial es cómplice de la destrucción de la naturaleza que posibilita nuestra supervivencia como especie. De hecho, ya estamos en deuda con la madre Tierra y pronto empezará a pasarnos factura. Sea como fuere, la realidad es que nada nunca es suficiente. Siempre necesitamos, queremos y esperamos algo más. El ego es insaciable por naturaleza. No importa lo que tengamos o consigamos: siempre va a sentirse insatisfecho.

Prueba de ello es que hoy en día la infelicidad se ha adueñado de nuestro mundo interior. De ahí que todos —absolutamente todos— estemos en búsqueda de algo más. Algunos buscamos ese *algo* en la religión. Otros en el dinero. Y también en el éxito. En el poder. En la fama. En el trabajo. En el consumo. En la comida. En el sexo. En la droga. En el fútbol. En la pareja. En los hijos... Lo queramos o no ver, somos una civilización de buscadores, sin saber que en realidad nos estamos buscando a nosotros mismos. Y es que lo que verdaderamente perseguimos se encuentra dentro y no fuera. Se trata de la reconexión profunda con el ser esencial, nuestra verdadera identidad. Sin embargo, mirar hacia dentro es un camino que nos aterra.

Seamos creyentes, ateos o agnósticos, ¡dios nos libre de cuestionar las creencias con las que hemos cocreado inconscientemente nuestro falso concepto de identidad! Lo último que se nos pasa por la cabeza es cambiar nuestra forma de pensar. Más que nada porque implicaría lo que menos soporta el ego: asumir que estamos equivocados. Para evitar pasar por el mal trago de reconocer nuestra propia ignorancia, nos aferramos inconscientemente a nuestra zona de comodidad, tanto física como intelectual. Actuando de esta manera, a nivel superficial conseguimos ir tirando, sobreviviendo a una existencia vacía, insípida y gris a base de autoengaño. Sin embargo, en lo más hondo nos sentimos perdidos y desorientados. No sabemos quiénes somos ni para qué estamos aquí. Y lo peor de todo es que tampoco queremos saberlo.

> A quienes no quieren cambiar, déjalos dormir.
>
> Rumi

25. La función de la adversidad

Es tal la cantidad de mentiras, apariencias y farsas que gobiernan nuestra existencia, que algunos individuos están empezando a tener sed de *verdad*. De *su* verdad. De *la* verdad acerca de quiénes son. Sin embargo, estamos muertos de miedo para dar el primer paso que nos conduce hasta *ella*. No estamos dispuestos a pagar el precio de soltar lo conocido —la identificación con el ego— para aventurarnos a lo nuevo e inexplorado: el viaje hacia el ser esencial.

Más allá de nuestros temores y boicots internos, la vida *anhela* que vivamos conscientemente. La vida *conspira* para que manifestemos nuestra singularidad y autenticidad. Y en definitiva, la vida nos *empuja* para que nos quitemos la careta y nos atrevamos a ser quienes verdaderamente somos. Y justo por eso... —porque nos resistimos a serlo— nos manda *ayuda* en forma de «adversidad». Por más que en un primer momento nos cueste de aceptar, este tipo de situaciones complicadas suceden —fundamentalmente— porque vivimos dormidos a lo espiritual. De ahí que su función sea hacernos despertar.

Metafóricamente, lo que somos en esencia es como un diamante, la piedra preciosa más bonita y valiosa del mundo. El problema es que está enterrada bajo capas, capas y más capas de cemento, un material tan sólido que no se va a romper por sí mismo. Entonces ¿qué necesitamos para acceder nuevamente al diamante? Pues unas cuantas bofetadas por parte de la vida, que actúa como una Black and Decker para ayudarnos a destruir ese hormigón. Solo así podemos ir creando grietas e ir abriéndonos paso hasta reconectar nuevamente con ese brillante que es nuestra naturaleza esencial.

Debido a la forma en la que hemos sido condicionados para mirar e interpretar la realidad, llamamos «desgracia», «infortunio», «tragedia», «injusticia» o simplemente «mala suerte» a lo que atenta contra nuestra «felicidad egoica». Es decir, a la pérdida de cualquier persona, situación u objeto externos al que estamos apegados y que —por ende— consideramos la causa de nuestra satisfacción y bienestar. El ego es posesivo por naturaleza. Y sufre cuando le arrebatan lo que cree que es suyo. *Mis* padres. *Mi* pareja. *Mis* hijos. *Mis* amigos. *Mi* casa. *Mi* trabajo. *Mi* dinero. *Mi* coche...

Sin embargo, nada ni nadie nos pertenece. Eso sí, que no sea *nuestro* no significa que no podamos disfrutarlo mientras está a nuestro alcance. Pero hemos de ir con mucho cuidado para no acabar siendo dependientes de lo que está fuera de nosotros mismos. Más que nada porque el apego lo convierte todo en «pseudofelicidad». Es decir, en algo que aparentemente parece felicidad pero que en realidad no lo es. Cualquier cosa o relación externa a la que nos aferremos en el fondo es otro parche con el que tapar el vacío existencial que nos provoca vivir desconectados de nuestro diamante interior.

Cuanto más nos perdemos en el mundo, más duro y grueso se vuelve el cemento que nos separa del ser esencial. Y cuanto más grande es la distancia, mayor es también el dolor que sentimos por desconexión. De ahí que la adversidad sea una invitación para cambiar el foco de atención: de fuera hacia dentro. Debido a nuestra enorme resistencia al cambio, la única manera de conseguirlo es a través de la pérdida de algo o alguien que veníamos llamando equivocadamente «felicidad». Y dado que tendemos a darles todo el protagonismo a nuestras circunstancias externas, de pronto sentimos que nuestra vida entera se derrumba. Es entonces cuando nos sumergimos en una profunda «crisis espiritual». Es decir, un periodo de reflexión profunda acerca de quiénes somos y para qué estamos en este mundo.

LA GOTA QUE DESBORDA EL VASO

Arquetípicamente, este momento de la vida en el que todo se funde a negro y nada parece tener sentido suele suceder tras ser despedidos del trabajo, padecer una grave enfermedad, sufrir una ruptura sentimental, perder a un ser querido o haber estado a punto de morir en un accidente. Independientemente de lo que nos haya sucedido, este acontecimiento adverso supone un punto de inflexión en nuestra existencia. Es la gota que desborda el vaso. Y lo que provoca que nuestras creencias

—sean religiosas, agnósticas o ateas— se desmoronen, dando lugar a una época marcada por la angustiosa sensación de soledad y desolación. De ahí que se le llame «la noche oscura del alma».[47]

Sin duda alguna, se trata de uno de los momentos más trascendentes de nuestra existencia. Y deviene cuando llegamos a una saturación de sufrimiento. Es decir, cuando ya no podemos sufrir más, alcanzando un punto de malestar y perturbación en el que terminamos hartos de nosotros. A su vez, estamos completamente peleados con la vida, con el universo, con dios o como prefiramos llamarlo. Sin embargo, lo que en realidad está sucediendo es que el ego no puede más de sí mismo, del conflicto interno que ha creado en nuestro interior. Y es precisamente este exceso de egocentrismo la causa última de nuestra depresión.

Debido a la saturación de sufrimiento nuestro nivel de malestar es superior a nuestro miedo al cambio. Es entonces cuando dejamos de estar cómodos en nuestra zona de confort, empezando a explorar con humildad, honestidad y valentía lo nuevo y lo desconocido. Más que nada porque sentimos que no tenemos nada que perder. De ahí que empecemos a llevar nuestra mirada hacia dentro para hacer algo verdaderamente revolucionario: agarrar voluntariamente un mazo con el que seguir destruyendo el cemento que nos separa de nuestro diamante interior. Es decir, confrontar nuestras creencias y nuestra forma de pensar, abriendo nuestra mente y nuestro corazón para ver e interpretar la realidad con otros ojos.

La paradoja del sufrimiento es que si bien es causado por el ego, con el tiempo se convierte en el motor que nos motiva cuestionar y trascender a este *yo* ficticio. Esta es la razón por la que las personas que han afrontado grandes tragedias —atravesando por momentos de tinieblas y oscuridad— son las que mayor potencial de iluminación tienen. No en vano, cuanto más intensa es la pesadilla, más acuciante es la necesidad de despertar.

Por eso se dice que las peores experiencias de la vida pueden ser también las mejores. En caso de aprovechar la adversidad para crecer y evolucionar espiritualmente, tarde o temprano llega un día en que dicha pérdida se convierte en una ganancia. Principalmente porque tomamos consciencia de que no sufríamos por lo que aparentemente habíamos perdido, sino por habernos perdido a nosotros mismos primero. Al quitarnos de encima todas las capas de cemento y hormigón reconectamos con nuestro diamante interior. Es entonces cuando comprehendemos que la verdadera felicidad reside en nuestro interior y solo depende de nosotros mismos cultivarla.

Sentir que somos un ser completo revoluciona nuestra manera de estar en este mundo, así como nuestra forma de relacionarnos con los demás. Y es una sensación tan valiosa que solo podemos sentir agradecimiento por todas aquellas peores-mejores experiencias que nos han posibilitado realizar este proceso de aprendizaje. De hecho, a partir de entonces comenzamos a ver los «problemas» como «oportunidades» y los «infortunios» como «pruebas de superación». E incluso le damos la vuelta por completo a la palabra «desgracia», empezándola a ver como «gratitud en potencia».

Independientemente de cómo decidamos afrontar situaciones difíciles y circunstancias complicadas, es fundamental tener muy clara una cosa: si a día de hoy no sabemos ser felices por nosotros mismos y nos estamos conformando con parches y sucedáneos, que sepamos que a la vuelta de la esquina de nuestra vida nos está esperando esa gran dama de la transformación llamada «adversidad».

> Las flores que crecen en la adversidad
> son las más bellas de todas.
>
> Proverbio chino

26. ¿Alivio, suicidio o curación?

Existen tres maneras muy diferentes de afrontar el *infierno* psicológico que experimentamos cuando nos adentramos en la noche oscura del alma. Es decir, cuando nuestras circunstancias nos desbordan y nuestra situación de vida se vuelve inaguantable. La primera es la más común de todas. Se trata de recurrir a la «medicación». Y más concretamente, al consumo diario de sedantes y tranquilizantes. De este modo, las personas obtienen alivio a corto plazo, empleando estos parches para anestesiar el dolor, aplacando el vacío y la angustia existencial. Así es como dejan de sufrir instantáneamente.

Si bien en muchos casos este tipo de fármacos resultan necesarios y ofrecen beneficios incuestionables, en general su abuso mantiene a la población dormida y anestesiada. De hecho, quienes los consumen dejan de sentir. No en vano, su estado de ánimo es artificial; sus ojos carecen del brillo de quienes se sienten verdaderamente vivos. Lamentablemente, muchos se vuelven adictos y dependientes de estos medicamentos. Y si bien tienen efectos secundarios nocivos para la salud, mucha gente ya no puede vivir sin ellos.

No se sabe qué porcentaje de la población toma antidepresivos, pero son muchos más de los que nos imaginamos. Los números hablan por sí solos. Las ventas de estas pastillas en todo el mundo crecen alrededor del 15 % cada año desde hace más de una década.[48] Lo mismo sucede con el consumo de drogas legales —como el café, el tabaco o el alcohol—, así como con las drogas ilegales, lideradas por el cannabis, la cocaína, el éxtasis o la heroína.[49] Todas ellas van en aumento, poniendo de manifiesto que somos una sociedad de drogadictos. De alguna forma u otra todos andamos dopados. Son muy pocos los que se mantienen sobrios.

La segunda forma de encarar el colapso emocional que experimentamos durante la noche oscura del alma es el «suicidio». El acto de quitarse la vida representa el colmo del ego. Y sucede cuando el sufrimiento se vuelve insoportable, provocando que en la mente del suicida tan solo aparezcan pensamientos negativos y autodestructivos. De ahí que se autoconvenza de que la única salida —o liberación— es acabar consigo mismo.

Medicarse y suicidarse son dos opciones válidas y legítimas. Sin embargo, son los remedios que el ego emplea para no tener que confrontarse a sí mismo. Hacerlo supondría el inicio de su fin. De ahí que ninguna de las dos solucione el verdadero problema: la identificación con el *yo* ilusorio y la desconexión-negación del ser esencial. En este sentido, existe una tercera manera de abordar la noche oscura del alma: la «transformación». En este caso, en vez de buscar alivio nos comprometemos con iniciar el incomodísimo pero necesario proceso de curación. Y en lugar de tapar y anestesiar el dolor, lo aceptamos y abrazamos como parte de nuestra sanación.

Nadie puede sacarnos del pozo

Tocar *fondo* es una de las experiencias más importantes que vamos a vivir a lo largo de nuestra existencia. Eso sí, para sobrevivir a este infierno sin la ayuda de parches antes hemos de comprehender que nada ni nadie puede sacarnos del pozo. Por supuesto, el acompañamiento psicoterapéutico y el apoyo de familiares y amigos siempre suman. Pero en última instancia solamente nosotros podemos *levantarnos*, un esfuerzo que logramos con la ayuda del *suelo*, que para eso está ahí.

Independientemente de cuál sea el proceso terapéutico que sigamos, al ponernos nuevamente *de pie* conectamos con una fuerza interior que no sabíamos que teníamos, también conocida como «resiliencia» o «espíritu de superación». Así es como podemos afrontar las desgracias y los infortunios con «estoicismo». Es decir, con fortaleza, serenidad y aceptación. Y es que sin importar que tan grave o dramático sea lo que nos ocurra, todos somos capaces de soportar y trascender nuestro destino, aprovechándolo para crecer y evolucionar como seres humanos.

Esta toma de consciencia nos lleva a gozar de una nueva y renovada madurez. De golpe y porrazo dejamos de ridiculizar y oponernos al autoconocimiento, aceptándolo como un proceso natural y necesario para aprender a estar verdaderamente bien con nosotros mismos. Después de habernos desconectado y de haber negado nuestra naturaleza esencial durante tantísimos años, damos un paso de gigante en nuestro proceso evolutivo, adentrándonos en la tercera etapa del desarrollo espiritual: «la búsqueda del ser».

Es entonces cuando empezamos a transitar por la senda que más temíamos: conocernos a nosotros mismos en profundidad, mirándonos en el espejo de nuestra alma. A pesar de nuestras resistencias iniciales, nada más dar el primer paso hacia dentro todo comienza a cobrar sentido. Y nuestra vida adquiere un nuevo significado. Y si bien es increíble lo mucho que nos ha costado llegar hasta aquí, es del todo imposible que demos marcha atrás. Es lo que tiene vivir conscientemente. Por más que queramos, no hay manera de volvernos a engañar.

La vida te rompe y te quiebra en tantas partes
como sea necesario para que por allí penetre la luz.

BERT HELLINGER

27. Iluminar la sombra

Conocerse a uno mismo es doloroso, pero en la medida en que vamos evolucionando en consciencia y sabiduría nos libera del sufrimiento. Y entonces ¿por qué en general nos resistimos tanto a iniciar el viaje del autoconocimiento? ¿Por qué solemos tener de antemano tantos prejuicios acerca del desarrollo espiritual? ¿Por qué hacemos todo lo humanamente posible para evitar bucear en las profundidades de nuestro interior? ¿Y por qué, en definitiva, hemos de tocar fondo y adentrarnos en la noche oscura del alma para iniciar este proceso de cambio?

La respuesta a estas preguntas es muy sencilla: porque tememos confrontar nuestra propia «sombra». Se trata de nuestro lado oscuro. Es decir, de aquello que ignoramos acerca de nosotros mismos y de lo que somos completamente inconscientes. Esta oscuridad está compuesta por heridas y traumas de nuestra infancia no sanados. Por eso solemos protegernos tras una coraza. También incluye aquellos defectos que tanto nos limitan en nuestra relación con nosotros y con los demás. Esta es la razón por la que nos solemos ocultar tras una máscara.

Nuestra sombra también se nutre de aquellos demonios internos con los que todavía seguimos en guerra. No en vano, todos tenemos muchos conflictos no resueltos. Todos albergamos mucho dolor reprimido. Y también muchos miedos, temores e inseguridades. Muchas decepciones, desilusiones y frustraciones. Muchos complejos y carencias. Mucha ansiedad, culpa y rencor. Mucho enfado, ira y rabia. Muchas debilidades e incoherencias. Mucha envidia, vanidad y tristeza... ¿Por qué si no utilizamos colonia, champú y desodorante a diario? Pues para intentar que nuestras «*caquitas* emocionales» no huelan demasiado.

Nuestro lado oscuro es la parte del iceberg que no se ve. La que está por debajo de la superficie. Y la que nos mantiene activamente desdichados. También es el alimento que utiliza el ego para mantenerse fuerte, preservando su hegemonía y su reinado. De hecho, cuanto mayor es nuestra sombra, mayor también es nuestra identificación con este *yo* ficticio. Y debido a la influencia de la moral judeocristiana, seguimos peleados con esta parte de nosotros mismos. Esencialmente porque solemos juzgar, rechazar y negar nuestra oscuridad. Tanto es así que en general hacemos ver que no existe, evitando en la medida de lo posible mostrar cualquier atisbo de vulnerabilidad.

A su vez, solemos disimular y aparentar que todo nos va estupendamente, tratando de irradiar una pseudoluz fingida y completamente artificial, acorde con la sociedad del postureo y del escaparate en la que vivimos. Esta es la razón por la que nadie cuelga fotos en las redes sociales llorando o compartiendo sus miserias personales. Todo lo contrario: procuramos aparentar que somos felices, esperando que los demás no se den cuenta de la insatisfacción crónica que nos acompaña allá donde vamos.

La paradoja es que al condenar nuestro lado oscuro, estamos impidiendo y obstaculizando que se manifieste nuestra parte luminosa. Y es que para irradiar luz primero hemos de aceptar, amar y estar en paz con nuestra oscuridad. Así, hemos de conocernos tan profundamente que sea imposible que nos escandalicemos cuando alguien señale alguno de nuestros peores defectos. Por más que intentemos huir de nuestra sombra, nos acompaña a todas partes. De hecho, cuanto más intentamos negarla y reprimirla, más poder tiene sobre nuestra mente y nuestros pensamientos subconscientes. Y por ende, acaba controlando y adueñándose de nuestras actitudes y comportamientos, convirtiéndonos en meras marionetas.

Luz *versus* oscuridad

La luz y la oscuridad son inseparables. Son las dos caras de una misma moneda. No puede existir la una sin la otra. Están hechas de lo mismo, solo que en diferentes grados. Por eso hay noche y día. Debido al infantilismo dominante en nuestra sociedad, tendemos a idealizar lo luminoso y a condenar lo oscuro. Sin embargo, ni la luz es buena ni la oscuridad es mala. Ambas son neutras y necesarias.

Del mismo modo, nuestros defectos y nuestras cualidades están hechos de lo mismo. No en vano, nuestros defectos más oscuros son en realidad un déficit de nuestras cualidades luminosas en potencia. Lo cierto es que no somos nuestros defectos; no nos machaquemos por ellos. Ni tampoco somos nuestras cualidades; no nos vanagloriemos por ellas. Tanto nuestros defectos como nuestras cualidades vienen de serie. Son innatas y, por tanto, estructurales. Eso sí, que se manifiesten unos u otros es una cuestión coyuntural. Es decir, que aparecen en función de nuestro nivel de consciencia, estado de ánimo y grado de comprehensión.

En vez de alabar lo luminoso o rechazar lo oscuro, el reto consiste en ser conscientes y estar en paz con todo aquello que forma parte de nuestra personalidad. Y hacerlo de tal forma que no nos tomemos como algo personal ni lo uno ni lo otro. Para lograrlo, se trata de ser autocríticos con nuestros defectos, de manera que podamos aprender de ellos. Así como humildes con nuestras cualidades, restándole importancia al hecho de poder expresarlas.

Para poder iluminar nuestra sombra es fundamental aprovechar nuestros conflictos y perturbaciones. De hecho, si las sabemos gestionar adecuadamente, nuestras «*caquitas* emocionales» son el abono que nos permite que florezca nuestra naturaleza esencial. Para lograrlo, cada vez que algún estímulo externo nos moleste es una oportunidad para mirar nuevamente hacia dentro. Esencialmente porque la causa de nuestro sufrimiento siempre está en nuestro interior. Y tiene todo que ver con nuestra herida de nacimiento, así como con el mecanismo de defensa —el ego o *yo* ilusorio— que hemos ido desarrollando inconscientemente para protegernos.

Eso sí, nada más entrar en nuestro mundo interno comprobamos aterrados que todo está a oscuras. De ahí que nuestra primera reacción sea huir de ahí a toda velocidad. Sin embargo, hemos de saber que no nos va a comer ningún monstruo. Y que en la medida en que nos adentremos en nuestra madriguera, tarde o temprano sabremos encender la luz. Al principio lo haremos con una cerilla o un mechero. Más tarde con una antorcha o una linterna. Y finalmente encontraremos un interruptor desde el que podremos iluminar nuestro interior. Y como consecuencia, empezaremos a ser fuente de luz para otros.

Sé amable siempre, pues cada persona con la que te cruzas
está librando una batalla de la que no sabes nada.

Platón

VIII

Si tú cambias, todo cambia

Aquello a lo que te resistes, persiste.
Lo que aceptas, se transforma.

CARL GUSTAV JUNG

Había una vez un maestro que llevaba tiempo deprimido. Se pasaba el día solo, encerrado en su cuarto, tumbado en su cama y sufriendo mucho. Harto de estar aislado todo el día, finalmente decidió salir a dar un paseo. Y mientras caminaba por el bosque tuvo un repentino fogonazo de iluminación. De pronto se desvaneció la mente y desaparecieron los pensamientos, dejando en su interior un poso de profundo silencio y quietud. Y al verse a sí mismo desde fuera, comprehendió cuál era su verdadera identidad, soltando la identificación con el yo ilusorio que llevaba tanto tiempo atormentándolo.

La noticia llegó enseguida a sus discípulos, quienes fueron a la habitación de su maestro para saber qué había sucedido. Sin embargo, el sabio les pidió que volvieran dentro de tres me-

ses. Y les prometió que pasado ese tiempo compartiría con ellos lo que quisieran saber. Durante aquel tiempo, el maestro siguió aislado en su cuarto, meditando y observando con mucha atención su propia mente.

Al concluir los tres meses, los discípulos fueron a visitarlo. Y si bien aquel sabio se dio cuenta de la futilidad de explicar con palabras lo que le había sucedido, intentó compartir su experiencia lo mejor que pudo. Y al finalizar su explicación, concluyó diciendo que la depresión seguía estando ahí. Desconcertado, uno de sus discípulos le preguntó: «Y entonces ¿qué ha cambiado con la iluminación?».

El maestro sonrió cómplicemente y le respondió: «Lo único que ha cambiado es mi actitud frente a ella. Antes de la iluminación sufría mucho y me pasaba el día perturbado porque luchaba contra la depresión. En cambio, después de la iluminación comprehendo la naturaleza de la depresión, la acepto y dejo que siga su curso. Ya no me importa si se va a ir o cuándo se va a ir. Y desde entonces siento paz y agradecimiento».[50]

28. La realidad es neutra

Antes de seguir con la lectura de este libro, te propongo que hagamos un pequeño ejercicio, el mismo que vengo haciendo desde 2006 con los participantes de mis cursos de autoconocimiento. Mira la fotografía reproducida a continuación y di en voz alta las tres primeras cosas que te vengan a la cabeza. Por favor, no seas políticamente correcto. Sé radicalmente honesto contigo mismo. Se trata de un juego en el que no hay respuestas correctas ni incorrectas. Tan solo di lo que veas.

Obviamente no sé qué ves tú en esta imagen, pero comparto contigo lo que en general han visto aquellos a los que se la he enseñado. Al verla, muchos la relacionan con «felicidad, amor y compromiso». En cambio, otros la vinculan con «convencionalismo, falsedad e hipocresía». De hecho, en una misma sesión una joven puso que reflejaba «el gran sueño» de su vida, mientras que su compañera de al lado —mucho más veterana y madura— dijo que se trataba de «la gran traición» de la suya.

Dicho esto, ¿realmente estos atributos y adjetivos están en la imagen? No. Ninguno de ellos. Todos *pertenecen* a las personas que los han visto y expresado. La fotografía es neutra. Lo que no es neutro es la interpretación subjetiva y distorsionada que hacemos de la misma, la cual pone de manifiesto nuestras creencias y experiencias en relación con lo que esta imagen evoca en nuestro interior.

Entonces ¿cuál es la realidad de esta fotografía? Para empezar, no sabemos si se trata de una boda o si por el contrario son un par de actores posando para un anuncio publicitario. Sea como fuere, en esta imagen se ven dos seres humanos, varias manos, ropa, un reloj, dos anillos y un ramo de flores. Todo lo demás es pura ficción fabricada por la mente a través de los pensamientos. Cualquier historia romántica o trágica que nos venga a la cabeza en relación con el amor, el matrimonio o las relaciones de pareja no tiene nada que ver con esta fotografía: es un producto de nuestra fértil imaginación.

Realidad *versus* interpretación de la realidad

Cada uno de nosotros ve el mundo a través de sus propias gafas, interpretando la realidad de forma subjetiva. Esta es la razón por la que frente a un mismo hecho —como la fotografía anterior— existen tantas interpretaciones como personas lo están observando. Todo lo que pensamos acerca del mundo y todo lo que decimos acerca de la realidad *dice* mucho más acerca de nosotros que del mundo y de la realidad.

Sin ir más lejos, hay lectores a los que este libro les está pareciendo «muy malo». Tan malo que seguramente lo han dejado de leer antes de llegar a este capítulo. En cambio, a otros igual les está pareciendo «muy bueno». Tan bueno que incluso lo van a regalar a amigos y familiares. Y entre medias hay otros tantos a los que les está dejando algo indiferentes, considerándolo un ensayo «normalito y del montón».

Todas estas apreciaciones no tienen tanto que ver con el libro, sino con el sentido que cada lector le está dando en su propia mente. Recordemos que este *ensayo* en realidad no es más que una retahíla de logogramas del alfabeto indoeuropeo. Es decir, un conjunto de símbolos y signos que en sí mismos no tienen ningún significado. Para verificarlo, tan solo hemos de compartir este *libro* con una persona cuya mente no haya sido codificada en lengua castellana, como por ejemplo un chino, un árabe o un hindú. Al intentar leer estas líneas, ninguno de ellos entendería nada. Solamente verían un montón de garabatos extraños.

Y entonces, si todo lo que vemos fuera es una proyección de

lo que reside en nuestro interior, ¿qué es la realidad? ¿Existe realmente? Lo cierto es que «la realidad es neutra».[51] Totalmente neutra. Es decir, que todos los hechos, las situaciones, los acontecimientos y las circunstancias que suceden en nuestra vida no tienen valor ni significado por sí mismos. Son simplemente lo que son: *hechos*, *situaciones*, *acontecimientos* y *circunstancias*. Y como tales, no son buenos ni malos, sino neutros. Y es que una cosa es la realidad —lo que *es* y lo que *sucede* en cada momento— y otra muy distinta, la interpretación subjetiva y distorsionada que hacemos de la realidad en base a nuestro sistema de creencias.

Al percibir lo que sucede desde la mente, entramos en una «dualidad cognitiva», según la cual etiquetamos lo que vemos en función de si estamos «de acuerdo» o en «desacuerdo», si nos «gusta» o «disgusta», si nos «beneficia» o «perjudica»... Así, el *yo* ilusorio con el que estamos identificados determina —desde una perspectiva totalmente egocéntrica— el valor que tienen las cosas que *(nos)* pasan. De este modo, *nosotros* como observadores estamos condicionando con *nuestra* percepción dual constantemente lo observado. De hecho, *somos* lo observado. En última instancia, la realidad nos hace de espejo. Todo el rato nos está reflejando lo que llevamos dentro.

LO QUE HACEMOS CON LO QUE NOS PASA

Curiosamente, afirmar que «la realidad es neutra» también es neutro. El quid de la cuestión es que esta frase señala una comprehensión que está más allá de la mente, el intelecto, el pensamiento y el lenguaje. De ahí que haya lectores que sigan condenándola, otros que sigan sin entenderla y otros para quienes potencialmente suponga un paso hacia delante en su proceso evolutivo. Lo más común y frecuente es que el ego se oponga con vehemencia mediante una férrea resistencia. Y que contraataque poniendo ejemplos extremos, aludiendo que la guerra, la pobreza, el hambre no son hechos neutros. Lo cierto es que sí lo son.

Más allá de lo que pensemos desde nuestra mente dual, la realidad sigue siendo neutra. Siempre lo ha sido y siempre lo será. Y entonces ¿cómo puede ser neutro que un padre maltrate psicológicamente a sus cinco hijos durante su infancia? En primer lugar, hemos de diferenciar entre lo que pasa y lo que hacemos con lo que pasa. Es decir, entre el estímulo externo neutro y la reacción interna emocional que tenemos frente al mismo, la cual depende de cómo lo percibimos e interpretamos. En este caso, una cosa son los gritos y los insultos del padre; y otra muy diferente, el modo en el que cada uno de sus hijos —de forma subjetiva— los ha interpretado en el momento en el que tuvieron lugar. Y también cómo los han procesado y digerido con el devenir de los años.

Dado que los niños pasan por una etapa de inocencia y vulnerabilidad, no tienen la capacidad de afrontar los malos tratos de un padre con consciencia y sabiduría. Al estar inconscientemente identificados con el ego, es imposible que puedan adoptar una actitud estoica, afrontando esta adversidad con fortaleza, resiliencia y aceptación. De ahí que los cinco hijos hayan sufrido mucho y todos ellos tengan graves heridas y secuelas psicológicas. Sin embargo, este hecho sigue siendo absolutamente neutro. Esencialmente porque no determina lo que cada uno de los hijos haga con dichos traumas durante su etapa adulta.

Como consecuencia de los gritos e insultos perpetrados por el padre durante su infancia, uno de los hijos se suicida tras mucho tiempo atrapado por las drogas y el alcohol. Otro se convierte en un maltratador psicológico, gritando e insultando a sus hijos igual que lo hacía su padre. En su fuero interno siente mucho odio y rencor hacia su progenitor, a quien sigue culpando de su dolor. Otro se autoboicotea constantemente y jamás consigue tener una pareja estable. Este sigue en guerra con su pasado porque le cuesta mucho perdonar a su padre y pasar página.

En cambio, otro llega a una saturación de sufrimiento y emprende un proceso de autoconocimiento por medio del que logra sanar sus heridas, convirtiéndose en un padre empático y cariñoso. Y otro sigue el mismo camino que el anterior, montando una fundación para ayudar a jóvenes que han sido maltratados por sus padres. En este caso no solo lo perdonó, sino que incluso se siente agradecido. Principalmente porque gracias al aprendizaje derivado del proceso terapéutico que tuvo que realizar para curar sus traumas ha encontrado un propósito trascendente que le da mucho sentido a su vida.

Si bien el maltrato psicológico recibido por los cinco hijos fue el mismo, lo que cada uno de ellos hizo con él depende de lo que traían consigo en su interior y de lo que decidieron hacer al respecto. Que un niño sea maltratado por su padre en la infancia es un hecho neutro porque no determina cómo el chaval lo va a integrar. Ni tampoco lo que de mayor decida hacer con él. Se trata de una cuestión totalmente interna: de que la luz —en forma de transformación y reconexión con el ser esencial— gane la batalla a la oscuridad, sanando así el dolor y el trauma del ego.

En caso de considerar lo contrario, le estamos entregando el poder a la realidad, viéndonos como víctimas y marionetas de los sucesos externos que escapan a nuestro control. Si ahora mismo somos incapaces de ver algún aspecto de la realidad neutro es porque seguramente tenemos una herida o un bloqueo dentro relacionado con ello. Tanto es así que muchos de los que han pasado por una experiencia parecida acaban resignándose, justificando las conductas autodestructivas que adoptan en el presente por los hechos traumáticos que vivieron en el pasado. Aceptar que la realidad es neutra es profundamente sanador y liberador. Nos lleva a iluminar nuestras sombras más oscuras. Y nos permite comprender que «lo que sucede es lo que es y lo que hacemos con ello es lo que somos».[52]

> He tenido miles de problemas en mi vida,
> la mayoría de los cuales nunca sucedieron en realidad.
>
> Mark Twain

29. Deja de perturbarte a ti mismo

El rasgo más distintivo de la ignorancia y la inconsciencia es la perturbación. Es un claro síntoma de que vivimos dormidos. Y es que el sufrimiento es el alimento favorito del ego, la forma más efectiva de fortalecer la sensación ilusoria de ser un *yo* separado. Esta es la razón por la que nuestro cuerpo-dolor siempre está buscando la manera de que nos tomemos un nuevo chupito de cianuro. Hay personas que ingieren diariamente litros de este veneno, adentrándose en un círculo vicioso y una espiral autodestructiva: cuanto más sufren, más egocéntricas se vuelven. Y cuanto más egocéntricas se vuelven, más sufren.

Pero si la realidad es neutra, ¿por qué nos perturbamos? ¿Cuál es la raíz del sufrimiento? Cabe recordar que la realidad no tiene el poder de perturbarnos. De hecho, nadie ni nada nos ha hecho sufrir nunca sin nuestro consentimiento. Todo el sufrimiento se origina en la mente, no en la realidad. Y se debe al tipo de condicionamiento que hemos recibido por parte de la cultura egoica en la que vivimos. De hecho, hemos sido programados para perturbarnos a nosotros mismos cada vez que la realidad no cumple con nuestras expectativas. Así, el auténtico problema reside en interpretar lo que sucede desde creencias falsas, erróneas y limitantes.

Por más que el ego nos haga creer que somos víctimas de la realidad, la causa de nuestras perturbaciones no tiene nada que ver con lo que pasa. Ni tampoco con lo que pensamos acerca de lo que sucede. La verdadera causa de nuestro sufrimiento e infelicidad reside en *creernos* lo que pensamos acerca de lo que ocurre. Es decir, en apegarnos y engancharnos a dicho pensamiento, creyéndonos ciegamente la historia que nos cuenta sin comprobar previamente su veracidad. De ahí la importancia de ser conscientes de los pensamientos que van apareciendo por nuestra mente. En eso consiste vivir despiertos: en diferenciar entre la situación que está aconteciendo en cada momento —la cual es siempre neutra— y lo que pensamos acerca de ella, lo cual es una distorsión subjetiva.

Así, en ocasiones podemos sorprendernos sufriendo porque nos hemos creído un pensamiento que está en desacuerdo con lo que está sucediendo, como por ejemplo que «la gente debería ser más amable». Es decir, que en vez de aceptar la realidad tal como es —aceptando que la gente es como es—, la comparamos constantemente con una versión idealizada de cómo debería ser. Es entonces cuando comenzamos a discutir mentalmente con la realidad, una batalla de antemano perdida. Prueba de ello es que perdemos todas las veces. Y es que lo que pensamos que no debería suceder, sí debería suceder. Por eso sucede.

Discutir, pelear y luchar contra la realidad es inútil. No sirve para nada. Y es que desear que las cosas sean diferentes a como son es un deseo imposible de satisfacer. La única razón por la que seguimos intentando cambiar la realidad es porque todavía no sabemos cómo dejar de hacerlo. Y gracias a la saturación de sufrimiento, llega un día en que cambiamos el foco de atención, de fuera a dentro. Es entonces cuando empezamos a cuestionar los pensamientos y las creencias que se esconden detrás de todas y cada una de nuestras perturbaciones.

No más chupitos de cianuro

Cada vez que nos perturbamos a nosotros mismos es tiempo para hacer una pausa y reflexionar, practicando el noble arte de la «autoindagación».[53] Sigamos con el ejemplo anterior, según el cual nos molesta la actitud que en general tiene la mayoría de personas con las que interactuamos. Pongamos que de pronto empezamos a juzgar y a criticar a nuestros vecinos por no comportarse como nosotros consideramos que deberían hacerlo. Y justo en el instante en el que nos creemos el pensamiento «la gente debería ser más amable» automáticamente nos tomamos un chupito de cianuro, el cual enseguida toma forma de impotencia, frustración y enfado.

Más allá de regodearnos en nuestro infantil y egocéntrico victimismo, dicha perturbación pone de manifiesto que nuestra forma de interpretar la realidad está movida por el ego. Además, al juzgar a nuestros vecinos reforzamos nuestro sentido de ser un *yo* separado. De pronto nos sentimos mejores y superiores que aquellos a quienes criticamos. Así es como aplacamos por unos fugaces momentos el dolor que nos causa la herida de separación, la cual nos hace sentir ilusoriamente que somos seres inferiores, imperfectos e incompletos.

A partir de ahí, la autoindagación consiste esencialmente en aprovechar cada perturbación que tengamos para realizar nuestro trabajo interior, observando la mente y cuestionando los pensamientos. «La gente debería ser más amable». Analicemos esta creencia. ¿Realmente es verdad? ¿La gente *debería* ser más amable? ¿Es eso absolutamente cierto? No, no lo es. Es una trampa más de la mente, otro engaño de ese gran embustero llamado «ego». Sin embargo, ¿cómo nos sentimos cuando *creemos* en este pensamiento? ¿Acaso no nos lleva a suministrarnos en vena unas cuantas dosis de impotencia, frustración y enfado? ¿Y cómo tratamos a los demás cuando pensamos de este modo?

En fin, sigamos con este ejercicio de introspección. Cerremos los ojos y respiremos hondo unos segundos. Imaginemos que todo sigue igual y nada ha cambiado en el mundo. La mayoría de personas sigue comportándose como lo ha venido haciendo hasta ahora. Eso sí, eliminemos de nuestra mente el pensamiento «la gente debería ser más amable». Borrémoslo de nuestra memoria para siempre. ¿Quiénes seríamos sin ese pensamiento? ¿Y cómo nos sentiríamos? Liberados, ¿no es cierto? De pronto los demás seguirían siendo y actuando como siempre, pero algo en nosotros sería diferente. No crearíamos ningún tipo de resistencia, dejando que la realidad fuera simplemente como es en cada momento. Lidiaríamos con cada persona de la mejor manera posible, sin necesidad de tomarnos un nuevo chupito de cianuro... Y entonces ¿dónde reside la raíz del sufrimiento: en la realidad o en nuestra mente?

Irónicamente, no es que la realidad sea cruel con nosotros, sino que nosotros nos comportamos como auténticos tiranos con ella. De hecho, en general tratamos fatal a la realidad. Desde un punto de vista existencial, somos todos unos *maltratadores*. La criticamos constantemente y muy pocas veces la aceptamos tal como es. Estamos tan defraudados con ella que la queremos cambiar, adecuándola a nuestro sistema de creencias. Es decir, a cómo cada uno cree que debería de ser.

¡Cheeeeeeeeeeeeeeee!

Dado que proyectamos nuestro mundo interior sobre esa gran pantalla llamada «realidad», también podemos aprovechar el pensamiento limitante «la gente debería ser más amable» para iluminar algún rincón de nuestro propio lado oscuro. Démosle la vuelta a esta afirmación. ¿Acaso no podríamos ser nosotros más amables con la gente? Y no solo eso: nuestros pensamientos también podrían ser más amables con nosotros mismos. Eso sí que cambiaría por completo nuestra forma de sentirnos y de relacionarnos con los demás. Cada vez que interactuamos con alguien que es borde es una oportunidad de ser nosotros amables con él.

La próxima vez que un pensamiento perturbador venga a nuestra mente a visitarnos, es fundamental que enseguida que lo veamos venir exclamemos con fuerza en nuestro fuero interno: «*¡Cheeeeeeeeeeeeeee!*». A poder ser, unos quince segundos. Es sin duda el mejor truco para detener la corriente de pensamiento negativo, automático e inconsciente que suele invadirnos cuando estamos identificados con el ego. Gracias a esta llamada interior, ponemos consciencia en nuestro diálogo interno. Y así conseguimos evitar creernos dicho pensamiento, evitando —a su vez— ingerir un nuevo chupito de cianuro. Es entonces cuando nos damos cuenta de que el gran reto de la vida consiste en cambiar el proyector (la mente) en vez de lo proyectado: la realidad.

Pensar que «la gente debería ser más amable» no nos hace ningún bien ni nos aporta nada positivo ni constructivo. Tampoco provoca ningún cambio en la conducta de los demás. El único efecto real que tiene es provocarnos más tensión. Vivir sin perturbarnos es el mejor regalo que nos podemos hacer a nosotros mismos. Dejar de tomar cianuro es en sí mismo el inicio de nuestra curación. Así es como poco a poco el ego va *muriendo* de inanición. Y es que sin perturbaciones ni sufrimiento este *yo* ficticio no puede sobrevivir.

En la medida en la que aprendemos a observar la mente y cuestionar los pensamientos potencialmente perturbadores verificamos tres verdades universales: la primera es que efectivamente la realidad no tiene el poder de perturbarnos. Esencialmente porque es neutra. La segunda es que nosotros tampoco somos quienes nos perturbamos a nosotros mismos. No en vano, la verdadera causa de nuestras perturbaciones reside en el sistema de creencias con el que fuimos condicionados. Es *desde ahí* de donde brotan mecánicamente los pensamientos, un proceso cognitivo que escapa a nuestro control. Y la tercera es que para que cambien los resultados que cosechamos en nuestra vida, primero hemos de modificar nuestra actitud y nuestra mentalidad. De ahí la importancia de aprender a reprogramar la mente.

> La realidad es mucho más amable que
> las historias que contamos acerca de ella.
>
> Byron Katie

30. Cómo reprogramar la mente

Nuestra mente cuenta con una parte consciente —aquello de lo que nos damos cuenta— y otra inconsciente, también llamada «subconsciente». Aquí es donde reside todo aquello que negamos, reprimimos y desconocemos de nosotros mismos. El quid de la cuestión es que esta sombra —o lado oscuro— condiciona nuestra forma de ver y de actuar en el mundo. Y dado que en general vivimos con el piloto automático puesto —casi por inercia—, la calidad de nuestro subconsciente determina la calidad de nuestra vida.

De forma metafórica, nuestra mente es «tierra fértil» y los pensamientos son «semillas». Cuando nos repetimos con frecuencia ciertos pensamientos terminan germinando en forma de creencias o «raíces». A partir de ahí surgen unas determinadas emociones, que vienen a ser los «brotes» desde los cuales van floreciendo unas determinadas actitudes, conductas y decisiones en forma de «tallos» y «hojas». Con el tiempo, estas se convierten en hábitos, los cuales determinan los resultados existenciales que cosechamos. Es decir, los «frutos».

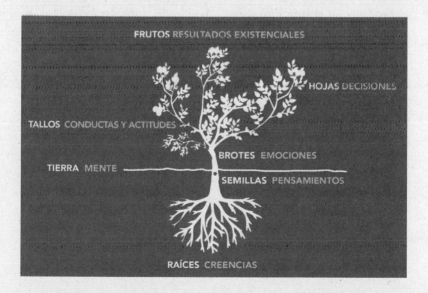

Así, en función del tipo de semillas que sembramos en la mente —nuestra realidad interna— cosechamos unos determinados frutos en nuestra realidad externa. De hecho, para saber si nuestras creencias y pensamientos subconscientes están teñidos de ignorancia o sabiduría solamente hemos de echar un vistazo a los resultados que estamos obteniendo en nuestra vida. Y en caso de querer que cambien los frutos que cosechamos es imprescindible sembrar nuevas semillas. De ahí la importancia de la «reprogramación mental». Se trata del proceso de limpiar nuestro subconsciente, introduciendo en él información veraz y conocimiento de calidad.

Para poder llevarla a cabo es esencial gozar de más energía vital. Principalmente porque cuanta más energía acumulamos, mayor es nuestro nivel de consciencia y mayor es —en consecuencia— nuestro grado de comprensión y de sabiduría. En este sentido, muchos físicos[54] dicen que todo está hecho de energía que está vibrando en una cierta frecuencia. A su vez, los místicos[55] añaden que crecer en consciencia eleva la frecuencia energética en la que vibramos, atrayendo a nuestra vida a personas y situaciones que ondulan en esa misma sintonía. Así, nuestra frecuencia energética interna determina en gran parte nuestra realidad externa. De ahí el dicho «como es adentro, es afuera».[56]

Y es que nuestra mente es como una radio que tiene la capacidad de sintonizar diferentes emisoras. Cuando nuestro nivel energético es bajo, lo hacemos con *Ignorancia FM*, desde la que nos asaltan de forma automática y compulsiva pensamientos de baja frecuencia vibratoria, condenándonos a la negatividad y la infelicidad. En cambio, cuando gozamos de mucha energía vital, sintonizamos con *Sabiduría FM*, desde la que nuestra mente se aquieta y silencia, apareciendo solamente pensamientos de alta frecuencia vibratoria. Es entonces cuando recuperamos nuestra sonrisa interior y la alegría innata de vivir.

Sentarse y respirar

El estilo de vida occidental nos lleva a derrochar y malgastar nuestra energía vital. De ahí que en general funcionemos tan disfuncionalmente. Para contrarrestarlo, hemos de procurar —en la medida de lo posible— reducir nuestra actividad frenética diaria para dedicar más tiempo al descanso y el reposo. Y esto pasa por *hacer*, *tener* y *acumular* menos para *ser*, *estar* y *sentir* más.

Una buena forma de comenzar es practicar algo tan sencillo como la «contemplación activa». Consiste en sentarse en un lugar cómodo, tranquilo y a poder ser con vistas al mar, la montaña o simplemente el horizonte. En caso de vivir en una ciudad, lo mejor es sentarse en un banco de algún parque urbano. Dado que la naturaleza es fuente de vida, tenerla cerca facilita este tipo de prácticas y favorece muchísimo la conexión con nuestra naturaleza esencial. A partir de ahí, se trata de observar el paisaje que acontece delante de nosotros, sin interpretar ni juzgar nada de lo que veamos. Y disfrutar del gozo que nos proporciona respirar y relajarnos. Algo que —por otra parte— no hacemos casi nunca. Siempre estamos buscando excusas para mantenernos ocupados.

En la medida en que gozamos de más energía y consciencia, el siguiente paso para reprogramar nuestro subconsciente consiste en aprender a domesticar la mente y domar nuestros pensamientos. No en vano, existen cuatro formas en las que podemos utilizarlos.[57] La primera es la más común de todas: el «pensamiento negativo», como por ejemplo: «La mayoría de las personas son inútiles y mediocres». Pensar de esta manera no solo hiere nuestra mente y nuestro corazón, sino que desgasta nuestro depósito de energía vital. De ahí que se conozca a este tipo de pensamientos como «ladrones interiores», pues roban literalmente nuestro bienestar interior. Frente a ellos hemos de actuar como guardianes protectores, sacándolos de nuestra mente antes de que nos los creamos, evitando así crear la perturbación correspondiente.

Es aquí donde puede sernos de gran utilidad el mantra «*¡Cheeeeeeeeeeeeeee!*». Recordemos que para que funcione hay que pronunciarlo en nuestro fuero interno durante al menos quince segundos, tiempo más que suficiente para que dicho pensamiento desaparezca sin dejar ningún tipo de secuela emocional. A modo de entrenamiento espiritual, podemos comprometernos a practicar un «ayuno mental» de negatividad. Y esto pasa por liberarnos de las tres principales adicciones del ego:[58] el vicio del pensamiento (pensar en cualquier cosa que nos quite paz); el de la palabra (hablar mal de cualquier persona o circunstancia) y el de la acción: intoxicar nuestro cuerpo, agredir a los demás y luchar contra la realidad.

PENSAR DE FORMA CONSCIENTE

La segunda forma de pensar es el «pensamiento positivo», como por ejemplo: «¡Cada día hay más personas despiertas!». Este tipo de pensamientos sanan nuestra mente y reponen nuestro depósito de energía vital. Pensar en positivo es la manera más fácil de evitar hacerlo en negativo, pues en la mente solo hay espacio para un pensamiento a la vez. Los dos no pueden cohabitar al mismo tiempo. Además, puesto que todos los pensamientos son ilusorios, es un síntoma de salud mental procurar pensar en *cosas* que nos hagan sentir bien.[59]

Para lograrlo, hemos de aprender a pensar de manera consciente y voluntaria, dirigiendo nuestro pensamiento hacia lugares positivos y constructivos. Y a poder ser, realizar este ejercicio con mucha frecuencia y de forma sostenida en el tiempo. Del mismo modo que un músculo se fortalece a base de entrenamiento, la reprogramación mental se consolida por medio de la práctica continuada. Como todo en la vida, lo más difícil es empezar. Eso sí, llega un día en que ya no requiere de ningún esfuerzo, pues se ha convertido en un hábito que llevamos a cabo de manera natural.

La tercera forma de pensar es el «pensamiento neutro», como por ejemplo: «Estoy disfrutando de este momento». Son los que nos acercan un poco más a estar aquí y ahora, conectándonos con el instante presente. A su vez, suelen llevarnos a ser conscientes del proceso de nuestra respiración. Sirven para calmar nuestra mente y estar más en contacto con nuestro cuerpo, arraigándonos a lo verdaderamente real que está aconteciendo. A pesar de seguir siendo pensamientos ilusorios, señalan en dirección a la realidad en la que se encuentra —*esperando*— el ser esencial.

Y la cuarta y última forma de pensar es el «pensamiento de sabiduría», como por ejemplo: «Todo el mundo lo hace lo mejor que sabe». Nos permiten comprender el propósito pedagógico que hay detrás de cualquier suceso que acontece en nuestra vida. Es decir, por qué y para qué está sucediendo en cada momento lo que está sucediendo, de manera que podamos dar lo mejor de nosotros mismos. Este tipo de pensamientos nos llenan de felicidad, paz y amor, tres rasgos de nuestra verdadera naturaleza. Eso sí, para acceder a ellos se requiere de mucha energía vital, consciencia y comprehensión.

Cómo utilizar las afirmaciones positivas

Otra manera de reprogramar nuestro subconsciente es mediante la lectura. Es sin duda una forma maravillosa de conversar con nosotros mismos a través del legado y la visión de otros autores. Cuando nos damos cuenta de que estamos cosechando resultados insatisfactorios en alguna área o dimensión de nuestra vida, es muy útil y provechoso para nuestra transformación leer varios libros sobre el tema. Enseguida notaremos cómo nuestra mente se abre y se expande, adquiriendo nueva información con la que afrontar nuestros problemas y desafíos existenciales.

A su vez, para culminar con éxito este proceso de reprogramación mental es fundamental utilizar las «afirmaciones positivas». Se trata de repetirnos en nuestro fuero interno una serie de mensajes de sabiduría que nos permitan sustituir nuestro actual sistema de creencias —tan lleno de ignorancia— por otro compuesto por verdades verificadas a través de nuestra propia experiencia. Por ejemplo, ahora mismo en general creemos que nuestra felicidad depende de la satisfacción de nuestros deseos y expectativas. Principalmente porque estamos tiranizados por la creencia limitante de que «la felicidad está fuera». De ahí que la busquemos equivocadamente en todas partes menos en nosotros mismos. Sin embargo, se trata de una búsqueda estéril condenada al fracaso, pues la verdad es que «la felicidad está dentro» y surge cuando reconectamos con nuestra naturaleza esencial.

Así, para reprogramar nuestra mente y limpiar nuestro subconsciente es muy útil emplear afirmaciones como «soy feliz por mí mismo», «la felicidad solo depende de mí» o «me siento completo y feliz». Y dado que la ignorancia y la inconsciencia nos llevan décadas de ventaja, para que esta verdad se instale en nuestro archivo mental es fundamental repetirla miles de veces. Para que florezca la nueva *semilla* hemos de regalarla con regularidad. De ahí la importancia de comprometernos con nosotros mismos, dedicando un rato cada día a nuestro proceso de reprogramación mental.

A la hora de crear y poner en práctica las afirmaciones positivas, es fundamental ponerle intención pero soltar y desapegarnos de cualquier resultado. A su vez, hemos de formularlas en tiempo presente y en primera persona, eligiendo palabras concretas y claras para construir frases positivas y sencillas. Cada afirmación ha de expresar lo que deseamos y anhelamos como si ya fuera real. Al verbalizarlas —tanto en voz alta como en nuestro fuero interno— hemos de visualizar claramente aquello que estamos imaginando. Cuanto más concretos y específicos seamos, mucho mejor. Y más importante aún: hemos de creer en lo que afirmamos para sentir la emoción correspondiente.

En la medida en que las repitamos con frecuencia, con el tiempo y la práctica poco a poco iremos modificando nuestro sistema de creencias y —por ende— nuestra forma de pensar. A su vez, iremos sintiendo otro tipo de emociones, las cuales nos llevarán a adoptar nuevas actitudes, conductas y decisiones. Así es como acabaremos atrayendo y siendo correspondientes con personas y situaciones que estén en sintonía y vibren con nuestra nueva frecuencia energética. Al cambiar las semillas sembradas en nuestra realidad mental, cambiarán los frutos cosechados en nuestra realidad física. Y dado que se trata de una cuestión muy *hierbas*, por favor, no te lo creas: atrévete a verificarlo a través de tu propia experiencia.

> En lo que piensas, te conviertes.
> Lo que sientes, lo atraes.
> Lo que imaginas, lo creas.
>
> Siddartha Gautama, «Buda»

31. Aprende de tus «maestros espirituales»

Las relaciones son una gran fuente de conflicto y de aprendizaje. Dado que cada uno de nosotros cuenta con su propio ego, al interactuar con otros seres humanos es inevitable que tarde o temprano terminemos chocando, discutiendo y peleando. De hecho, es muy común pensar que «el mundo está lleno de personas nocivas y tóxicas». Sin embargo, un síntoma de que hemos despertado es darnos cuenta de que *nosotros* somos la persona más conflictiva de *nuestra* vida. Esencialmente porque el resto de relaciones no son más que un espejo en el que *nos* vemos reflejados y una pantalla en la que *nos* proyectamos.

De cada ser humano podemos aprender algo valioso acerca de nosotros. Así, cualquier persona con la que nos relacionamos es potencialmente un maestro. Eso sí, en general hay de dos tipos: por un lado están los «maestros de luz». Se trata de personas sabias, felices, amorosas y conscientes, las cuales están en paz consigo mismas e irradian energía positiva. De hecho, a su lado nos sentimos muy bien con nosotros mismos. Esencialmente porque suben nuestra frecuencia vibratoria. Además, los admiramos por ser un ejemplo de vida. No en vano, manifiestan alguna cualidad o valor que nos gustaría potenciar en nosotros.

Sin embargo, en demasiadas ocasiones tendemos a idealizarlos y endiosarlos, volviéndonos dependientes de su presencia.

Por otro lado están los «maestros de oscuridad». En este caso, son personas ignorantes e inconscientes, que sufren mucho por seguir en guerra consigo mismas, desprendiendo un aura de negatividad allá donde van. Tienen mucho dolor reprimido en lo más hondo de sí mismas. Y suelen quejarse y victimizarse todo el día, culpando a los demás por todo aquello que no marcha bien en sus vidas. Al interactuar con ellos enseguida notamos cómo nuestro nivel de energía vital desciende. Tanto es así, que también se les conoce como «vampiros energéticos». Esta es la razón por la que tendemos a condenarlos y rechazarlos, construyendo muros a su alrededor para evitar lidiar con ellos.

Cabe recordar que la luz y la oscuridad residen dentro de cada ser humano. Así, incluso en las personas más despiertas e iluminadas encontraremos algo de sombra. Del mismo modo, entre las más dormidas y tenebrosas también hallaremos algo de luz. Lejos de apegarnos a las primeras y alejarnos de las segundas, la sabiduría consiste en aprender de ambas para iluminar nuestros rincones más oscuros y convertirnos en nuestra mejor versión. Mientras que de los maestros de luz aprendemos por inspiración, de los maestros de oscuridad lo hacemos a través de la perturbación.

De forma irónica, a estos últimos también se los denomina «maestros espirituales». En esencia, son todas aquellas personas cuya presencia o comportamiento provocan que nos perturbemos a nosotros mismos. Y no solamente se incluyen aquellos individuos que nos caen deliberadamente mal, sino también seres cercanos a los que queremos —como nuestros padres, nuestra pareja o nuestros hijos— y con los que tendemos a entrar en conflicto.

Si alguien nos saca de quicio o cuenta con algún rasgo de personalidad que no soportamos es que es un maestro espiritual para nosotros. También lo son todos aquellos a quienes deseamos cambiar para adecuarlos a como nosotros consideramos que deberían ser. Eso sí, que alguien nos caiga mal no quiere decir que sea un maestro espiritual. Tan solo lo es si provoca que reaccionemos impulsivamente y nos perturbemos al interactuar con él. Por más que tendamos a demonizar a este tipo de personas —llegando en casos extremos a apartarlas de nuestra vida—, lo sabio consiste en aprovecharlas para nuestro propio desarrollo espiritual.

EL EGO AJENO DESPIERTA NUESTRO EGO

Si lo pensamos detenidamente, esta gente tiene poder sobre nosotros. Concretamente el de alterar nuestro estado de ánimo e influir en nuestra forma de comportarnos. El hecho de que su simple presencia nos moleste es un claro síntoma de que hay algo en nosotros que todavía no hemos resuelto. Recordemos que no vemos a los demás como son, sino como somos nosotros. De hecho, cuanto mayores son el conflicto y nuestra perturbación, mayor es el aprendizaje que podemos realizar a través de estos maestros espirituales.

El hecho de que los queramos cambiar en realidad refleja *algo* que no aceptamos de nosotros. Nos están haciendo de espejo. Pero dado que no queremos ver lo que sucede en nuestro interior, necesitamos estas pantallas humanas para proyectar nuestras sombras más oscuras. Un claro síntoma de que estamos identificados con el ego es sentir que todo el mundo nos molesta y nos perturba.

Y por supuesto, es evidente que muchas de estas personas seguramente están descentradas. De ahí que manifiesten actitudes y conductas muy egoicas. Pero esa no es la cuestión. El asunto es que su nivel de inconsciencia refleja el nuestro. Así, cuanto más inconscientemente vivimos y más identificados estamos con el *yo* ilusorio, más atención le prestamos al ego de los demás. Y en consecuencia, más reaccionamos egoicamente al interactuar con ellos. De este modo lo único que conseguimos es alimentar nuestro propio ego, reforzando nuestro sentido de ser un *yo* separado.

Pongamos por ejemplo una empresa con tres empleados que trabajan para un jefe muy exigente y malhumorado, que tiende a centrarse en corregir los errores en vez de valorar los aciertos. Y no hace distinciones: con todos ellos se relaciona exactamente por igual. Dado que la realidad es neutra, la personalidad de este empresario no es más que un estímulo externo neutro, carente de valor y significado intrínsecos. De ahí que la forma de interpretarla, procesarla y experimentarla dependa de lo que cada empleado lleve dentro y haga con ello.

El primer empleado está totalmente identificado con el ego. Se trata de una persona visceral, que se siente imperfecta y que —por tanto— es muy susceptible a juicios y críticas. De ahí que le cueste mucho lidiar con su jefe. Tanto es así que en general reacciona con rabia y enfado, albergando mucho rencor a su empleador por la forma en la que es tratado. Esta es la razón por la que en ocasiones discute vehementemente con él. El segundo empleado carece de autoestima. No se quiere ni se valora a sí mismo. Y depende bastante de la aprobación de los demás. De ahí que frente a los comentarios de su jefe se quede callado y cabizbajo, sintiéndose menospreciado.

Sin embargo, el tercer empleado es una persona sabia y consciente, que se siente muy bien consigo misma. En ningún momento se toma la conducta del jefe como algo personal. Esencialmente porque sabe que suele ir muy estresado. Y que debido a su nivel de ignorancia e inconsciencia es incapaz de relacionarse con su equipo de una forma más amable y asertiva. Si bien los dos primeros empleados quieren inconscientemente que su jefe cambie de actitud, el tercero es el único que lo acepta tal como es, evitando perturbarse a sí mismo. Lo que sí está pensando es en cambiar de empresa.

MIRARSE EN EL ESPEJO

Si bien la forma de ser del empresario es la misma, cada uno de los tres empleados la ha interpretado y procesado de forma subjetiva y distorsionada, en función de lo que albergan en su interior. En este sentido, para los dos primeros empleados —los que se han perturbado a sí mismos— el jefe es un maestro espiritual. Si lo aprovechan para mirarse en el espejo y comprehender por qué se han perturbado, tal vez aprendan algo doloroso pero revelador acerca de sí mismos. No en vano, la oscuridad ajena actúa como una inesperada linterna con la que iluminar nuestra propia sombra. Además, ¿qué sentido tiene autoperturbarse porque otra persona se ha comportado de forma desagradable con nosotros? Ninguno. Nadie en su sano juicio lo haría. Es pura locura egoica.

En el instante en el que desbloqueamos, sanamos y nos liberamos de los traumas inconscientes que estos maestros espirituales nos están reflejando, de pronto logramos aceptar a estas personas tal como son. No importa que ellas sigan actuando igual que siempre. Ya no nos molestan sus conductas ni nos perturbamos en su presencia. Puede que sigan sin caernos bien. O que sigamos sin estar de acuerdo con algo de lo que dicen o hacen. Pero al haber iluminado nuestra oscuridad —y estar verdaderamente en paz con nosotros mismos—, el ego de estas personas ya no despierta el nuestro.

Así, lo único que nos queda en caso de tener que interactuar con ellas es practicar la compasión y la aceptación. No es que sintamos pena ni lástima, sino que comprehendemos el dolor que sigue habitando en su corazón y la ignorancia que sigue nublando su mente. Nuestros maestros espirituales no actúan así porque quieran. No lo hacen por maldad, sino por inconsciencia. Son meras marionetas de su lado oscuro. Sufren tanto que no pueden evitar comportarse del modo en el que suelen hacerlo. Quién sabe la batalla y los demonios internos con los que están librando en su propia alma.

En la medida en la que gozamos de más energía vital y de una mayor comprehensión, relacionarnos voluntariamente con este tipo de personas tan *conflictivas* se convierte en una oportunidad para trabajarnos interiormente. Son de gran ayuda para hacer consciente nuestro conflicto interior. Cabe señalar que nosotros también somos maestros espirituales para otras personas. En muchos casos este sentimiento es recíproco. Por más que nos cueste de creer, ahí fuera hay a quienes les caemos fatal. E incluso quienes no nos soportan. En este caso somos nosotros quienes les hacemos de espejo.

Sea como fuere, las personas conscientes y despiertas cada vez tienen menos maestros espirituales. Al haber iluminado sus sombras, casi nadie tiene el poder de ofenderlas. A su vez, tampoco tienden a decir o hacer algo que pueda servir de estímulo para que otros se ofendan. Su sabiduría les lleva a no tomarse nada ni nadie como algo personal, pues han comprehendido que la única relación auténtica y verdadera es la que mantienen consigo mismas. Y que efectivamente el resto de relaciones no son más que un juego de espejos y proyecciones. De ahí que en su vida cotidiana sean un ejemplo de felicidad, paz y amor.

Despertar pasa por darnos cuenta de que todo lo que supuestamente nos han hecho los demás en realidad nos lo hemos hecho a nosotros mismos a través de ellos. En la medida en que cae la identificación con el ego, cada vez nos sentimos más a gusto con todos y más cómodos con todo. Esencialmente porque comprehendemos que cuando vivíamos dormidos no veíamos realmente a los demás, pues estábamos cegados por los pensamientos que proyectábamos encima de ellos. Y lo mismo a la inversa. De pronto sabemos que nadie nunca nos ha juzgado a nosotros, sino que han venido juzgando lo que creían que éramos nosotros. El clic deviene cuando tomamos consciencia de que el *yo* del que hablan los otros no somos *nosotros*. Así es como cada vez nos vamos volviendo más pacíficos e imperturbables.

> Querer cambiar a otra persona es como si un paciente va con una dolencia y el médico le receta un remedio para el vecino.
>
> Anthony de Mello

IX

La experiencia mística

No somos seres humanos viviendo una experiencia espiritual,
sino seres espirituales viviendo una experiencia humana.

Pierre Teilhard de Chardin

Una muñeca de sal vivía sola en una zona muy seca y árida. No sabía quién era ni qué hacía allí. Su vida carecía de propósito y sentido. Un buen día tuvo el repentino impulso de emprender un viaje para obtener respuesta a sus preguntas existenciales. Después de caminar durante largos días llegó hasta una playa desierta. Fue entonces cuando vio una gigantesca masa azul, líquida y en movimiento: el mar.

Aquel paisaje le pareció lo más bonito que había visto nunca. Y nada más pisar la orilla sintió escalofríos. El sonido de las olas y el tacto con la arena le resultaban extrañamente familiares. A su vez, aquel olor salubre le hacía sentir como en casa. De pronto su ansiedad y angustia se disiparon casi instantáneamente.

En un momento dado, le preguntó al océano con mucha curiosidad: «¿Quién eres?». A lo que este le respondió: «Entra y compruébalo por ti misma». Sorprendida por su respuesta, la muñeca de sal se armó de valor y metió un pie dentro del mar. Y al hacerlo, sintió como si una parte de sí misma se desvaneciera. Temerosa, sacó su pie del agua y comprobó horrorizada como su miembro había desaparecido.

A pesar del terror que sentía, la muñeca de sal decidió seguir su intuición y se metió de lleno dentro del océano. Y en la medida que fue entrando su cuerpo se fue disolviendo, hasta que apenas quedó nada de ella. Y justo antes de fundirse por completo con el mar, exclamó: «¡Ahora ya sé quién soy!». Y una maravillosa sensación de paz y felicidad inundó aquella playa.[60]

32. Misticismo e iluminación

En nuestra cultura occidental, las palabras «misticismo» e «iluminación» tienen una connotación despectiva y peyorativa. Tal es su desconocimiento que a menudo se emplean a modo de burla o desprecio. Y no es para menos. Es imposible saber qué significan a través del mero conocimiento intelectual. Para comprehenderlas de verdad hemos de cuestionar nuestros prejuicios y vivirlas a través de nuestra propia experiencia personal.

Y entonces ¿qué es el misticismo? Se trata de cualquier doctrina, enseñanza, camino o práctica espiritual que nos posibilita —de forma permanente o temporal— trascender el ego, liberarnos del falso concepto de identidad y desidentificarnos del *yo* ilusorio. Y como consecuencia, reconectar con el ser esencial, dejar de sentirnos un *yo* separado de la realidad y volvernos *uno* con la vida.

En este sentido, un «místico» es aquel que ha profundizado en su propio autoconocimiento, experimentando de manera directa la fusión y comunión con lo divino que reside en lo más hondo de cada uno de nosotros. Se trata de cualquier ser humano que —fruto de su autoindagación— ha despertado, dándose cuenta de lo ilusorio que es el mundo que cocreamos a través de los pensamientos. Y en definitiva, aquel que ha reconectado con la dimensión espiritual, que no tiene por qué estar vinculada con ninguna creencia o fe religiosa.

A lo largo de la historia de la humanidad, los místicos han sido demonizados, perseguidos y excomulgados por las distintas instituciones religiosas. No en vano, todos ellos ponen de manifiesto que no necesitamos ningún intermediario entre nosotros y dios, pues esta fuerza invisible se encuentra en nuestro interior. De ahí que el mayor *enemigo* de la religión no sea el ateísmo, sino el misticismo.

A su vez, los místicos también han sido tachados de «locos» y «charlatanes» por parte de los eruditos de la Ilustración y los fanáticos del cientificismo, para quienes la mística es una cuestión absurda que no tiene ningún fundamento conceptual, lógico ni racional. E incluso en algunos casos han considerado que dichas experiencias de trascendencia, unión y reconexión con lo sagrado son patologías propias de enfermedades mentales.

La dualidad cognitiva

Al estar identificados con el ego, la mente y los pensamientos, en nuestro día a día vivimos inmersos en lo que los místicos denominan la «consciencia egoica» o «consciencia dual», la cual crea la «dualidad cognitiva» desde la que solemos ver e interpretar el mundo. Así, estamos convencidos de que somos un *yo* separado (el observador) que interactúa con una realidad externa: lo observado. De ahí que constantemente estemos distinguiendo entre lo de dentro y lo de fuera.

Dentro de esta noción dual creada por medio del lenguaje y el intelecto existen dos formas muy diferentes de relacionarse con la realidad. Por un lado está la mentalidad que gobierna a las personas más inconscientes, las cuales siguen creyendo que son «víctimas» de sus circunstancias. Por eso le dan tanto poder a lo *exterior*, culpando a los demás de sus perturbaciones. A su vez, quieren que cambie la gente y el mundo. No en vano, se cuentan mentalmente historias como «yo soy víctima de lo que me ha pasado», «tú me has hecho sufrir» o «los demás tienen que cambiar».

Por el otro lado está la actitud que adoptan las personas con un poco más de consciencia, quienes consideran que son «responsables» de lo que les ocurre. Así, asumen que el poder reside en su *interior*. Eso sí, en muchas ocasiones se autoculpan cada vez que se toman un chupito de cianuro. De hecho, quieren cambiarse a sí mismas, empleando el desarrollo personal como un medio para mejorar y perfeccionarse. En este caso, sus relatos mentales dicen cosas como «yo soy responsable de lo que me ha pasado», «yo me he hecho sufrir a mí mismo» o «yo tengo que cambiar».

Es evidente que existe una notable diferencia entre vivir desde el victimismo que hacerlo desde la responsabilidad. No solo cambian el tipo de emociones dominantes que sentimos, sino también los resultados existenciales que cosechamos en la vida. Sin embargo, ambos niveles de consciencia están sujetos a la dualidad que percibimos cuando vivimos dormidos, identificados con el *yo* ficticio. Por más que se modifique el relato que nos contamos, en ambos casos seguimos prisioneros de nuestra cárcel mental. Es decir, atrapados en una distorsión cognitiva ilusoria y subjetiva que nos hace creer que lo irreal es real.

El verdadero punto de inflexión sucede al vivenciar una «experiencia mística». Se trata de un momento de profundo despertar sin precedentes en nuestra andadura existencial. Un antes y un después que marca por completo nuestra manera de percibir la realidad y de estar en el mundo. Un gigantesco eureka que transforma para siempre nuestra forma de relacionarnos con nosotros mismos y con todo lo que acontece en nuestra vida. Si bien los pseudoescépticos consideran que la experiencia mística es subjetiva, todos los seres humanos que la han vivenciado comparten exactamente la misma vivencia. Lo que sí es subjetivo es la forma en la que cada uno de ellos la comunica.

La experiencia mística es un acontecimiento que se vivencia

en un plano que está más allá del intelecto y del lenguaje. Recordemos que estos crean ilusoriamente la dualidad en la que vivimos en nuestro estado de consciencia ordinario. De ahí que a este *lugar* en el que se altera la noción del tiempo y del espacio los místicos lo denominen «no-dualidad». El principal fruto de este despertar espiritual es la «iluminación»: un estado alterado y elevado de consciencia en el que se desvanece la mente y desaparecen los pensamientos, produciéndose «la *muerte* del ego». De ahí que se convierta en una experiencia sin experimentador. Esencialmente porque en ese estado no hay ningún *yo* que la experimente.

Por más que lo intentemos, es imposible describir con palabras tanto la experiencia mística como el estado de iluminación. Más que nada porque al hacerlo volvemos nuevamente a entrar en la consciencia dual, la cual se vehicula a través del ego, la mente y el lenguaje. Esta es la razón por la que enseguida vuelve a aparecer el término *«yo»*, aunque en dicha experiencia no hubiera ningún *yo* que la estuviera experimentando.

El despertar de la consciencia-testigo

Al caer la identificación con el ego emerge espontáneamente la denominada «consciencia-testigo». Se trata de una observación neutra e impersonal desde la que se percibe la unidad y la neutralidad inherentes a la realidad. De ahí que también se la conozca como «consciencia neutral», «consciencia esencial» o *«atman»*, que en sánscrito significa «sí mismo». De pronto nos vemos a nosotros mismos desde fuera, siendo plenamente conscientes de que no somos el ego con el que solemos estar identificados. Es entonces cuando se trasciende la dualidad, comprehendiendo que en realidad no hay separación entre dentro y fuera ni distinción entre interior y exterior, pues en última instancia el observador y lo observado son lo mismo.

Mientras permanecemos en este estado de consciencia deviene una poderosa sensación de presencia, la cual nos conecta y arraiga al aquí y ahora. A su vez, sentimos una profunda dicha simplemente por estar vivos. Eso sí, no es que *nosotros* nos sintamos felices, amorosos o en paz, sino que hay una maravillosa sensación de felicidad, amor y paz que lo inunda todo.

Al trascenderse la dualidad cognitiva, no tiene sentido hablar de víctimas o responsables. En este nivel de consciencia ni culpamos a los demás ni nos culpamos a nosotros mismos. Principalmente porque no hay ningún *yo*. Y por tanto, ningún *tú*. Ya no queremos cambiar a la gente ni al mundo. Ni tampoco nos queremos cambiar a nosotros mismos. Por el contrario, empezamos a aceptarnos tal como somos, aceptando a los demás y las circunstancias tal como son. Y al abandonar cualquier historia ficticia acerca de lo que está pasando, comenzamos a relacionarnos con la realidad real. Es decir, con lo que verdaderamente está sucediendo en cada momento, lo que los místicos llaman «lo que es».

Gracias a la iluminación verificamos empíricamente que en nuestro estado ordinario de consciencia —el estado de vigilia— vivimos encerrados en una cárcel mental. Eso sí, también nos hace darnos cuenta de que dicha prisión no tiene barrotes. Lo cierto es que esta liberación no es algo que tengamos que lograr o conseguir, sino que se trata de nuestra verdadera naturaleza. Es la manifestación del ser esencial, el rasgo fundamental de la chispa de divinidad con la que nacimos. Si bien podemos crear las condiciones —como cultivar conscientemente el silencio, la meditación, la contemplación, la respiración o la relajación—, es un acontecimiento que simplemente sucede.

La iluminación es un estado de no-mente en el que se extingue el pensamiento. Y por tanto, cuando se está iluminado es absolutamente imposible sufrir. Eso sí, en general es temporal. Hay personas que la han experimentado durante unos segundos. Y otras, durante horas, días, meses o años. En muchos casos este destello de iluminación se convierte en una luz permanente, dejando un poso de consciencia que permanece durante el resto de nuestra vida.

> Si crees que *tú* has logrado la iluminación
> es que la iluminación no ha sucedido.
>
> Ramesh Balsekar

33. Dios está dentro de ti

El principal efecto del despertar de la consciencia es que caen los velos ilusorios que nos impiden darnos cuenta de quiénes verdaderamente somos. Gracias a la experiencia de la iluminación descubrimos que nuestra auténtica identidad es inmanente y trascendente. Es decir, que es inherente e intrínseca a la semilla con la que nacimos, pero que en la medida en que florece va más allá de nosotros mismos. A su vez, también comprehendemos que es inmutable y atemporal, pues es aquello que siempre está aquí y que no cambia nunca. Y en definitiva, lo que permanece cuando nos desidentificamos de todo lo que no somos.

En este sentido, no somos nuestro título universitario. Se trata de un trozo de papel con sellos y firmas. Lo podemos romper y seguiríamos siendo los mismos. Tampoco somos nuestro trabajo ni nuestro cargo profesional. En cualquier momento nos podemos dedicar a otra cosa. No somos el dinero que tenemos en nuestra cuenta corriente ni nuestras posesiones materiales. De un día para el otro lo podemos perder todo. No somos la imagen que los demás tienen de nosotros. Su percepción es subjetiva y tiene que ver con ellos. Tampoco somos nuestro nombre. De hecho, lo podemos cambiar cuando queramos, cambiando incluso el que aparece en nuestro documento nacional de identidad.

No somos nuestro cuerpo ni nuestra apariencia física. Es el vehículo que utilizamos para movernos por la vida y experimentarla. Además, en caso de amputación de algún miembro o de parálisis total seguimos existiendo y siendo nosotros. No somos nuestra mente. Se trata de un instrumento increíble que si sabemos utilizar nos ayuda a cocrear una vida extraordinaria. Y lo cierto es que cuando estamos muy relajados, conectados y presentes desaparece. No somos nuestras creencias. Las podemos cuestionar y modificar en cualquier momento. Tampoco somos nuestros pensamientos. Estos surgen espontáneamente. Las historias que nos contamos son solo eso: *historias*. Pura ficción. No somos nuestras emociones, nuestros sentimientos ni nuestros estados de ánimo. Todos ellos son pasajeros. Tal como vienen, se van.

Recordemos que no hemos elegido el lugar donde hemos nacido, los padres que hemos tenido ni la *educación* que hemos recibido. De ahí que tampoco seamos el personaje que hemos creado inconscientemente para adaptarnos a la sociedad. No en vano, nuestra personalidad es una combinación de la genética y la programación con la que fuimos condicionados por nuestro entorno social y familiar. Si hubiéramos nacido en otra parte del mundo a nivel superficial pensaríamos y nos comportaríamos de forma muy diferente. De ahí que tampoco seamos nuestra nacionalidad, nuestra religión, nuestro partido político o nuestro equipo de fútbol. Todos ellos también serían distintos.

Y por más que llevemos toda nuestra vida creyéndonoslo, no somos el falso concepto de identidad. Es simplemente el disfraz existencial que nos recubre cuando no sabemos quiénes somos ni para qué estamos aquí. Tampoco somos el *yo* ilusorio con el que solemos estar identificados cuando vivimos prisioneros de nuestra consciencia egoica y dual. Más que nada porque el ego es una ficción. El *yo* es una construcción mental tejida a base de pensamientos. Y es precisamente el último velo que cae tras la iluminación.

¿Quiénes somos?

Y entonces ¿quiénes somos? Esta es sin duda la pregunta fundamental que nos plantea el desarrollo espiritual. Para responderla, hemos de pelar todas las capas de la cebolla, accediendo al corazón: el ser esencial, nuestra verdadera identidad. Lo increíble es que al llegar a lo más hondo de nosotros mismos nos damos cuenta de que *ahí* no hay nadie. Esta es la razón por la que ese *lugar* se experimenta como un espacio vacío lleno de silencio y quietud. Así es como descubrimos que esencialmente no somos nada y a la vez lo somos todo.

Solo entonces verificamos empíricamente que somos la consciencia-testigo que emerge de forma natural cuando nos liberamos de ese encarcelamiento psicológico llamado *«yo»*. En este estado se produce a través de nosotros una observación neutra y un presenciar impersonal de los hechos que van aconteciendo en nuestro día a día. Y como consecuencia, descubrimos que no somos el hacedor que está detrás de nuestras actitudes, decisiones y acciones. Más bien nos damos cuenta de que estas sencillamente ocurren, incluso a pesar nuestro. Y debido a nuestra ausencia es imposible que nada nos perturbe. Más que nada porque no hay nadie que pueda perturbarse.

Al reconectar con esta chispa de divinidad que habita en lo más profundo de todos nosotros, de pronto nos sentimos unidos y conectados con la vida. De hecho, sentimos que más allá de las apariencias superficiales «todos somos uno». Es decir, que esencialmente todos somos lo mismo, pues formamos parte de una misma consciencia, la cual se manifiesta y expresa de muchas formas. De ahí que se diga que «la forma es vacío y el vacío es forma».[61] O que «la ola es el mar».[62] A esta consciencia no dual, impersonal y neutra también se la denomina «dios». Y no en el sentido religioso, sino espiritual.

Así, «dios» es el concepto que los místicos emplean para describir el estado de conexión profunda que experimentamos cuando nos sentimos unidos a nuestra naturaleza esencial y —por ende— a la realidad, la vida y el universo. Debido a la ignorancia y la inconsciencia inherente a las instituciones religiosas, esta palabra está manchada, corrompida y prostituida. De ahí que los fanáticos religiosos se escandalicen cuando oyen a alguien decir que «dios está en nuestro interior». O peor aún, que «somos dios». Y eso que se trata de la finalidad última de nuestra existencia: unir el espíritu y fusionar el alma con la divinidad.

Cuando vivimos conectados con nuestra verdadera esencia sentimos cómo la vida crea a través nuestro. Eso es precisamente lo que significa la palabra «entusiasmo». Esta es la razón por la que los místicos celebran su existencia como la manifestación de lo divino. Todos ellos saben que no hay ninguna distancia entre el ser humano y dios, pues solo existe una gran unidad que lo incluye y envuelve absolutamente todo. Y el indicador más irrefutable de que hemos vuelto a *casa* es que sentimos felicidad, paz y amor. Se trata de una sensación interna de conexión suprema y absoluta que nadie nos ha proporcionado y que —por tanto— nadie nos puede arrebatar.

> La presencia, la consciencia y la dicha son tres aspectos inseparables del ser, del mismo modo que la humedad, la transparencia y la liquidez lo son del agua.
>
> Sri Ramana Maharshi

34. La meditación como medicina

Vivir dormidos consiste en ignorar que estamos atrapados en una cárcel mental. Despertar implica darnos cuenta de que efectivamente estamos encerrados en dicha prisión. Y la iluminación es el estado en el que —de forma permanente o temporal— nos liberamos de ella. El quid de la cuestión es que hemos de ser muy sabios para estar despiertos, atentos y alerta todo el tiempo. Y más cuando el sistema en el que vivimos está diseñado para hipnotizarnos y mantenernos en la inconsciencia.

De hecho, en general vivimos en el estado de vigilia, en el que no estamos del todo dormidos, pero tampoco del todo despiertos. Prueba de ello es que somos presos de la «mente disfuncional», la cual se caracteriza por no poder parar de pensar. Así es como nos convertimos en esclavos del pensamiento compulsivo y egocéntrico. Este ruido mental tan irrelevante y contraproducente nos vuelve a todos un poco neuróticos. Y como resultado directo, la mayoría padecemos una enfermedad muy sutil y socialmente aceptada llamada «infelicidad».

Al estar identificados con el ego, nos pasamos el día pensando en lo que hicimos ayer o en lo que haremos mañana. En muchas ocasiones nos torturamos por *algo* que no deberíamos haber hecho en el pasado. Y también nos angustiamos por *aquello* que podría sucedernos en el futuro. No en vano, todos nuestros pensamientos giran en torno a los miedos, los deseos, las preocupaciones y las expectativas del *yo* ilusorio con el que estamos identificados. Y estos son literalmente infinitos, pues el ego siempre quiere un poco más y no se sacia nunca con nada.

Como su nombre indica, la mente disfuncional nos vuelve personas disfuncionales. Casi ninguna reflexión nos conduce a la acción; más bien padecemos parálisis por análisis. De ahí que nos cueste tomar decisiones. Y en caso de actuar, enseguida especulamos sobre las posibles consecuencias. A su vez, pensamos en si lo que estamos haciendo está bien o mal, si se podría mejorar, si tendría que ser diferente, si nos proporcionará lo que queremos, si les gustará a los demás... Dado que el acto de pensar está secuestrado por el ego, pensamos que somos el *yo* que piensa, reforzando así la identificación con el falso concepto de identidad.

Dado que el pensamiento compulsivo es una enfermedad, los místicos llevan miles de años compartiendo su cura: la «meditación». No es casualidad que esta palabra comparta la misma raíz etimológica que «medicina». Se trata del mejor «medicamento» natural que existe para apaciguar nuestra mente y vaciarla de pensamientos. Eso sí, en los inicios este *tratamiento* puede resultar desagradable y en ocasiones sienta fatal.

La meditación no se hace, sucede

Y entonces ¿qué es la meditación? Desde tiempos inmemoriales, se le viene llamando «el arte de las artes y la ciencia de las ciencias». No en vano, es la herramienta que más favorece la paz interior, el despertar y la iluminación. Esencialmente consiste en parar, sentarse y estar presentes. De hecho, meditar no es una actividad; no consiste en hacer, sino en ser. Prueba de ello es que en realidad no es algo que pueda ejecutarse, sino que *sucede*. Es como dormir. No nos dormimos fruto de nuestra voluntad y perseverancia. No es algo que podamos lograr cuando queramos. Eso sí, cuando creamos unas determinadas condiciones —como tumbarnos, apagar la luz y cerrar los ojos—, el dormir acaba sucediendo naturalmente, sin esfuerzo.

Con la meditación ocurre lo mismo. Se trata de crear las condiciones adecuadas y el estado meditativo acabará sucediendo. En primer lugar, es muy recomendable realizar algo de ejercicio físico antes de sentarse a meditar. Movernos, sudar y jadear nos ayuda a relajar el cuerpo y a limpiar la mente de la locura psíquica que suele acompañarnos allá donde vamos. A su vez, ducharnos con agua fría (o helada) también provoca un corte temporal del pensamiento compulsivo, facilitando que conectemos más con el momento presente.

El siguiente paso consiste en sentarnos. Lo más común es sentarse en el suelo con las piernas cruzadas sobre un cojín o directamente en una silla. No hay normas fijas ni rígidas; lo que nos sea más cómodo. Independientemente de cómo nos sentemos, lo importante es que nuestra columna vertebral esté erguida. Y que la postura en la que estemos no nos cause ninguna tensión física, pues en última instancia se trata de estar a gusto para poder relajarnos. De ahí que sea conveniente meditar en un lugar agradable, tranquilo y silencioso.

A partir de ahí, meditar consiste simplemente en ser y estar; es un proceso carente de objetivos y metas. Irónicamente, el deseo de tener paz nos aleja de la misma. Más que nada porque *¿quién* es el que desea paz? ¡El ego! De ahí que sea fundamental entrar en la meditación sin ningún deseo que satisfacer ni ninguna expectativa que cumplir. Y es que no meditamos para conseguir algo, sino para soltarlo todo, incluyendo el deseo de no desear.

En el momento en el que cerramos los ojos y nuestra realidad se funde a negro, de pronto nos encontramos a solas con nuestra mente. Y enseguida nos damos cuenta de que no paran de asaltarnos pensamientos. Vienen y van de forma mecánica y automática. En este sentido, meditar no tiene nada que ver con dejar de pensar o poner la mente en blanco. Ni mucho menos. De hecho, intentarlo es contraproducente, pues provoca el efecto contrario: ¡que nos invadan todavía más pensamientos!

Hagamos juntos un pequeño ejercicio. Cerraremos los ojos y tratemos de no pensar en una vaca de color lila. No podemos pensar en ella. La vaca lila no puede aparecer en ningún momento en nuestra mente. Ni se nos ocurra pensar en ella. Ni una sola vez. Y entonces, paradójicamente ocurre que *«¡muuuuuuuuuuuuuuu!»*. De pronto la vaca lila está en todos nuestros pensamientos, pues ella misma se convierte en el pensamiento. Querer dejar de pensar para tener más paz es como pretender dejar de respirar para tener más vida. Una auténtica barbaridad. Pero forma parte del camino. De todo ello —y de mucho más— nos vamos dando cuenta mientras meditamos.

Lo normal es sentirnos incómodos al principio

Durante la meditación, lo importante es observar la mente sin creernos ni engancharnos con ninguno de los pensamientos que vayan apareciendo. No depende de nosotros si vienen o se van. Han venido sin invitación y se marcharán sin tener que echarlos. Recordemos que cada uno de ellos nos propone una historia ficticia que nada tiene que ver con lo verdaderamente real que está aconteciendo mientras meditamos: que hay un ser sentado observando la mente. Todo lo demás es ilusorio, incluso aquellos pensamientos que tienen que ver con la propia meditación. De hecho, llega un momento en que incluso desaparece el observador y solo queda una observación impersonal: la consciencia-testigo.

Recordemos que cuanto más desconectados estamos del ser esencial, mayor es la identificación con el ego. Y en consecuencia, más compulsivo y neurótico es el acto de pensar. Esta es la razón por la que al principio lo más normal es que nos sintamos muy incómodos y aburridos durante la inactividad y el silencio. En este caso, sentarnos nos servirá para darnos cuenta de que no tenemos ningún control sobre nuestra mente ni nuestros pensamientos. Y más aún: que somos incapaces de dejar de pensar. Por otro lado, también verificamos lo difícil que es al principio salir de este encarcelamiento mental. De ahí que en general hagamos todo lo posible para evitar estar a solas con nosotros mismos sin distracciones de ningún tipo. Literalmente huimos de la meditación. Lo hacemos a diario, las 24 horas del día. Y lo cierto es que cuanto menos nos apetece es cuando más la necesitamos.

De hecho, es muy frecuente que durante la meditación pensemos acerca de si «lo estamos haciendo bien» o si «lo que está sucediendo —sea lo que sea— es lo que debería estar sucediendo». Así es como el ego intenta boicotearnos. Y es que esencialmente la meditación consiste en ser conscientes de nuestro proceso mental, permitiendo que la mente y los pensamientos estén como están en cada preciso momento, sin intentar cambiarlos. En la práctica meditativa, «la mejor manera de llegar a algún lugar es dejar de intentar llegar a algún lugar».[63]

A menos que comprehendamos esto, seguiremos pensando que «somos incapaces de meditar», lo cual es otro pensamiento. Falso además. Cuando (nos) decimos que no podemos meditar, lo que en realidad estamos diciendo es que durante la meditación no pasa lo que queremos que pase. De ahí que nos cause más tensión que relajación. Y que como consecuencia no le dediquemos tiempo. Sin embargo, vale la pena volver a sentarse; eso sí, dejando a un lado cualquier expectativa para poder simplemente observar y aceptar lo que ocurre.

Mientras meditamos hemos de poner toda nuestra atención en la respiración, siendo conscientes de cómo inhalamos y exhalamos el aire que entra y sale de nuestros pulmones. Podemos respirar profundamente unas cuantas veces a modo de relajación, pero luego hemos de dejar que esta se produzca de forma natural. Enseguida descubrimos lo poco que tardamos en volver a perdernos en alguno de nuestros pensamientos. Es completamente normal que nos vayamos durante un rato a otro lugar imaginario. El juego consiste en darnos cuenta y volver a dirigir nuestra atención a la respiración. Eso es precisamente lo que nos propone la meditación: ser conscientes.

SOLTAR EL CONTROL Y DEJARSE IR

Meditar también consiste en notar las diferentes sensaciones que van apareciendo, como la presión, el hormigueo, las vibraciones, los escalofríos... A su vez, sentarse en silencio y hacer nada nos confronta directamente con la cara oscura de nuestra psique. De ahí que suelan emerger desde nuestras profundidades emociones reprimidas durante mucho tiempo. Sea lo que sea que aparezca, simplemente lo observamos con aceptación y desapego, pues tal como llega se marcha. No nos hacemos amigos ni enemigos de nada de lo que ocurra en nuestro interior. Lo abrazamos y despedimos con amor.

Con el tiempo y la práctica, en ocasiones sucede que en medio de ese silencio y esa oscuridad de pronto sentimos una incómoda y angustiosa sensación de vacío. Parece como si un gigantesco agujero negro interior nos quisiera succionar desde dentro. Llegados a este punto, todo se reduce a soltar el control. O mejor dicho, a abandonar la ilusión de que controlamos algo. Y a veces ocurre que este *dejarse ir* impersonal —carente de deseo, intención y voluntad egoicos— finalmente sucede. Es entonces cuando nos fundimos con la respiración, desvaneciéndose todo lo demás.

En este sentido, la entrega incondicional y la rendición absoluta son a la vez la causa y la consecuencia de que se disuelva la mente, desaparezcan los pensamientos y —por ende— se trascienda el ego. Así es como *muere* el *yo* ficticio con el que solemos estar identificados, surgiendo una presencia, una consciencia y una dicha que lo inundan todo. Deviene entonces el estado de iluminación —nuestra verdadera naturaleza esencial—, en el que la consciencia-testigo presencia una experiencia de unidad, vacuidad y plenitud a la que los místicos llaman «dios».

En definitiva, la meditación es el acto y también el estado que puede devenir como consecuencia de meditar. Sentarse en silencio para observar la mente no es un medio para lograr un fin, sino un fin en sí mismo. Y cuanto más nos sentamos a meditar, más ganas tenemos de volver a sentarnos. Si bien cuando vivimos identificados con el ego es lo último que queremos hacer, cuando reconectamos con el ser esencial es lo que más nos apetece. En la medida en que vamos profundizando, meditar se vuelve cada vez más sencillo, placentero y agradable, convirtiéndose en algo tan natural como comer, dormir o respirar.

> Mientras haya un meditador con expectativas de obtener algo de la meditación, meditar será inútil. La verdadera meditación sucede cuando gradualmente el meditador desaparece dentro de la meditación.
>
> Ramesh Balsekar

35. Dúchate mientras te estás duchando

En general nunca estamos en el lugar donde nos encontramos. Siempre andamos en otra parte, muy lejos de nosotros mismos y del instante presente. Prueba de ello es que no solemos ducharnos mientras nos estamos duchando. No sentimos el agua caliente cayendo sobre nuestro cuerpo, valorando y disfrutando plenamente de este *momentazo* cotidiano. Por el contrario, solemos estar en nuestra mente y en nuestros pensamientos, pensando en algo que no tiene nada que ver con la ducha ni con el acto de ducharnos. Puede que pensemos en la bronca que nos echó ayer nuestro jefe. O en la pereza que nos da ir mañana a casa de nuestra suegra.

Independientemente de lo que estemos pensando, cuando vivimos dormidos no nos damos cuenta de que estamos hipnotizados por nuestros pensamientos. En ningún momento somos conscientes de que no nos estamos relacionando con la realidad verdaderamente real: lo que es y está sucediendo en cada instante. Y esto ocurre porque la consciencia-testigo está secuestrada por la mente disfuncional —la que no para nunca de pensar—, provocando que sigamos encerrados en nuestra propia cárcel mental. Esta es la razón por la que en la ducha nunca estamos solos. Nuestra inconsciencia genera que en ocasiones ¡nos duchemos con nuestro jefe y nuestra suegra! Y que en algunos casos nos tomemos un chupito de cianuro por ello...

Nuevamente, cultivar el silencio y la quietud un rato cada día es la mejor inversión que podemos hacer para ser libres de esta invisible esclavitud interior. Gracias a la meditación nos identificamos cada vez menos con el *yo* ilusorio y cada vez más con la consciencia-testigo. Es entonces cuando se asienta en nosotros el *mindfulness* o la «atención plena». Se trata de un estado de presencia y de alerta que deviene de forma natural cuando vivimos despiertos y conscientes. Para empezar, nos permite vivir mucho más conectados con el ser esencial, volviéndonos personas más serenas, ecuánimes, sensibles y empáticas. Y en consecuencia, menos egocéntricas, neuróticas, reactivas y victimistas.

En esencia, la atención plena consiste en darnos cuenta de que no somos la mente ni los pensamientos, sino la consciencia-testigo que es capaz de observarlos *desde fuera*. Así, mientras seguimos con nuestros quehaceres cotidianos, ya no nos perdemos en el mundo exterior, sino que mantenemos el foco siempre puesto en nuestra forma de mirarlo e interpretarlo. Entre otros beneficios, el *mindfulness* nos permite pillar in fraganti pensamientos potencialmente perturbadores antes de que nos los creamos. Así, la atención plena es lo que nos posibilita practicar el «¡*cheeeeeeeeeeeeeee!*», el mantra que detiene instantáneamente la corriente de pensamiento negativo, evitando que nos perturbemos a nosotros mismos.

Pongamos por ejemplo que estamos jugando un *partido de tenis*. Y que de pronto empezamos a tener el siguiente diálogo interior: «Estoy perdiendo tres juegos a cero y en este voy ganando 40 a 30. Intenta meter un buen primer saque». ¿Realmente eso es lo que está pasando? No, ni mucho menos. Este relato es ilusorio. Pero eso no es todo: seguidamente y sin venir a cuento, nos empieza a asaltar un pensamiento perturbador relacionado con un problema laboral que hemos tenido recientemente y que todavía no hemos solucionado. De pronto ¡nuestro *jefe* está también con nosotros durante el *partido*! Y al engancharnos con este pensamiento, no solo nos perturbamos a nosotros mismos, sino que mentalmente dejamos de estar en la *pista de tenis*, desplazándonos hasta *el despacho de la empresa* en la que trabajamos. Segundos más tarde hacemos una *doble falta*, provocando que el ego reaccione impulsivamente, tomándonos otro chupito de cianuro.

Más allá de estas historias ilusorias no observadas ni cuestionadas por la consciencia-testigo, lo que verdaderamente está sucediendo es una cosa muy diferente. Percibido desde la neutralidad, dos seres están golpeando una bola con un palo con cuerdas en una determinada superficie con rayas blancas en el suelo, dividida en dos partes iguales por medio de una red. Y uno de ellos —*nosotros*— acaba de enviar la pelota dos veces seguidas a dicha red, enfadándose consigo mismo por haberlo hecho. Todo lo demás es irreal: solamente existe en nuestra imaginación.

El juego interior

Gracias a la atención plena en todo momento somos conscientes de los pensamientos que van apareciendo, sin identificarnos con ninguno de ellos. A su vez, nos permite observar, cuestionar y domesticar la mente para no perder el foco en el momento presente. A este entrenamiento mental en el mundo del *coaching* deportivo se le llama «el juego interior». No en vano, quien gana los partidos suele ser quien se relaciona mejor con su propia mente mientras los disputa. Además, dado que la autoobservación la aquieta y disuelve, llega un punto en el que *desaparecemos*, fundiéndonos con la raqueta y volviéndonos el *partido de tenis*. En el instante en el que sentimos que no hay nadie jugando, comenzamos a jugar a nuestro mejor nivel, sintiendo cómo el *tenis* sucede a través nuestro.

La práctica del *mindfulness* es lo que en última instancia nos permite evitar identificarnos con la mente, enraizando la consciencia-testigo en el aquí y ahora. Y lo que nos lleva a sonreír de manera cómplice cada vez que cazamos en el aire a alguno de los pensamientos que otrora tanto sufrimiento nos generaban. Así es como dejamos de tomarnos tan en serio el contenido de nuestra mente, descubriendo que nuestro sentido de identidad ya no depende de él. Y esta revelación hace que nuestra vida se simplifique y que nuestro bienestar se magnifique.

El mejor aliado para cultivar la atención plena es nuestra respiración, pues esta siempre se produce en el momento presente. Un claro indicador de que estamos despiertos es que somos conscientes de cómo inhalamos y exhalamos, lo que provoca que dejemos automáticamente de pensar. De hecho, o pensamos o respiramos conscientemente; no se pueden hacer las dos cosas al mismo tiempo. A su vez, el *mindfulness* nos lleva a vivir desde dentro, habitando nuestro cuerpo. El hecho de estar presentes es en sí mismo una poderosa forma de autocuración, pues eleva nuestra frecuencia vibratoria y refuerza nuestro sistema inmunológico. Muchas enfermedades se *cuelan* cuando estamos ausentes en nuestro cuerpo, perdidos en el laberinto de nuestra mente.

Por otro lado, la atención plena nos permite escuchar activa y empáticamente a los demás, en vez de limitarnos a oír lo que dicen esperando nuestro turno para hablar. En general no sabemos escuchar porque casi toda nuestra atención está ocupada por el pensamiento. De ahí que nuestro ruido mental nos impida ver al otro. Al vaciarse nuestra mente de pensamientos, podemos prestar verdadera atención a lo que nos está contando nuestro interlocutor. Al estar presentes le damos espacio para ser, sin duda alguna el regalo más valioso que le podemos ofrecer. Y es que a los demás no les gustamos por quienes somos, sino por cómo se sienten consigo mismos cuando interactúan con nosotros.

Por último, el cultivo sostenido del *mindfulness* termina *aniquilando* la mente disfuncional, erradicando de raíz el pensamiento compulsivo y egocéntrico. De hecho, cuando vivimos despiertos y conscientes tan solo opera nuestra «mente funcional»,[64] la cual está enfocada únicamente en hacer lo que sea necesario en cada momento, de acuerdo con las circunstancias. Al estar guiada por el ser esencial, no se lamenta ni se preocupa. Tampoco tiene deseos ni expectativas. Es cien por cien operativa. Y al no ser interrumpida por la mente disfuncional, nos vuelve personas mucho más eficientes a la hora de afrontar nuestras circunstancias. Y madre mía cómo cambia la ducha cuando realmente nos duchamos mientras nos estamos duchando. ¡Sabe a gloria!

Si quieres conocer tu pasado, mira tu presente, que es su resultado.
Si quieres conocer tu futuro, mira tu presente, que es su causa.

SIDDHARTA GAUTAMA, «BUDA»

36. El mundo es una ilusión

Experiencia mística. Despertar. Darse cuenta. Consciencia-testigo. Meditación. *Mindfulness*. Iluminación. Liberación. No dualidad... Hay muchas palabras que apuntan hacia una misma dirección que está más allá de la mente, el intelecto y el ego. El denominador común de todos aquellos que las han experimentado es que han abierto los ojos y han llegado a una misma conclusión: que «el mundo es *maya*».[65] Es decir, una ilusión cognitiva creada por la mente mediante creencias ficticias y pensamientos irreales.

Hoy en día, nuestra vida se asienta sobre una serie de constructos sociales imaginarios. No en vano, los seres humanos somos una especie muy creativa e inventiva; tenemos el poder de hacer realidad aquello en lo que creemos. Uno de los inventos más revolucionarios fue precisamente el lenguaje, el cual es una «entelequia». Es decir, algo irreal que consideramos real. Recordemos que los logogramas que empleamos para construir palabras y frases son símbolos que no tienen ningún valor ni significado por sí mismos. Sin embargo, nos han permitido comunicarnos y cooperar a gran escala por medio de la construcción de mitos comunes que solo existen en el imaginario colectivo de la gente.

Un claro ejemplo de ello son las religiones organizadas, cada una de las cuales tiene su propio libro sagrado, sus propios dogmas y sus propios rituales. En esencia, cada una de ellas cuenta con su propio *relato* religioso. De hecho, un cristiano no es más que alguien que cree en la *historia* que cuenta esta religión. Y al creer en ella participa de una realidad imaginaria llamada «cristianismo». Esta es la razón por la que puede juntarse con otros cristianos a los que no conoce de nada y —sin embargo— rezar juntos en una misma iglesia. Pueden hacerlo precisamente porque creen en la misma ficción.

Lo mismo sucede con las naciones y los países. Los mapas políticos son otra entelequia. Lo que hoy en día llamamos «España» en realidad es una zona geográfica específica que a lo largo de la historia se ha denominado de muchas y diferentes maneras. Sin embargo, dos españoles que no se conocen de nada siguen una misma bandera, se emocionan al oír el himno nacional y celebran con pasión los goles de su selección de fútbol. De hecho, comparten una misma cultura, una misma tradición y un mismo idioma, los cuales también son una invención. Por eso son distintos en cada rincón del mundo. Todos ellos son un reflejo del sistema de creencias ilusorio compartido por los habitantes de cada territorio.

Y qué decir de los Estados, la democracia o los partidos políticos. Más de lo mismo. Todos ellos son realidades imaginarias colectivas. Cada cuatro años depositamos un trozo de papel en una caja con la ilusión de que actuando así estamos eligiendo libremente a nuestros representantes en el Gobierno. A su vez, pagamos nuestros respectivos impuestos creyendo que de este modo contribuimos a financiar el «Estado del bienestar», repartiendo y distribuyendo igualitariamente la riqueza entre los ciudadanos. Y mientras, seguimos redactando constituciones, creando leyes y estableciendo acuerdos sociales que solo existen en la mente de quienes creen en ellos. Nada de todo esto es verdaderamente real. Pero lo convertimos en nuestra realidad al creer en ello.

El dinero es una ficción

El sistema financiero, los bancos centrales y la Reserva Federal también son de ciencia ficción. Más que nada porque lo único que hacen es imprimir papeles con sellos y realizar anotaciones en cuentas de ordenadores. De hecho, el denominado «dinero fiduciario» (el euro, el dólar, la libra, el peso o el yuan) acabará reemplazado por criptomonedas como Bitcoin o Ethereum, dos fantasías todavía más sofisticadas. Y es que el dinero —sin importar la forma que le demos— es otra entelequia que solo existe porque tiene validez en nuestra mente. De hecho, su único valor reside en el hecho de que confiamos en él como medio de intercambio oficial para relacionarnos los unos con los otros.

Por más que sigamos creyendo en ellos, en realidad no existen Yahvé, Dios ni Alá. No existen el judaísmo, el cristianismo ni el islam. No existen la religión, la Iglesia católica ni el Vaticano. No existen la monarquía ni la república. No existe la Constitución española de 1978. Ni tampoco el año 1978. De hecho, los números no existen. Tampoco existen Barcelona, Cataluña, España ni Europa. No existen el Gobierno central ni el autonómico. Ni ninguna otra institución pública. No existen la política ni los partidos. No existen la izquierda ni la derecha. Ni mucho menos la democracia. De hecho, no existe ninguna ideología.

No existen el dinero, el Ibex-35, el NASDAQ, la Bolsa de Nueva York ni ningún otro mercado financiero. No existen Apple, Google, Amazon o Microsoft. No existen el Fondo Monetario Internacional (FMI), la Organización de las Naciones Unidas (ONU) ni la Organización Mundial de la Salud (OMS). No existen la Champions League, Roland Garros, la Super Bowl ni los Juegos Olímpicos. Tampoco existen internet ni el correo electrónico. No existen Facebook, Instagram, Twitter, WhatsApp o Tinder. Tampoco existen la *Blockchain* ni los contratos inteligentes... La mayor parte de las cosas que le dan sentido a nuestra existencia son completamente artificiales e ilusorias. Aunque lo parezca, no existen en la realidad. Son *maya*.

Si no fuera por nuestra capacidad de inventarnos este tipo de ficciones, la humanidad seguiría viviendo inmersa en la naturaleza —rodeada solamente por montañas, bosques y lagos—, cazando animales y recolectando semillas y frutos. Nuestra habilidad para evolucionar como especie y progresar como civilización se forja a base de creer en entelequias que tan solo existen en nuestros pensamientos.

Eso sí, que el mundo sea una ilusión no quiere decir que tengamos que renunciar a él. Ni mucho menos. Ahora bien, al quitarnos el velo de los ojos dejamos de dar por cierto y verdadero aquello que es ilusorio e irreal. Y como consecuencia, ya no nos tomamos tan en serio *matrix*. Ni tampoco nos perdemos en el espejismo de las apariencias. Y si bien seguimos formando parte del sistema y de la sociedad, renunciamos a participar de la locura colectiva. Y esto pasa por diferenciar entre la *maya* que hemos tejido sobre el mundo con nuestras creencias y la realidad neutra que se encuentra detrás de ella.

Uno de los síntomas más evidentes que pone de manifiesto que hemos despertado es darnos cuenta de que la humanidad está loca de atar. Y no se trata de un juicio moral, sino de una mera apreciación descriptiva. No en vano, la gran mayoría de nosotros sigue atrapado por una neurosis muy sutil: creer que lo que pensamos es real. La única razón por la que no estamos encerrados en un manicomio es porque somos demasiados.

El mundo es una alucinación masiva compartida.

Terence McKenna

X

El ego espiritual

El ego acaba siempre por corromper cualquier cosa
para sus propios fines, incluyendo la espiritualidad.

Chögyam Trungpa

*Érase una vez un científico muy exigente que descubrió el arte
de la clonación. Sabía reproducir humanos de forma tan perfecta que resultaba imposible distinguir la copia del original. Un día
se enteró de que andaba buscándolo el ángel de la muerte. Y para
intentar zafarse de su terrible destino hizo diez copias exactas de
sí mismo.*

*Finalmente, el ángel de la muerte se plantó delante del científico y su séquito de clones. Sin embargo, al no saber cuál de ellos
era el verdadero los dejó a todos en paz y se fue a otra parte. Pero
no por mucho tiempo. Al ser un experto de la condición humana,
pronto se le ocurrió una ingeniosa estrategia para desenmascararlo.*

*Poco después, el ángel de la muerte volvió a plantarse delante
del científico y sus diez clones. Durante unos minutos se dedicó
a observar con detalle cada uno de ellos. Y tras concluir su mi-*

nucioso repaso, simplemente dijo: «Hay que reconocer que eres un genio, pues tus copias son perfectas. Sin embargo, tu obra tiene un minúsculo defecto...».

Al escuchar esto, el ego del científico pegó un salto y gritó: «¡Imposible! ¿Dónde está el defecto?». El ángel de la muerte le miró a los ojos, estiró el brazo en dirección a él y lo señaló con el dedo. E inmediatamente después, respondió: «Justamente aquí».[66]

37. El negocio de la desesperación

Los parches del siglo XX ya no sirven para tapar los vacíos del siglo XXI. Prueba de ello es el auge imparable de «la industria de la autoayuda». En este gran cajón de sastre se incluyen todo tipo de métodos, herramientas, enfoques, técnicas, disciplinas o conocimientos alternativos a la psicoterapia tradicional, entre los que también se encuentran el autoconocimiento y el desarrollo espiritual.

Pero ¿qué es la «autoayuda»? Se trata del conjunto de directrices existenciales que ciertos profesionales comparten —a través de libros, sesiones privadas, seminarios presenciales o cursos online— para que otras personas aprendan a ayudarse a sí mismas. Y dado que la sociedad está tan perdida y es tan grande su malestar, se trata de un nicho que está creciendo exponencialmente.

Dicho esto, es evidente que cuanto más se populariza algo, más tiende a desvirtuarse, banalizarse y prostituirse. Y eso es precisamente lo que está sucediendo. La democratización de la sabiduría es una bendición para la humanidad. Sin embargo, el hecho de que cada vez haya más personas que se dedican a intentar iluminar a la sociedad genera inevitablemente su propia sombra. Ya lo dice el refrán: «Hay de todo en la viña del señor». Y no podía ser menos en la industria de la autoayuda.

Está habiendo una epidemia de personas que —tras pasar por una crisis— se han reinventado y se han convertido en *coaches*. Y como consecuencia, se dedican profesionalmente a acompañar a otros en sus procesos de cambio. De hecho, no hay nada malo en ello. En el arte de aprender a vivir, cualquier inspiración es buena. Y nunca se sabe qué estímulo es el que nos va a provocar un *clic*. Eso sí, el hecho de que sea tan fácil y accesible entrar en este sector se considera como «intrusismo» por parte de los detractores de la autoayuda. Y razón no les falta.

A partir de ahí y como en cualquier mercado, todo queda en manos de «la ley de la oferta y la demanda». Podemos engañar una vez a nuestros clientes. Pero no más, pues habiendo alternativas se irán a la competencia. Cabe señalar que como en cualquier otro sector el fraude no es inherente a la autoayuda, sino a quienes cometen estafas en su nombre. Así, el ego aprovecha cualquier oportunidad para lucrarse y aprovecharse de los más débiles y vulnerables. De ahí que sea fundamental ser muy escépticos y elegir sabiamente dónde y con quién nos (trans)formamos, especialmente cuando estamos dando nuestros primeros pasos.

Y por supuesto, siempre nos queda la opción de ser radicalmente autodidactas. Podemos aprender a cocinar tomando clases particulares de la mano de un cocinero experimentado o podemos simplemente aprender cocinando por nuestra cuenta. Lo que se recomienda es aprender de alguien que nos enseñe unas bases sólidas que nos permitan —a su debido tiempo— seguir cocinando y aprendiendo solos. Con el autoconocimiento y el desarrollo espiritual pasa lo mismo. Si bien es importante tener referentes, tarde o temprano hemos de *matarlos*. Metafóricamente, por supuesto. Solo así podremos convertirnos en nuestros propios referentes. Este *asesinato* forma parte del camino que nos conduce hasta la verdadera sabiduría.

No hay mayor negocio que vender a gente desesperada
un producto que asegura eliminar la desesperación.

ALDOUS HUXLEY

38. El lado oscuro de los gurús

A pesar de sus buenas intenciones, muchos de los denominados
«expertos en autoayuda» no están lo suficientemente cualifica-
dos ni preparados para aportar el valor que ellos mismos pro-
meten. Y esto no tiene nada que ver con ostentar titulaciones o
certificaciones oficiales, sino con el verdadero trabajo interior
que han realizado (o no) consigo mismos. Esencialmente porque
a nivel emocional y espiritual solo podemos compartir con los
demás aquello que hemos resuelto y transformado en nosotros
mismos. El único *curriculum vitae* que cuenta son los resultados
que hemos cosechado en nuestra propia vida.

Independientemente del valor real que aporte cada uno de
ellos, el *establishment* intelectual los tacha a todos de «charlatanes
de pseudociencias» y «vendedores de humo». Y lo cierto es que
algunos de ellos lo son. Sea como fuere, en caso de que busquemos
acompañamiento a la hora de emprender nuestro propio viaje de
autoconocimiento y desarrollo espiritual es fundamental que lo
hagamos de la mano de un verdadero sabio. Y a poder ser, evitar
a los gurús, los cuales simplemente lo parecen.

El denominador común de los sabios es que han cuestionado las convenciones sociales de su tiempo, se atreven a honrar
su singularidad, son fieles a los dictados del ser esencial y no les
afecta lo que la gente piense de ellos. A su vez, todos ellos han
vivenciado una experiencia mística que han sabido integrar en
su modo de vivir. Se diferencian de los gurús por ser genuinamente humildes: saben que lo importante es el mensaje, no el
mensajero. No deslumbran con su luz, sino que ayudan a los
demás a ver la suya.

Otro indicador muy fiable para reconocer a los sabios es que son íntegros. Es decir, que son coherentes entre lo que piensan, dicen y hacen. Y son radicalmente fieles a lo que predican. Esto no quiere decir que sean perfectos, que no tengan ego o que ya no se perturben. Ni mucho menos. Lo que significa es que son honestos y auténticos. De ahí que incluyan en su discurso su lado oscuro, mostrando públicamente sus defectos, incongruencias, debilidades y mediocridades. A su vez, se aceptan a sí mismos tal como son. Y saben sentirse en paz incluso cuando están en guerra, preservando una sonrisa interior en momentos de tinieblas.

Otro rasgo infalible para detectar a los verdaderos sabios es que no crean relaciones de dependencia con sus seguidores. Nunca se convierten en un parche o en una muleta. De hecho, al no verse a sí mismos como maestros no tienen discípulos. No dan recetas ni consejos, pues saben que cada ser humano es único, singular y diferente. Y que no a todos les funciona lo mismo. De ahí que se centren en hacer preguntas, compartir reflexiones y facilitar la vivencia de experiencias que permitan a otros buscadores crecer en comprehensión y sabiduría. Más que seguidores, contribuyen a *crear* nuevos sabios.

ENSEÑAR PARA APRENDER

Los sabios se ponen en todo momento al mismo nivel de aquellos a quienes acompañan e inspiran; son empáticos, amables y pacientes con quienes los rodean. Y son muy conscientes de que las cosas que comparten son las que más les ha costado aprender. De hecho, saben que el simple acto de compartir lo que han aprendido es sanador, transformador y liberador para ellos. En última instancia, el que más aprende es el que supuestamente enseña. De ahí que compartir sea su terapia.

Tampoco adoptan una actitud buenista ni paternalista, pues entienden que nadie puede ayudar a nadie a realizar su propia transformación. Y que nadie puede recorrer el camino espiritual por otros. Pensar lo contrario es un acto de soberbia, condescendencia y superioridad. El cambio sucede siempre desde dentro. En este sentido, lo que cambia nuestra existencia no es el libro, el curso o el sabio de turno. Esto son simples herramientas. Recordemos que son neutras. Lo que de verdad nos transforma es lo que cada uno de nosotros hace con ellas.

Los gurús —por su parte— puede que también hayan tenido algún fogonazo de luz en sus vidas. Sin embargo, con el paso del tiempo se han vuelto a identificar plenamente con el ego. Y como consecuencia han creado el personaje de «maestro iluminado». Prueba de ello es que al presentarse públicamente solo ofrecen una de sus caras: la luminosa, dando una imagen distorsionada de quienes son en realidad. Y para disimular, en ocasiones fingen una falsa modestia. Es un deje inconsciente que tienen, el cual llevan a cabo porque se dan demasiada importancia a sí mismos. No en vano, les sigue importando lo que los demás piensen de ellos.

A los ojos de los demás los gurús parecen referentes inmaculados, sin taras y de porcelana, provocando la idealización de quienes los siguen y admiran. De este modo, los discípulos tienden a divinizarlos, eliminando en ellos cualquier atisbo de humanidad. Y el problema engorda cuando los gurús se lo creen, creyéndose que son esa versión endiosada de sí mismos. Es entonces cuando sus egos consiguen lo que quieren: sentirse importantes y poderosos. Y también imprescindibles para que otros puedan iniciar y completar sus procesos de transformación y despertar.

Los gurús están convencidos de que están ayudando a sus seguidores, posicionándose por encima de quienes reciben dicha ayuda. De este modo establecen relaciones de dependencia con sus discípulos. Suelen estar siempre rodeados por un séquito de fans incondicionales, muchos de los cuales son verdaderos fanáticos. Por otro lado, suelen dar consejos y recetas sobre la manera en la que otros deberían vivir su vida. Y tienden a seguir un único método —a poder ser creado por ellos—, menospreciando y desprestigiando las herramientas de la competencia. A su vez, se comparan con otros gurús, a quienes envidian y juzgan en secreto.

Al margen de estas diferencias, lo que sí tienen en común los sabios y los gurús es que ambos son meros espejos donde los demás se proyectan y se ven reflejados. Eso sí, los sabios han trascendido la necesidad emocional de «ser alguien» y la necesidad económica de «conseguir algo», vinculadas con la ambición y la codicia del ego. Esta es la razón por la que disfrutan de su función con entusiasmo, generosidad y una auténtica vocación de servicio. Y dado que hay tantas herramientas y profesionales en el mercado espiritual, es necesario que desarrollemos nuestro propio criterio. A la hora de escoger un referente es más importante la energía que nos transmite su presencia que los títulos que cuelgan de la pared de su despacho.

> No erijáis estatuas en mi nombre. Sed vuestra propia lámpara; sed vuestro propio hogar. No busquéis luz ni refugio fuera de vosotros mismos.
>
> SIDDHARTA GAUTAMA, «BUDA»

39. Yonquis de la autoayuda

El triunfo de la industria de la autoayuda tiene mucho que ver con la pérdida progresiva de credibilidad que están padeciendo las instituciones religiosas. De hecho, la autoayuda está en camino de convertirse en la religión del siglo XXI. Eso sí, ambas tienen en común que ofrecen a sus clientes parches y alivio en forma de recetas y píldoras, a diferencia del autoconocimiento y el desarrollo espiritual, los cuales son procesos dolorosos que producen una verdadera curación.

En este contexto, cada vez hay más yonquis de la autoayuda, quienes —fruto de la desesperación— anhelan dar con una fórmula mágica que erradique definitivamente su sufrimiento. Tanto es así que se los conoce como «cursillistas». Es decir, individuos que empalman un curso tras otro, del mismo modo que devoran decenas de libros de desarrollo personal sin apenas dedicar tiempo para digerir, procesar y —lo más importante— poner en práctica dicha información.

Irónicamente, el exceso de conocimiento puede llegar a ser un obstáculo en nuestro camino hacia la transformación. Más que eruditos, lo esencial es que nos volvamos sabios. Y la sabiduría es la capacidad de obtener resultados de satisfacción de forma voluntaria, lo cual es una cuestión de práctica y entrenamiento. Y es que sabe más acerca del perdón quien ha perdonado una vez a alguien que quien ha leído ensayos y hecho seminarios sobre «aprender a perdonar» y todavía no ha perdonado. El saber de verdad no reside en el conocimiento, sino en la experiencia.

Sea como fuere, la verdadera sombra de la industria de la autoayuda es mucho más invisible y dañina. Tiene que ver con quedarse en la superficie de las cosas. Y no profundizar lo suficiente como para llegar a una auténtica transformación. A menos que realicemos un honesto trabajo interior de autoconocimiento, difícilmente reconectaremos de forma consciente con el ser esencial. Y por tanto, seguiremos identificados con el *yo* ilusorio y viviendo la vida desde la consciencia egoica, pervirtiendo así la espiritualidad.

A este nuevo y sofisticado disfraz se le llama «ego espiritual». Después de habernos desconectado de nuestra verdadera esencia, de haberla negado y de haberla empezado a buscar, entramos en la cuarta etapa del desarrollo espiritual «la distorsión del ser». Y se manifiesta en todos aquellos buscadores que tras adquirir ciertos conocimientos y vivenciar ciertas experiencias nos creemos estar en posesión de la verdad absoluta. A partir de entonces, creamos inconscientemente una nueva moral espiritual, utilizando los conceptos espirituales que hemos aprendido para reafirmarnos y sentirnos superiores ante quienes consideramos que siguen «dormidos».

El ego espiritual tiene muchas caras. En algunas personas se manifiesta como «autoexigencia», la cual los lleva a obsesionarse por la perfección en este ámbito. De pronto se sienten mejores por no ver la televisión. Por haber leído *El poder del ahora*, de Eckhart Tolle. Por no seguir el fútbol. Y en definitiva, por haber renunciado y trascendido lo mundano... A su vez, empiezan a perturbarse porque no deberían perturbarse. Sin embargo, tienden a juzgar a los demás en función de su nivel de consciencia. Y a tratar de reformarlos para que vivan más despiertos.

LA ESPIRITUALIDAD COMO ADORNO DE LA PERSONALIDAD

En otras personas el ego espiritual potencia su «orgullo», haciéndoles creer que no tienen nada más que aprender. Y que ya han llegado a la cima de la iluminación. Al mirar a los demás desde arriba, sienten pena y lástima por los menos evolucionados. De ahí que no puedan evitar darles consejos. A otros les ensalza su «vanidad», fardando y presumiendo de lo evolucionados que están. Hacen que todo el mundo se entere de que han realizado según qué retiros con según qué gurús; a poder ser en algún *ashram* en la India. También cogen el megáfono para resaltar que son veganos, que meditan todos los días y que van en bicicleta a todas partes. De este modo, utilizan la espiritualidad para adornar su personalidad.

El ego espiritual también provoca que en algunos buscadores se exalte el «egocentrismo», perdiéndose dentro de sí mismos y volviéndose adictos a la búsqueda. Es entonces cuando rechazan a personas mundanas y superficiales por su falta de profundidad y consciencia. Y en caso de interactuar con ellas, enseguida les hablan sobre desarrollo espiritual aunque no estén interesadas. A otros les maximiza su «racionalismo», confundiendo la sabiduría con el consumo y la acumulación de conocimiento. A su vez, también creen equivocadamente que el desapego es lo mismo que la indiferencia, la cual emplean como escudo para evitar sentir sus emociones. De hecho, utilizan la meditación para aislarse del mundo.

En otros casos, el ego espiritual acentúa su «credulidad», creyéndose todo lo que otros gurús les dicen sin haberlo verificado empíricamente. Actuar así calma su ansiedad y les hace sentir seguros frente a los misterios de la vida. También hay quienes entran a formar parte de una secta, comunidad o grupo espiritual en busca de orientación y apoyo. Y en algunos casos extremos, hay quienes se vuelven dependientes de la tutela de su gurú, llegando incluso a delegar en él su toma de decisiones. En otras personas se magnifica su necesidad de «evasión», utilizando la espiritualidad como un parche con el que tapar su dolor y sufrimiento. En este sentido, también se vuelven adictos al pensamiento positivo, evitando así afrontar sus problemas existenciales.

El ego espiritual también lleva a otras personas a la «resignación», instalándose todavía más en su zona de comodidad. Niegan cualquier noción de responsabilidad porque están convencidos de que el universo les proveerá de todo aquello que necesiten sin tener que hacer nada al respecto. En última instancia, piensan que en cualquier momento les puede tocar la lotería sin tener que comprar un boleto... Estos son algunos de los disfraces con los que se viste el ego para sobrevivir y adaptarse. Y de este modo, logra que nos sigamos perturbando a nosotros mismos, solo que esta vez por cuestiones espirituales.

Si bien la autoayuda nos aporta muchas directrices y herramientas de utilidad, solamente tiene sentido como paso previo a realizar un profundo trabajo de autoconocimiento. Y es que no se trata de entender la teoría, sino de ponerla en práctica para reconectar con nuestra dimensión espiritual. Hemos de tener mucha humildad para entrar en esta industria llena de claroscuros, pero tarde o temprano hemos de tener mucha valentía para atrevernos a salir de ella, siguiendo nuestro camino libre e independientemente.

No pasa nada si crees que es más espiritual ser vegetariano, hacer yoga o dejar de ver la televisión. Pero sentirte superior o juzgar a alguien por no hacerlo es una trampa del ego.

Mooji

TERCERA PARTE

Una espiritualidad
sin religión

UNA RELIGIÓN SIN ESPIRITUALIDAD *Viejo paradigma*	EL DESPERTAR DE LA CONSCIENCIA *Cambio de paradigma*	UNA ESPIRITUALIDAD SIN RELIGIÓN Nuevo paradigma
Yo ilusorio (ego)		Verdadera esencia (ser)
Identificación con la mente (maya)		Consciencia-testigo (atman)
Sensación de separación y desconexión		Sensación de unidad y conexión
Condicionamiento religioso		Experiencias transformadoras
Teísmo (dios creó el universo)		Panteísmo (dios es el universo)
Dios está fuera (dios-creencia)		Dios está dentro (dios-experiencia)
Instituciones religiosas		Escuelas de desarrollo espiritual
Con intermediarios religiosos		Sin intermediarios
Jesucristo como «hijo de dios»		Jesús de Nazaret como «filósofo revolucionario»
Fieles dormidos y desempoderados		Viajeros despiertos y empoderados
Rituales y sacrificios		Autoconocimiento y desarrollo espiritual
Religión, ateísmo y nihilismo	*Crisis espiritual*	Espiritualidad laica
Creyentes, agnósticos y ateos		Buscadores espirituales
Teología		Misticismo
Rezo y oración		Meditación y contemplación
Idealización de santos y mártires		Aprendizaje de sabios y filósofos
Dogmatismo y fanatismo		Respeto y tolerancia
Psicología convencional		Psicología transpersonal
Universo caótico		Universo regido por leyes
Azar y casualidad		Sincronicidad y causalidad
Injusticia		Correspondencia
Sin sentido e intrascendencia		Sentido y trascendencia
Miedo de ir al infierno		Infierno como metáfora psicológica
Desconfianza en la vida		Confianza en la vida
Vacío y sufrimiento		Completitud y felicidad
Tensión y control		Fluidez y rendición

XI

Espiritualidad laica

Al final todo va a ir bien. Por tanto, si no está
yendo bien es que todavía no es el final.

Proverbio hindú

*Una mujer estaba cosiendo un bordado junto a su hijo pequeño,
el cual estaba jugando en el suelo a su lado. De pronto, el chaval
alzó la vista hacia su madre y la miró extrañado. Desde su perspectiva no parecía tener mucho sentido lo que estaba cosiendo.
Los hilos se entremezclaban unos con otros sin ningún tipo
de orden. Era el dibujo más caótico que había visto en su vida.
Y seguidamente le dijo: «Mamá, parece que te estás equivocando». Al escuchar a su hijo, la mujer lo miró con ternura y sonrió.
«Todavía no lo he terminado. Espérate y verás».*

*Al cabo de un rato, el chico volvió a mirar el bordado des-
de abajo y negó con la cabeza. «Mamá, me da la sensación de
que tu dibujo no pinta bien». Y la mujer, con cariño y paciencia,
le contestó: «Todavía no lo he terminado. Espérate y verás». In-
crédulo, el niño siguió jugando con sus cosas. Y mientras, su madre continuó cosiendo.*

Una hora más tarde, la mujer exclamó: «¡Ya lo he termina-do!». Al oírla, el chaval alzó la vista hacia su madre, vio el bordado desde abajo y se encogió de hombros extrañado. «Mamá, no sé por qué estás tan contenta. El dibujo te ha salido mal». La mujer volvió a sonreír y le dijo: «Ven, levántate y compruébalo por ti mismo». Y eso hizo el chico, quien se sentó sobre el regazo de su madre para poder ver el bordado desde su posición. Y atónito, vio que había dibujado los planetas del sistema solar empleando los colores del arco iris. El niño no se lo podía creer: aquel bordado había quedado perfecto.

Todavía estupefacto, el niño le preguntó: «¿Cómo puede ser, mamá? No lo entiendo. El dibujo que yo he visto antes no se parece en nada a este». La madre lo besó con mucho amor y le respondió: «Hijo mío, desde abajo el bordado siempre parece algo caótico y desordenado. Pero cuando lo miras desde arriba te das cuenta de que a la hora de coserlo se ha seguido un diseño y un plan perfectamente organizados».[67]

40. La filosofía perenne

A lo largo de la historia de la humanidad han surgido todo tipo de ideologías, las cuales han ido quedando desfasadas. Por más éxito y popularidad que hayan tenido en un momento dado, la inmensa mayoría ha contado con su propia fecha de caducidad. Sin embargo, hay una idea que no solo ha sobrevivido al paso del tiempo, sino que cada siglo que pasa tiene más fuerza, poder e influencia en nuestra sociedad: la «filosofía perenne».[68] Se trata de un conjunto de principios universales acerca de la naturaleza de la realidad y del propósito de nuestra existencia que comparten todos los místicos —y místicas— de diferentes pueblos, culturas y épocas.

La verdad eterna e inmutable que promueve la filosofía perenne se resume en el aforismo «conócete a ti mismo y conocerás el universo», el cual se inscribió hace más de dos mil quinientos años en el templo de Apolo, en Delfos, un lugar de culto de la antigua Grecia. Por aquel entonces, la humanidad vivió un periodo de increíble despertar espiritual. De forma sincrónica, surgieron algunos de los filósofos y sabios más influyentes hasta ahora, como Lao Tsé y Confucio en China; Mahavira y Siddharta Gautama, «Buda» en India, así como Pitágoras y Sócrates en Grecia. Y un poco más adelante, Lucio Anneo Séneca y Jesús de Nazaret en el Imperio romano.

Todos ellos tenían un mismo rasgo en común: se atrevieron a cuestionar las creencias religiosas tradicionales de su época, animando a sus seguidores a liberar sus mentes de la forma de pensar establecida. A su vez, sus diferentes enseñanzas apuntaban hacia una misma dirección: la trascendencia del ego y la reconexión con el ser esencial. De alguna manera, todos ellos aparecieron para responder a los grandes interrogantes de nuestra existencia, posibilitando que otros buscadores pudieran salir de su estado de adormecimiento para experimentar su dimensión espiritual de forma directa y sin intermediarios.

De hecho, todos estos referentes intentaron emancipar al individuo de las instituciones religiosas dominantes de su tiempo, denunciando que la unión con lo divino no pasa por los ritos de sacrificio liderados por los sacerdotes, sino por el encuentro íntimo con lo más profundo de nosotros mismos. Para todos ellos, la espiritualidad es radicalmente democrática. Está al alcance de cualquiera que mire hacia dentro y conozca su mundo interior. Evidentemente, todos ellos fueron ridiculizados, vilipendiados, perseguidos y condenados por el poder político y religioso establecido. Y algunos como Sócrates, Lucio Anneo Séneca y Jesús de Nazaret fueron asesinados.

ENSEÑANZAS TERGIVERSADAS

La sociedad en la que les tocó vivir no estaba preparada para recibir, aceptar y poner en práctica sus mensajes de desarrollo espiritual. Todos ellos eran místicos y librepensadores demasiado pioneros y disruptivos para su época. No en vano, fueron de los primeros seres humanos despiertos y conscientes que existieron. De ahí que inevitablemente sus enseñanzas espirituales fueran en general malentendidas y malinterpretadas por sus contemporáneos, así como por las generaciones que los sucedieron.

Con el paso de los años, algunos de sus seguidores fundaron instituciones religiosas en sus nombres, que poco o nada tenían que ver con el mensaje original que preconizaron. Si bien todos estos sabios indicaban el camino para salir de la locura colectiva, sus directrices fueron lenta y progresivamente distorsionadas y tergiversadas, convirtiéndose en parte de la neurosis de la humanidad.

La decadencia y el colapso de la civilización occidental ha propiciado que en las últimas décadas la filosofía perenne haya experimentado un resurgir espectacular. Cada vez están apareciendo más portadores de la antorcha que trata de iluminar la sombra de la humanidad. Algunos de los últimos más destacados son Sri Ramana Maharshi, Jiddu Krishnamurti, Anthony de Mello, Gerardo Schmedling o Eckhart Tolle. En algún momento u otro todos ellos también han sido duramente criticados por sus coetáneos, si bien cada vez hay menos resistencia y más aceptación por iniciar el viaje del autoconocimiento.

Gracias a la democratización de la sabiduría, el mensaje universal de estos místicos revolucionarios está llegando a cada vez más buscadores desencantados tanto con la religión como con el ateísmo y el nihilismo. Irónicamente, estas enseñanzas atemporales y ancestrales están poniéndose de moda a través de conceptos como «nueva era», «nueva consciencia» o «nuevo paradigma». Sea como fuere, se está empezando a separar —por fin— el grano de la paja. Es decir, la experiencia espiritual de las creencias religiosas.

Dios no tiene religión.

Mahatma Gandhi

41. Religión *versus* espiritualidad

Estamos viviendo un hecho histórico imparable e irreversible: cada vez la gente cree menos en las instituciones religiosas y —sin embargo— está cada vez más en contacto con su dimensión espiritual. De hecho, todo apunta a que a lo largo de las próximas décadas la «espiritualidad laica» —independiente de cualquier confesión religiosa— va a crecer de manera exponencial. Esencialmente porque es inherente a nuestra verdadera naturaleza.

Dado que en general suele creerse que la religión y la espiritualidad son lo mismo, es fundamental explicar la abismal diferencia que existe entre ambas. Tal como vimos anteriormente, «religión» viene del latín *religare*, que significa «volver a unir lo humano con lo divino». Evidentemente, hoy en día ese no es —ni mucho menos— el objetivo de las instituciones religiosas que —en mayor o menor medida— siguen pugnando por hacerse con el monopolio del mercado de las almas de este mundo.

Por su parte, «espiritualidad» también procede del latín y quiere decir «cualidad relativa al alma». Es la parte intangible, invisible e inmaterial de nuestra condición humana. La que dota de propósito, significado y trascendencia a nuestra existencia. Si de pronto muriéramos y los médicos nos abrieran en canal para hacernos la autopsia encontrarían sangre, huesos, carne y vísceras. Sin embargo, no verían ni rastro de lo que le ha dado sentido a nuestra vida: la felicidad, la paz, el amor... Todo ello es patrimonio del ser esencial, el cual es sinónimo de «espíritu», «alma», «consciencia» o «divinidad».

Así, la espiritualidad es la dimensión interior que nos conecta directamente con la vida, el universo, dios o como queramos llamarlo. Es el aliento que nos insufla y nos llena de vitalidad; *aquello* que nadie ni nada pueden darnos ni tampoco nos pueden quitar. Y actúa como un trampolín que nos lleva a ir más allá de nosotros mismos, desidentificándonos del ego —o *yo* ilusorio— que otrora pensábamos que definía nuestra identidad. Al fundirnos con ella, nos sentimos unidos y conectados a todo lo que nos rodea. Y nos inunda una sensación de dicha inconmensurable.

La religión se apoya en la teología: el estudio racional de dios. En cambio, la espiritualidad tiene que ver con el autoconocimiento y el misticismo, los cuales transforman nuestra forma de vernos a nosotros mismos y de relacionarnos con la vida. Y si bien la religión se articula a través de profetas, instituciones, rituales, liturgias y creencias religiosas, la espiritualidad es laica. Es decir, libre de cualquier corriente o corsé religiosos. Y es que la espiritualidad no es patrimonio del judaísmo, del cristianismo o del islam. Ni tampoco de filosofías orientales como el hinduismo, el budismo, el taoísmo ni de ningún otro «-ismo». La espiritualidad es nuestra naturaleza esencial.

La religión viene de fuera hacia dentro. Suele ser una imposición. Tanto es así, que solemos seguir aquella fe religiosa con la que hemos sido condicionados por nuestro entorno social y familiar desde pequeñitos. De alguna manera nos esclaviza a una forma de pensar que no es nuestra. Esta es la razón por la que la cosmovisión imperante en Occidente sea el cristianismo-catolicismo. En cambio, la espiritualidad viene de dentro hacia fuera. Es el resultado de cultivar nuestra vida interior y de reencontrarnos con nuestro ser esencial. No solo nos libera de nuestro encarcelamiento psicológico y religioso —la pecera conceptual—, sino que nos hace sentir seres absolutamente ilimitados.

Otra diferencia es que la religión es un conjunto de creencias, supersticiones, ritos, tradiciones, doctrinas, sacrificios, ofrendas, mandamientos y ceremonias basados en la experiencia de otros. Nos obliga a tener fe en algo que no sabemos a ciencia cierta si es verdad o mentira, viviendo en una duda eterna: ¿realmente existe dios? Por el contrario, la espiritualidad no tiene nada que ver con ninguna creencia. Es una cuestión totalmente empírica; podemos verificarla a través de nuestra propia experiencia personal. No es que creamos o dejemos de creer en dios. Sabemos que existe porque lo hemos experimentado en nuestro corazón.

LOS INTERMEDIARIOS NO SON NECESARIOS

Al haberse institucionalizado, la religión se da demasiada importancia a sí misma, instalándose entre dios y el resto de seres humanos. Hace de intermediaria entre nosotros y el dios-creencia. Fundamentalmente nos desempodera. No en vano, el poder lo tienen los intermediarios: los papas, los obispos, los cardenales, los rabinos, los sacerdotes, los imanes, los curas... Y como consecuencia de esta jerarquía, fomenta creyentes dormidos. En cambio, la espiritualidad nos empodera. Prueba de ello es que nos libera de cualquier intermediario que quiera interponerse entre nosotros y el dios-experiencia. Nos lleva a despertar y a vivir conscientemente. En eso consiste la verdadera redención y salvación.

La religión promueve la moral. Nos hace creer que existen un cielo y un infierno en el más allá. Nos llena de temor, vergüenza y culpa. En cambio, la espiritualidad nos inspira a vivir de forma ética, aprendiendo a dar lo mejor de nosotros mismos en cada momento y frente a cada persona. Y no por obtener una recompensa después de nuestra muerte, sino porque obrando de este modo nos sentimos bien con nosotros mismos. Actuando así es como comprehendemos que el «cielo» y el «infierno» son en realidad metáforas psicológicas relacionadas con la felicidad y el sufrimiento que experimentamos en el más acá.

Del mismo modo que todos los grandes imperios —como Egipto, Mesopotamia, Grecia o Roma— han acabado desapareciendo, las instituciones religiosas también desaparecerán. Es una simple cuestión de que la humanidad tome consciencia de que no necesita de la religión para llevar una vida espiritual. Y que entienda que instalarse en el ateísmo y en el nihilismo es irse al otro extremo. Sea como fuere, la espiritualidad laica siempre perdurará, pues representa la esencia misma de la filosofía perenne.

Y entonces ¿puede haber espiritualidad en la religión? Por supuesto. Millones de personas están conectadas con su dimensión espiritual, la cual practican a través de su religión. Pero para ello es condición *sine qua non* que haya misticismo más allá del ritualismo y la tradición. Tal es el caso de la «cábala», la interpretación mística del judaísmo; la «mística cristiana», liderada por el maestro Eckhart, quien fue excomulgado en el siglo XIV por la Iglesia católica; el «sufismo», la rama mística del islam; o el «zen», la escuela mística del budismo, que más que una religión es la institucionalización de una filosofía de vida. Así, para vivir una experiencia mística es requisito indispensable que reconectemos con nuestra dimensión espiritual.

Cuanto más en contacto estamos con nuestra espiritualidad en general, menos identificados estamos con nuestra confesión religiosa en particular. Y como consecuencia, nos volvemos más abiertos y tolerantes frente a cualquier otro tipo de cosmovisiones. De hecho, el fanatismo y el dogmatismo son un claro síntoma de que no hemos vivido ningún tipo de experiencia espiritual. De ahí que sintamos la necesidad de reafirmarnos, mostrándonos intolerantes ante otras formas de pensar diferentes a la nuestra.

Esta es la razón por la que cada religión considera que su camino es el único que conduce hasta la cima de la montaña. Sin embargo, cuando uno alcanza la cumbre toma consciencia de que hay diferentes senderos para llegar hasta ella. Y que todos son igualmente válidos. En eso precisamente consiste reconectar con la espiritualidad laica: redescubrir la religiosidad yendo más allá de cualquier religión.

La religión es para quienes tienen miedo de ir al infierno, mientras que la espiritualidad es para quienes ya hemos estado en el infierno.

Proverbio sioux

42. El juego de las *matrioshkas*

«Dios» es sin duda alguna la palabra más malentendida de todas las que existen en nuestro vocabulario. Solemos proyectar en ella todos nuestros delirios existenciales. Especialmente porque lo concebimos como «algo» ajeno a nosotros. Y esto se debe al «teísmo»: la creencia religiosa de un dios creador del universo. Esta separación entre «dios» y «universo» es el germen que crea la dualidad ilusoria en la que vivimos. Y la razón por la que nos solemos experimentar como sujetos desconectados y alejados de la realidad. De ahí que en general sintamos un profundo vacío existencial.

Sin embargo, cuando reconectamos con la espiritualidad laica acabamos llegando siempre al mismo *lugar*: el «panteísmo», que en griego significa «dios es todo y todo es dios». Por medio de la experiencia mística verificamos empíricamente que dios es el universo. De hecho, descubrimos que la palabra «dios» es también sinónimo de «vida», «existencia», «realidad» o «naturaleza».

Para vivenciar a dios tan solo hemos de mirar hacia dentro. Esencialmente porque nosotros también somos dios. Lo único que nos separa de experimentarlo son la mente, el ego y el *yo* ficticio con los que solemos estar identificados cuando vivimos en la ignorancia de no saber quiénes somos y en la inconsciencia de no querer saberlo. Aunque sea de forma fugaz y temporal, cuando reconectamos con la chispa de divinidad que anida en nuestro interior nos volvemos a sentir uno con dios, sintiendo una placentera sensación de unidad, conexión y plenitud.

Por expresarlo poéticamente, dios es el todo y la nada. Lo que se ve y lo que no se ve. La materia y la energía. La semilla y el fruto. La forma y el vacío. Lo de dentro y lo de fuera. Lo manifestado y lo inmanifestado... De ahí que también se utilicen palabras como «totalidad», «absoluto» o «fuente» para describir este *algo* indescriptible e incognoscible que está más allá del lenguaje y que —por tanto— no puede ser comprensible a través de la mente y el intelecto.

En este sentido, es imposible buscar a dios. Esencialmente

porque el buscador y lo buscado son lo mismo. En el instante en el que desaparece *aquel* que quiere conocer a dios se convierte en él. Irónicamente, conocer a dios es lo más natural que puede haber en esta vida. Lo sorprendente no es que podamos llegar a conocerlo, sino que no lo conozcamos todavía. Del mismo modo que le ocurre al pez en el océano, todos nosotros estamos rodeados de dios. Y la razón por la que no lo vemos es porque vivimos dentro de una pecera conceptual desde la que hemos desarrollado una idea muy equivocada acerca de él.

La no dualidad

De todas las explicaciones religiosas que se han dado para intentar dilucidar el misterio de nuestra existencia, la que mejor plantea la cosmovisión panteísta es el hinduismo, cuya vertiente mística es el «advaita».[69] En sánscrito esta palabra significa «no dualidad», en el sentido de que no estamos separados del universo, pues a nivel espiritual todos somos uno. De hecho, define a «dios» como «brahman»: la esencia cósmica neutra e impersonal de la que todo parte y que todo lo contiene, incluyéndonos a nosotros mismos.

A su vez, según esta tradición milenaria en cada uno de nosotros se encuentra el «atman», el ser esencial que está intrínseca e inherentemente unido a este gran espíritu universal. Así, la finalidad última de nuestra existencia es vivenciar la experiencia de que el atman y brahman son lo mismo. O dicho de otra manera: de que somos el universo en el que nos encontramos, la realidad que observamos, la vida que vivimos y la gente con la que nos relacionamos.

Verificar estas afirmaciones pasa por ser conscientes de la trampa conceptual que implica emplear la palabra *«yo»*. Es sin duda el origen del pecado original. Y la causa última de todos los conflictos, divisiones, enfrentamientos y sufrimientos que padece actualmente la humanidad. ¿Cómo sería el mundo si no nos tomáramos tan en serio los pronombres personales: «yo», «tú», «ella», «nosotros», «vosotras» y «ellos»? ¿Cómo nos relacionaríamos entre nosotros, con el resto de especies y con la naturaleza si dejáramos de creer en los pronombres posesivos como «mío», «tuya», «nuestro», «vuestra» o «suyo»?

Es evidente la función y la utilidad que tienen estas concepciones para poder estructurarnos y organizarnos como sociedad. Sin ellas nuestra existencia sería todavía más caótica. El reto consiste en seguir empleándolas a nivel superficial, pero sin que nos limiten tanto a nivel de fondo. Solo así podremos ir abriendo grietas en los muros de hormigón construidos por el ego. E ir lentamente liberando a la consciencia que habita en cada uno de nosotros. Más que nada porque en la medida en la que este proceso evolutivo vaya sucediendo podremos finalmente cocrear una experiencia de vida colectiva mucho más pacífica y armoniosa, menos basada en la división y más en la unidad...

Por más que las religiones intenten convencernos de ello, no existe un creador separado de la creación. En última instancia son exactamente lo mismo. Todas las formas físicas que existen en el universo son manifestaciones que proceden de una única sustancia indivisible: la vida misma. La unidad es el principio esencial que rige el orden cósmico del que todos formamos parte. Si lo percibimos como algo separado es únicamente por la dualidad inherente a nuestra mente, desde la que fragmentamos conceptualmente la realidad.

«*LILA*», EL JUEGO DE DIOS

Del mismo modo que los personajes creados por un escritor proceden de su imaginación, cada uno de nosotros somos una manifestación de dios; somos una de las infinitas formas físicas en las que su prolífica creatividad se expresa. Esto es a lo que se refiere el concepto hinduista «lila», cuya traducción sería «juego», «pasatiempo» o «diversión». En esencia, quiere decir que todo lo que acontece en el universo es la inmensa obra teatral de dios. Y que lo que llamamos «mundo» o «realidad» no es real, sino ilusorio: un producto de nuestra mente.

Pongamos como ejemplo un grupo de niños que están jugando a ser «policías» y «ladrones», viviendo todo tipo de «aventuras», incluyendo la de «herirse» con «armas». ¿Realmente eso es lo que está sucediendo? ¿Dónde ocurren verdaderamente dichas experiencias? ¿En la realidad o en la mente de los niños? Una vez terminan de jugar, resulta que no hay ni rastro de policías ni de ladrones. Ni tampoco nadie ha resultado herido... Algo similar sucede con nuestra experiencia de vida. Nos identificamos en exceso con el personaje que interpretamos, creyéndonos demasiado la historia que nosotros mismos nos estamos contando.

Comprehender que la vida es *lila* hace que nos relajemos y no nos la tomemos tan en serio. Y que podamos disfrutar del juego. No en vano, dios es una gran y única consciencia que se experimenta a sí misma en infinidad de formas. Viene a ser el productor, el director, el guionista, el actor principal, los actores secundarios y el decorado de la película que llamamos «vida». Y es tal su creatividad y su curiosidad que lo quiere ver todo. Absolutamente todo. Nacimiento y muerte. Comedia y tragedia. Héroes y villanos... Todo ello existe y a la vez es irreal.

Por medio de la ley de la causa y del efecto —más conocida como «causalidad»—, los personajes y la trama van desarrollándose tal y como tienen que desarrollarse en cada momento. Y lo único que puede suceder mientras todo este espectáculo cósmico se va desplegando es que despertemos del sueño en el que nos encontramos, dándonos cuenta de la verdadera realidad: que no somos el personaje que estamos interpretando. Y que detrás del papel que nos ha tocado —y del disfraz que llevamos puesto— todos somos parte de una misma esencia divina: dios.

Reconectar con nuestra divinidad pasa por desidentificarnos del ego, descubriendo así nuestra auténtica identidad: el ser esencial o atman. Solo entonces emerge la consciencia testigo desde la que se produce una observación neutra e impersonal de este despliegue existencial. Por medio de esta experiencia —en la que desaparece el experimentador— nos fusionamos nuevamente con brahman. Así es como verificamos empíricamente lo que significa formar parte de dios.

Al concebir de este modo nuestra existencia se reconcilian dos corrientes aparentemente antagónicas: el «nihilismo» y la «espiritualidad». Así, el «nihilismo espiritual» parte de la premisa de que nada tiene sentido y al mismo tiempo todo lo tiene. Depende del nivel de consciencia y del plano de interpretación desde el que percibamos la realidad. Es entonces cuando sonreímos con complicidad al universo, guiñándole un ojo a las circunstancias que acontecen en cada momento.

Dicho esto, ¿qué sabemos realmente acerca de dios y del universo? Al igual que las *matrioshkas* —una muñeca hueca que alberga una muñeca hueca que alberga otra muñeca hueca...— nuestra existencia es un «holón».[70] Es decir, un sistema o fenómeno que es un todo en sí mismo y que a la vez es parte de un sistema o fenómeno mayor. Así, los seres humanos no somos más que una minúscula célula del planeta Tierra, que a su vez es una célula del sistema solar. Y este es una célula de la Vía Láctea —la galaxia en la que nos ubicamos—, la cual también es una célula de otro organismo cósmico mayor. Y así sucesivamente hasta quién sabe dónde... ¿Acaso la totalidad de la que hablamos no es en sí misma una parte de una totalidad todavía mayor imposible de percibir desde nuestra limitada percepción como meras células menores?

> La distancia entre dios y tú es
> tan corta que no cabe un camino.
>
> WEI WU WEI

43. Bienvenido al club de los hierbas

Que estés leyendo este libro pone de manifiesto que eres un buscador con la mente suficientemente abierta como para cuestionar la cosmovisión con la que fuiste condicionado. Y esto en los tiempos que corren es para celebrarlo. No en vano, venimos de un viejo paradigma en el que el método científico ha puesto el foco solamente en el estudio y el conocimiento de objetos externos. Prueba de ello es que en Occidente ha triunfado lo académico, lo erudito, lo cínico y lo nihilista.

Como consecuencia de tanto mirar exclusivamente hacia fuera, nos hemos hiperdesarrollado externamente y subdesarrollado internamente. Si bien nos sentimos cómodos en el hacer y en el tener, no tenemos ni idea de cómo simplemente ser y estar. La incómoda verdad es que estamos siendo víctimas de una epidemia de neurosis, vacío existencial, estrés, ansiedad y depresión. Y como no podía ser de otra manera, cada vez más personas están en busca de relajación y paz interior.

Así, en la medida en que va despertándose nuestra consciencia, lenta y progresivamente nos estamos adentrando en un nuevo paradigma, abrazando una visión más oriental de la vida. En este caso, la investigación se centra en mirar hacia dentro, conociendo al sujeto que otrora estaba interesado en analizar y estudiar objetos. Al empezar a investigar al investigador, inevitablemente terminamos comprometiéndonos con nuestro propio autoconocimiento. Y a su debido tiempo, reconectando con la espiritualidad.

Estamos presenciando la orientalización de la sociedad occidental. Nos guste o no, la filosofía oriental —liderada por el budismo, el yoga, el taoísmo, el zen o el advaita— ha venido para quedarse. De hecho, no para de crecer y de expandirse por todas partes. Ya hay centros de meditación en todos los grandes núcleos urbanos. Y las enseñanzas de Siddhartha Gautama, «Buda», son conocidas y seguidas por cada vez más buscadores.

LA PSICOLOGÍA TRANSPERSONAL

En el campo de la psicología, está emergiendo con fuerza la «psicología transpersonal».[71] Es decir, la que va más allá de la «persona», que en griego quiere decir «máscara». Este nuevo enfoque psicoterapéutico hace de puente entre Occidente y Oriente, llevando a cabo una síntesis entre la ciencia y la espiritualidad. Su único objetivo es acompañar a individuos genuinamente motivados con desidentificarse del ego y reconectar con el ser esencial. Y su ámbito de acción es la consciencia y el despertar.

Una vez iniciamos nuestro viaje de autoconocimiento es importante que tengamos cuidado de no irnos al otro extremo: al ego espiritual. Más que nada porque entonces nuestro entorno social y familiar nos tachará de «hierbas». Y lo harán con toda la razón. El quid de la cuestión consiste en saber balancearnos en la zona gris para evitar caer en los extremos blanco y negro. Dicho esto, ¿qué significa ser un «hierbas»? Se trata de aquellos buscadores que al adentrarse en el camino espiritual se pasan de frenada. Sin venir a cuento, de pronto se ponen a hablar de viajes astrales, tarot, registros akáshicos, cuencos tibetanos o astrología delante de personas a quienes no les interesa ni tampoco les han preguntado. Su egocentrismo espiritual provoca que enseguida se conviertan en el centro de atención y mofa del resto de interlocutores.

Y dado que estamos inmersos en un choque de paradigmas sin precedentes en la historia de la humanidad, no le hacen ningún favor al despertar de la consciencia. Esencialmente porque los pseudoescépticos y cientificistas meten en el mismo saco todo aquello que desprende un aroma a incienso, incluyendo el autoconocimiento y el desarrollo espiritual. Y es que a menos que hayamos tenido conscientemente alguna experiencia mística es imposible comprehender las vivencias íntimas y subjetivas de otros.

VALLE *VERSUS* MONTAÑA

Pensémoslo detenidamente: ¿cómo vamos a poder comprehender lo que no hemos experimentado? A modo de analogía, podemos decir que la inmensa mayoría de seres humanos sigue viviendo en un valle oscuro y lleno de penumbra, llevando una existencia marcada por la lucha, el conflicto y el sufrimiento. Y todos ellos están acostumbrados a emplear la forma de pensar y de hablar del valle. No en vano, es la única realidad que conocen.

Ahora imaginemos que un buen día llega alguien procedente de la cima de la montaña —donde la gente del valle nunca ha estado— y comparte con ellos cómo es la luminosidad del sol allá arriba, así como los bellos colores que se ven a lo largo del día. También les cuenta acerca de las preciosas flores que crecen en las elevadas colinas. A su vez, les habla acerca de lo maravillosa que es la vida cuando se vive en dicha cumbre.

¿Acaso pensamos que la gente del valle entenderá algo? No. Ni una sola palabra. De hecho, malinterpretarán todo lo que se les diga, procesándolo desde su vieja cosmovisión. Y no solo eso. También se pondrán a la defensiva. En este sentido, hemos de entender que rechazar y condenar información nueva y desconocida es un mecanismo de defensa normal que se dispara automáticamente para no tener que cuestionar nuestro sistema de creencias. De ahí que sea fundamental que evitemos compartir este tipo de mensajes con personas que todavía no han tocado fondo y que —por tanto— no están interesadas en el viaje espiritual.

Por todo ello, abracemos nuestra espiritualidad. ¡Claro que sí! Abrámonos a descubrir una nueva manera de concebir el universo y de estar en la vida. ¡Por supuesto! Eso sí, hagámoslo sin que nadie lo sepa. Seamos felices, pero sin que se nos note demasiado. Disimulemos. Y procuremos no ponernos demasiado hierbas delante de personas que no sabemos a ciencia cierta si están en el ajo. Es decir, que se han abierto a vivir el misterio y la magia de la existencia con curiosidad y asombro.

Si bien volverse un poco hierbas forma parte del proceso de transformación, no olvidemos nunca la persona que éramos antes de despertar. Solo así podremos relacionarnos empática y asertivamente con quienes todavía siguen dormidos. Y es que la espiritualidad no se predica, sino que se practica. Nadie tiene por qué enterarse. Cualquier forma de exhibicionismo espiritual no tiene nada que ver con el ser esencial, sino que es un nuevo disfraz del ego. Los verdaderos sabios pasan desapercibidos.

Podemos dar agua, pero no sed.

Gerardo Schmedling

XII

Todo es perfecto

Lo que sucede conviene.

Proverbio budista

Un grupo de cinco niños se encontró una cesta con 26 avella-
nas. Enseguida estuvieron de acuerdo en repartírselas de forma
equitativa e igualitaria. Sin embargo, las cuentas no les cuadra-
ban. No había forma de que todos se quedaran con la misma
cantidad. De ahí que acudieran al sabio del pueblo para hacer
un reparto justo.

El anciano accedió con mucho gusto. «¿Cómo preferís que lo
haga: según la justicia de dios o según la justicia de los huma-
nos?», les preguntó. Y los niños contestaron al unísono: «Según
la justicia de dios». A continuación, el sabio le dio catorce avella-
nas a uno de los niños, seis a otro, cinco al tercero, una al cuarto
y ninguna al quinto.

Estupefactos, los niños empezaron a quejarse. «Esto es injus-
to. ¿Cómo es posible que a uno le hayas dado más de la mitad y
a otro ninguna? Te hemos dicho que lo hagas según la justicia de

dios». El sabio los miró con ternura y les respondió: «Si me hubierais pedido que lo hiciera según la justicia de los humanos os habría dado a cada uno en proporciones iguales. Pero me habéis pedido que lo haga según la justicia de dios. Y eso es precisamente lo que he hecho».[72]

44. El universo está regido por leyes

Detrás de cualquier fenómeno que existe en la realidad hay una ley o principio que lo rige. Si echamos un vistazo al sistema solar, comprobamos que cada planeta gira alrededor del Sol a una velocidad distinta, pero siempre la misma. Esta es la razón por la que la Tierra tarda exactamente 365 días en completar una vuelta. En cambio, a Marte le lleva un año y 322 días hacer el mismo recorrido. Y a Urano, 84 años y 4 días. Todos ellos se mueven con la precisión de un reloj suizo.

Lo mismo sucede con la naturaleza. Cada organismo cumple una determinada función. Forman parte de ciclos naturales que están orquestados por leyes universales. Por ejemplo, el agua empieza a hervir cuando alcanza los 100 grados. Y comienza a congelarse cuando baja de los cero grados. Por otro lado, si nos fijamos en el reino animal, comprobamos que cada mamífero tiene un proceso de gestación diferente, el cual sigue un orden matemático. Así, el embarazo de una zarigüeya dura unos 12 días. El de una mujer, unos 270 días. Y el de una elefanta, ¡unos 660 días!

De hecho, nuestro propio cuerpo humano está regido por leyes. El sistema nervioso. El aparato digestivo. El proceso respiratorio... Sea lo que sea lo que observemos está sujeto a algún principio, norma o código que lo gobierna. El tráfico tiene sus propias normas. El fútbol también. Cada país cuenta con su propia Constitución. Incluso en nuestras relaciones humanas —ya sea a nivel personal o profesional— imperan ciertos códigos de conducta, muchos de ellos no escritos...

Por más hierbas que pueda parecernos al principio, el «universo» está regido por leyes inmutables. No es casualidad que esta palabra provenga del griego «kósmos», que significa «orden». No en vano, todo lo que existe funciona perfectamente. Pero entonces ¿cómo puede ser que exista la pobreza, el hambre o la guerra? ¿Cómo puede ser perfecto el hecho de que vivamos en un mundo donde cada día ocurren cientos de miles de barbaridades? Insultos. Agresiones. Engaños. Robos. Asesinatos...

Al estar tan identificada con el ego, la humanidad se ha convertido en el cáncer del planeta. Estamos asfaltando la tierra. Contaminando el aire. Envenenando los océanos. Talando los bosques. Masacrando al resto de especies. Y en definitiva, destruyendo la naturaleza... ¿Cómo es posible que ocurran todas estas cosas? Pues porque existe «la ley de la evolución»,[73] la cual nos permite violar ciertas leyes para que seamos conscientes de su existencia a través de los resultados tan insatisfactorios que generamos al desobedecerlas.

No en vano, la vida es una escuela de aprendizaje cuya finalidad es evolucionar. Y la única manera de lograrlo es cometiendo errores y aprendiendo de ellos. Tarde o temprano llega un momento en el que nuestra desobediencia existencial nos conduce irremediablemente a una saturación. E incluso al colapso. Solo entonces nos comprometemos con iniciar un verdadero proceso de cambio y transformación, creciendo en comprehensión para saber cómo fluir armoniosamente con este orden universal.

LOS EFECTOS DE DESOBEDECER UNA LEY

El hecho de que ignoremos dichas normas no nos exime de cosechar ciertos resultados cuando las desobedecemos. Pongamos como ejemplo nuestro cuerpo humano. ¿Qué pasa cuando tomamos el sol sin protección solar durante horas? Que nos quemamos la piel y nos puede dar una insolación. ¿Qué sucede cuando nos pegamos un atracón de bollería industrial, chucherías y bebidas azucaradas? Que nos duele la barriga y tenemos diarrea. ¿Qué ocurre cuando nos pasamos todo el día viendo la televisión, trabajando con el ordenador o mirando el móvil? Que nos duele la cabeza y nos sentimos fatigados, embotados y sin energía.

Pasa lo mismo con las leyes de tráfico. ¿Qué ocurre cuando nos las saltamos? Pues que nos caen unos cuantos bocinazos y broncas por parte de otros conductores. Y en caso de que un guardia urbano nos pille in fraganti recibimos una multa. De hecho, podemos acabar en la cárcel. También podemos tener un accidente que nos lleve al hospital o incluso al cementerio. No importa lo que opinemos acerca de dichas leyes. Al violar-las es una simple cuestión de tiempo que terminemos obtenien-do un determinado resultado. Ya le podemos decir al agente de turno que nos parece «injusto» que nos sancione por haber aparcado el coche en un vado. Por más excusas y justificaciones que le demos, nos dirá que hemos desobedecido el reglamento general de circulación y nos impondrá la sanción correspon-diente.

Una de las más famosas leyes universales es la «ley de la gravedad», la cual no tiene nada que ver con Isaac Newton; existía antes de que este físico la descubriera. Lo mismo sucede con el resto de principios que rigen el universo. Están ahí, ope-rando a la espera de que los vayamos descubriendo a través de los resultados que vamos cosechando en las diferentes áreas y dimensiones de nuestra existencia.

No importa si creemos o no en este orden perfecto. Lo im-portante es que lo verifiquemos a través de nuestra experiencia personal. En este sentido, todos seguimos una misma secuen-cia de aprendizaje, la cual está regida por cuatro fases. La prime-ra se denomina «inconsciencia de la ley». Puede ser que no ten-gamos ni idea de que existe porque nadie nunca nos ha hablado de ella. De ahí que la ignoremos por completo. O que a pesar de conocerla decidamos obviarla, mirando hacia otro lado y pasan-do de ella.

Ya sea por un motivo u otro, la segunda fase tiene que ver con la «transgresión de la ley». Ocurre en el instante en el que el ego nos lleva a desobedecerla. Es lo que coloquialmente se llama «cometer un error», algo necesario e inevitable a lo largo de nuestro proceso evolutivo. Eso sí, como consecuencia cosechamos un resultado en forma de bloqueo, limitación, conflicto, violencia, perturbación, sufrimiento, dolor, insatisfacción o enfermedad.

OBEDECER LAS LEYES

En la medida en la que llegamos a una saturación de malestar provocado por el incumplimiento de dicha ley, empezamos a darnos cuenta de su existencia. Solo entonces pasamos a la tercera fase: la «consciencia de la ley». De pronto nos damos cuenta del principio universal que rige el funcionamiento de un área en concreto. Esto es lo que nos aporta el desarrollo espiritual: crecer en sabiduría con respecto a estos principios universales. Es entonces cuando comprehendemos que todo es perfecto tal y como es porque está en su proceso hacia la perfección. La única *imperfección* reside en nuestra equivocada manera de mirar e interpretar lo que está sucediendo.

Finalmente entramos en la cuarta y última fase: la «obediencia de la ley». Dado que no queremos ni necesitamos sufrir más en relación con dicha norma existencial, empezamos a obedecerla de forma consciente y voluntaria. Al respetarla, logramos cosechar resultados mucho más satisfactorios en ese ámbito. De este modo no solo culminamos un proceso de aprendizaje, sino que además cambiamos por completo nuestra experiencia de vida. Y es que al actuar así vamos debilitando el ego, pues no hay nada que lo lime más que obedecer las leyes que rigen el universo.

Una analogía que se suele emplear para comprender nuestro proceso evolutivo es la de un niño pequeño que nunca ha visto fuego. Al no saber lo que es, ignora qué pasa cuando lo tocas. Solamente en el instante en el que le arden los dedos descubre que el fuego quema. Gracias a esta experiencia nunca más vuelve a pasar su mano por encima de una hoguera. Esa es la función del dolor: advertirnos de que hemos violado algún límite. En este caso en relación con la sensibilidad de la piel.

Exactamente lo mismo sucede con el sufrimiento. Su función es transmitirnos que nos estamos equivocando en nuestra manera de ver, interpretar y relacionarnos con la realidad. Así, cada vez que nos sintamos desdichados es un claro indicador de que hemos desobedecido alguna ley universal. O de que no estamos aceptando ni fluyendo con este orden perfecto. Y no es que dicha norma nos esté penando. ¿Cómo podría sancionarnos una ley? Somos nosotros mismos quienes nos estamos castigando al ir contra ella.

De igual modo, si decidimos obedecerla tampoco nos da ningún premio. ¿De qué manera una ley podría recompensarnos? No tiene esa clase de poder. Somos nosotros quienes nos beneficiamos cuando fluimos con ella. Si bien la desobediencia de estos principios universales nos instala en el infierno-sufrimiento, la obediencia nos conduce al cielo-felicidad. ¿Cuántos chupitos de cianuro más necesitamos tomarnos para darnos cuenta?

Del mismo modo que empezamos a respetar las leyes de tráfico cuando nos hartamos de pagar multas, cuando llegamos a una saturación de sufrimiento comenzamos a obedecer las leyes que rigen el universo.

GERARDO SCHMEDLING

45. La injusticia no existe

El desconocimiento de las leyes universales ha provocado que en general compartamos una creencia muy arraigada en nuestra sociedad: que «el mundo es un lugar injusto». De hecho, empleamos la palabra «injusticia» para señalar todo aquello que —desde nuestro punto de vista egocéntrico y subjetivo— consideramos que no debería suceder. Pero más allá de lo que pensemos, la injusticia no existe. Ni tampoco la justicia. Ni la humana ni la divina. Tanto la una como la otra son conceptos inventados que nada tienen que ver con el funcionamiento real del universo.

Lo que sí existe es «la ley de la correspondencia»,[74] según la cual somos correspondientes con aquellas situaciones y personas que necesitamos para desarrollarnos espiritualmente. En cada momento la vida nos proporciona la experiencia más útil para la evolución de nuestra consciencia. Aunque el ego no lo entienda —ni lo quiera entender— todo pasa por algo y para algo. Todo lo que sucede forma parte de un propósito pedagógico perfecto y necesario para quien lo vive. Esto es lo que significa la expresión «dios no juega a los dados».[75]

Según esta ley, la vida no suele darnos lo que el ego quiere, sino lo que el ser esencial necesita para manifestarse. De ahí que la mayoría de nuestros deseos y expectativas egoicos jamás se cumplan. Sin embargo, la vida todo el rato nos da lo que necesitamos para aprender y evolucionar. El problema es que el ego siempre quiere lo que no tiene y jamás valora y aprovecha lo que sí está a su alcance. Por más que nos victimicemos, quejemos y suframos, es imposible que consigamos aquello que no es necesario que obtengamos. Del mismo modo, tampoco es posible que perdamos aquello que es necesario que conservemos. Todo depende de si somos correspondientes con conservarlo o perderlo para seguir evolucionando.

Y entonces ¿cómo podemos saber si somos correspondientes con materializar alguno de nuestros deseos? Es decir, ¿cómo podemos saber si algo de lo que queremos es necesario para nuestra evolución espiritual? En general, si somos correspondientes con ello suele fluir. Si no, enseguida aparecen todo tipo de obstáculos, bloqueos e impedimentos. Es evidente que la constancia puede ayudarnos a conseguir ciertos logros y metas, pero es importante no pasarnos de tercos. Llegado el momento, es de sabios saber renunciar a aquello que verificamos una y otra vez que no nos corresponde.

DESTINO Y MISIÓN

Nuestro mayor desafío espiritual consiste en aprovechar lo que nos sucede como una oportunidad para cuestionar y confrontar la ignorancia del ego. Más que nada porque este *yo* ilusorio no se puede satisfacer. Nunca está satisfecho con lo que tiene en el presente. Y jamás lo estará con lo que logre en el futuro. Irónicamente, al quejarse por lo que no tiene deja de valorar lo que sí está a su disposición. Y termina quedándose sin lo uno y sin lo otro. Es entonces cuando proclamamos a los cuatro vientos que la vida es injusta.

Pero no es verdad: por más dura y horrible que pueda parecernos una determinada circunstancia en un momento dado, cada ser humano es correspondiente con lo que está viviendo. A nadie le sucede nada que no le corresponda para aprender. Cualquier situación adversa que afrontamos contiene siempre una valiosa lección oculta. Desarrollarnos espiritualmente pasa por detectarla y aprovecharla para nuestra transformación interior. No en vano, todo lo que nos sucede en la vida es justamente lo que necesitamos para despertar y reconectar con la chispa de divinidad con la que nacimos.

En la medida en que aprovechamos nuestro «karma» (destino) se nos revela nuestro «dharma» (propósito). Si aprovechamos los infortunios y dificultades para crecer espiritualmente, tarde o temprano descubrimos cuál es nuestra auténtica razón de ser. Es entonces cuando nuestra existencia adquiere un sentido más profundo y un significado más trascendente. Un claro indicador de que hemos despertado es que al echar un vistazo hacia el pasado sentimos agradecimiento por las lecciones que nos han revelado nuestros momentos más oscuros. Y como consecuencia, miramos hacia el futuro con confianza, sabiendo que lo que venga a partir de ahora —sea lo que sea— será lo que vamos a seguir necesitando para seguir evolucionando.

Para generar una nueva correspondencia de vida es fundamental cuestionar nuestras creencias, iluminar nuestras sombras y sanar nuestros traumas. Esto es de lo que trata «la teoría de la sincronicidad»,[76] según la cual no existen las coincidencias, sino tan solo la ilusión de que existen las coincidencias. Lo que llamamos «casualidad» es en realidad «causalidad». Es decir, el resultado de una serie interminable de causas y efectos que generan nuevas causas y efectos que a su vez crean más causas y efectos... Y así *ad infinitum*. Recordemos que en todo momento estamos cocreando nuestra realidad con nuestras creencias y nuestros pensamientos. Lo que vemos fuera es una manifestación de lo que llevamos dentro. Si queremos que cambien los frutos primero hemos de cambiar las semillas que sembramos en nuestra mente.

INDIFERENCIA, INDIGNACIÓN Y NEUTRALIDAD

El proceso evolutivo en el que estamos todos inmersos lo podemos comparar con las diferentes etapas del sistema educativo actual: infantil, primaria, secundaria, bachillerato y universidad. Estamos en un curso u otro en función de nuestro estadio evolutivo y de nuestro nivel de consciencia. En cada momento somos correspondientes con las circunstancias pedagógicas exactas que requerimos de acuerdo con nuestras necesidades específicas de aprendizaje. Y como estudiantes, tenemos que resolver de forma individual diferentes problemas existenciales para superar nuestras evaluaciones correspondientes.

Dado que en las escuelas industriales todavía no se enseña autoconocimiento ni desarrollo espiritual, la inmensa mayoría no hemos aprendido a lidiar con sabiduría con lo que nos sucede en la vida. De ahí que no sepamos aprovechar las desgracias y las tragedias para crecer y evolucionar. Por el contrario, solemos sucumbir frente a ellas victimizándonos, sufriendo, deprimiéndonos, medicándonos o incluso suicidándonos.

Frente a este macrocontexto pedagógico, existen tres formas muy diferentes de interactuar con este orden perfecto que rige el universo. En primer lugar los hay que se refugian en la «indiferencia». Son todas aquellas personas que se muestran frías e insensibles frente al drama y el sufrimiento que viven determinados estudiantes en la escuela de la vida. Simplemente no les importa. Suelen ser cínicos y nihilistas. Y al pasar por delante de uno de estos alumnos en apuros se dedican a mirar hacia otro lado y seguir como si nada con lo suyo.

En segundo lugar los hay que caen presos de la «indignación». Se trata de aquellos que empatizan y se preocupan en exceso por aquellos estudiantes que lo están pasando mal. En este caso, les importa demasiado. De hecho, les parece injusto el examen que la vida les ha puesto a algunos de ellos. Tanto, que se convierten en buenistas y sobreprotectores. De ahí que intervengan en los procesos de aprendizaje de los demás, evitando que los alumnos en cuestión superen por sí mismos sus pruebas correspondientes. A pesar de sus buenas intenciones, actuando de este modo no les están haciendo ningún favor, pues están impidiendo su crecimiento y evolución espiritual.

Por último, los hay que obran desde la «neutralidad». Este grupo está compuesto por seres humanos conscientes y despiertos que fruto de sus propias vivencias han comprendido cómo funciona el universo. Esta es la razón por la que respetan los procesos pedagógicos de los demás. Al ver sufrir a otros estudiantes ni se muestran indiferentes ni se indignan. Se mantienen en una posición neutral. Comprehenden que cada alumno es correspondiente con la prueba que tiene ante sí. Eso no quita que en caso de que se lo pidan comparta con ellos ciertos conocimientos que les sirvan para resolver sus respectivos problemas. En vez de dar pescado, enseñan a pescar.

A las personas que actúan desde la neutralidad se les confunde equivocadamente con quienes se rigen desde la indiferencia. Sin embargo, las motivaciones de unos y otros son muy distintas. Si bien los primeros son conscientes de las leyes que rigen el universo, los segundos las ignoran por completo. Y mientras, los que viven desde la indignación quieren cambiar el colegio porque los procesos de aprendizaje les parecen «injustos».

Por más que el ego se resista a comprehenderlo, la pobreza, el hambre, la corrupción, la violencia, la guerra, la destrucción y el resto de circunstancias que asolan a la humanidad son los efectos de violar ciertas leyes que rigen el universo. A su vez, ahora mismo somos correspondientes con la crisis sistémica global que estamos experimentando a raíz de la pandemia del coronavirus. Y todo apunta a que el sistema va a colapsar, lo cual también es un hecho perfecto, neutro y necesario para nuestro proceso de despertar. Tiempo al tiempo. Paciencia revolucionaria.

> La casualidad es el disfraz que utiliza
> dios para conservar el anonimato.
>
> TOM WOLFE

46. La aceptología

Asumir que el universo está regido por leyes supone un punto de inflexión en nuestra manera de mirar y de relacionarnos con la realidad. Es completamente normal mostrarnos escépticos al principio. Más que nada porque choca contra todo lo que nos han venido contando. La única forma de verificar su veracidad es por medio de nuestra propia experiencia. Lo importante es comprobar que —efectivamente— nos aporta resultados más satisfactorios. A esto se refiere el proverbio «todo árbol se conoce por sus frutos».[77]

El reto que nos propone el desarrollo espiritual es estar muy atentos mientras vivimos, de manera que podamos fluir con este orden perfecto. Esta es la propuesta pedagógica de «la aceptología»,[78] la ciencia que nos libera del sufrimiento. Se trata de una filosofía desarrollada por el sabio Gerardo Schmedling, cuya principal invitación es que dejemos de luchar, entrar en conflicto e intentar cambiar la realidad. A su vez, nos inspira a entrenar lo que más le cuesta al ego: la aceptación. Así es como dejamos de alimentar a este *yo* ficticio hasta que *muere* de inanición.

Y entonces ¿qué quiere decir «aceptar»? Para empezar, no tiene nada que ver con ser indiferente o pasota. Ni tampoco con estar de acuerdo o resignarse. Por el contrario, la aceptación implica mucha comprehensión acerca de por qué y para qué pasan las cosas que suceden en nuestro día a día. Significa estar en paz con lo que está ocurriendo en cada momento, dejando que la realidad sea tal y como es, sin poner ningún tipo de resistencia. Y en definitiva, consiste en alinearse con la voluntad de la vida, obedeciendo y respetando las leyes que rigen el universo. No en vano, «aquello que no somos capaces de aceptar es la única causa de nuestro sufrimiento».[79]

De alguna manera, la aceptología nos motiva a afrontar lo que nos depara el destino como cuando vamos al dentista. Si bien puede causarnos cierto dolor físico, en ningún momento sufrimos emocionalmente por ello. No nos peleamos con el odontólogo. Simplemente aceptamos lo que nos hace en los dientes porque entendemos que es necesario para nuestra higiene bucal. De hecho, al terminar la visita le damos las gracias por el valor que ha aportado a nuestra salud. Vivir conscientemente consiste en adoptar la misma actitud con el resto de circunstancias de nuestra existencia. Más que nada porque todas ellas también son necesarias para nuestro proceso de despertar, sanación y evolución espiritual. Todas ellas son valiosas porque siempre nos aportan algún beneficio en forma de aprendizaje.

Cuando luchamos y entramos en conflicto contra una situación la estamos desperdiciando. En cambio, cuando la aceptamos la aprovechamos para crecer espiritualmente, que es de lo que trata la vida. Es absurdo intentar acomodar el orden del universo a nuestras creencias y conceptos mentales. La sabiduría consiste en hacer lo contrario. El quid de la cuestión es que no somos capaces de aceptar aquello que todavía no hemos comprehendido, un *insight* que tan solo integramos al vivir la experiencia correspondiente. Esta es la razón por la que atraemos a las personas y las situaciones que necesitamos para adquirir la sabiduría que nos falta en nuestro proceso evolutivo.

De hecho, cualquier circunstancia complicada que se repite una y otra vez pone de manifiesto que seguimos necesitándola para nuestra transformación interior. En el momento en el que la aceptamos —dejando de sufrir por ella— desaparece instantáneamente. Como sucede con cualquier otra experiencia pedagógica, toda adversidad termina en el preciso instante en el que comprehendemos lo que ha venido a enseñarnos. Así, la comprehensión y la aceptación van siempre de la mano. No puede haber la una sin la otra. Y la suma de ambas es lo que pone fin a nuestra perturbación.

Cada vez que cosechamos algún resultado insatisfactorio —miedo, ira, tristeza, angustia, ansiedad, rencor, culpa...— es que no estamos aceptando la realidad. Al querer que sea diferente a como es, sufrimos. Y dicha perturbación es una señal de que nos estamos equivocando en nuestra manera de posicionarnos y de interpretar lo que está sucediendo. Y por tanto, una invitación para cuestionar nuestras creencias y nuestra forma de pensar. No en vano, la única razón por la que no logramos aceptar un hecho determinado es porque desconocemos la ley que lo rige.

INDICADORES DE SABIDURÍA

Por más que el ego nos tenga acostumbrados, el dolor, el sufrimiento, el malestar, la perturbación y la enfermedad no son nuestra verdadera naturaleza. Nadie en su sano juicio quiere experimentar voluntariamente este tipo de sensaciones tan molestas y desagradables. Si las padecemos es porque seguimos tiranizados por nuestra ignorancia e inconsciencia. En la medida en que vamos entrenando el músculo de la aceptación, poco a poco vamos recuperando el contacto con el ser esencial, el cual consta de tres rasgos inherentes. Estos a su vez también son considerados como «indicadores de sabiduría». Es decir, pruebas irrefutables de que estamos despiertos y evolucionados espiritualmente.

El primero es la «felicidad», que viene a ser la ausencia completa de sufrimiento. No tiene ninguna causa externa; deviene como consecuencia de reconectar con nuestra dimensión espiritual. Al dejar de perturbarnos a nosotros mismos, de pronto empezamos a sentir que todo está bien y que no nos falta de nada. Así es como comprehendemos que nadie tiene el poder de hacernos sufrir sin nuestro consentimiento. Recordemos que la realidad no es ningún puñal. El único cuchillo está en nuestra mente: es nuestra manera de mirarla. Si la interpretamos desde el ego, sufrimos. Si lo hacemos desde el ser, nos sentimos felices. Así de simple y así de complicado.

La segunda cualidad de nuestra naturaleza esencial es la «paz», que se caracteriza por la ausencia absoluta de reactividad. No importa lo que ocurra fuera, por dentro mantenemos la calma y la serenidad. Ya no reaccionamos impulsiva y mecánicamente, sino que adoptamos la actitud y la conducta más conveniente en cada momento. Así es como dejamos de tomarnos lo que sucede como algo personal. Solo entonces comprehendemos que no hay nada que nos perjudique ni nos beneficie. Esencialmente porque lo que nos perjudica o beneficia es lo que nosotros hacemos con ello.

El tercer aspecto de nuestra esencia divina es el «amor», el cual se reconoce por la ausencia total de lucha. Soltamos el hacha de guerra, dejando de discutir y de pelear con lo que sucede. No le oponemos ningún tipo de resistencia. Más bien nos rendimos frente a lo que ocurre, sea lo que sea. Aunque en ocasiones duela, recibimos todo aquello que nos depara la vida con los brazos abiertos. Actuando así es cuando genuinamente podemos dar lo mejor de nosotros mismos, mostrándonos amables con todo aquel con el que interactuamos.

No en vano, la forma en la que tratamos a los demás es un reflejo de cómo nos tratamos a nosotros mismos. Y dado que esencialmente todos somos uno, lo que le hacemos al prójimo nos lo hacemos a nosotros primero. De ahí que con el tiempo descubramos que el Amor es la única verdad con mayúsculas que hay en el universo. Amar es lo que nos sana y nos transforma. Y si bien es fácil de decir —y más todavía de ridiculizar—, solemos necesitar toda una vida para comprehenderlo y manifestarlo.

De hecho, cuanto más felices somos, más en paz nos sentimos y más amor manifestamos, menos correspondientes nos volvemos con personas complicadas y situaciones adversas. Principalmente porque ya no tenemos nada más que aprender de ellas. Al reconectar con nuestra naturaleza esencial empezamos a fluir con el orden perfecto del universo. Así es como generamos una nueva correspondencia de vida, acorde con la nueva frecuencia energética con la que vibramos. No en vano, atraemos aquello que somos y que sentimos.

Sofía y la aceptología

Pongamos como ejemplo a Sofía. Se trata de una mujer que no se quiere ni sabe ser feliz por sí misma. Y que es totalmente inconsciente de su falta de autoestima. Esta es la razón por la que equivocadamente se considera una «media naranja», incompleta y desgajada. Y por la que busca desesperadamente a su otra mitad en el mercado del amor. Pongamos que se enamora y se casa con Paco, al que considera «el amor de su vida». Juntos forman una familia y parecen ser felices. Sin embargo, en lo profundo Sofía sigue sintiendo el mismo vacío —la misma infelicidad—, solo que ahora es compartida con Paco, a quien le pasa lo mismo. Es entonces cuando llegan las discusiones, las peleas y los gritos.

Años más tarde, Paco decide poner fin a la relación y deja a Sofía, quien se queda devastada. Su sufrimiento es tan intenso que casi no puede soportarlo. Tras pasar varios meses instalada en el llanto y el victimismo, Sofía se harta de sufrir. Es entonces cuando decide salir del agujero en el que está metida, comprometiéndose a poner en práctica la aceptología. El primer paso consiste en observar aquello ante lo que está sufriendo. En este caso, Sofía sufre porque Paco le ha dejado. O al menos eso es lo que ella cree.

En segundo lugar, Sofía se pregunta a sí misma: «¿Qué es lo que no estoy aceptando?». La respuesta a esta pregunta le muestra la verdadera causa de su sufrimiento: la no aceptación de lo que está sucediendo. En realidad, María no sufre porque Paco le ha dejado, sino porque es incapaz de aceptar el hecho de que está sola. El tercer paso consiste en adquirir sabiduría para comprehender por qué y para qué ha sucedido dicha separación. Es aquí donde entran en escena el autoconocimiento y el desarrollo espiritual.

A raíz de una profunda introspección, Sofía hace consciente su falta de autoestima, desde la cual construyó una relación de pareja basada en el apego y la dependencia emocional. Ahora comprende que su sufrimiento no se debe a haber perdido a Paco, sino a haberse perdido a sí misma en su relación con él. De pronto descubre que al no amarse a sí misma, atrajo a su vida a un hombre incapaz de amar. De ahí que durante todos esos años el amor brillara por su ausencia. A su vez, se da cuenta de lo importante que es aprender a ser feliz por sí misma, algo que solo se consigue cultivando el amor propio en soledad.

Como consecuencia de estos aprendizajes, con el tiempo Sofía no solo acepta su nueva situación —la soledad y la soltería—, sino que se siente en paz con lo ocurrido. De hecho, siente agradecimiento por el proceso que ha vivido, pues a pesar del dolor y del sufrimiento —o más bien gracias a ellos— ha crecido y madurado como ser humano. Ahora mismo se siente una naranja completa, mucho más libre e independiente emocionalmente. Y si bien está dispuesta y preparada para volverse a emparejar, ya no espera que nadie la haga feliz. Más que nada porque sabe que eso no es posible. Ya no necesita que la quieran, sino que tiene ganas de amar. Fruto de su evolución espiritual, Sofía ha cocreado una nueva correspondencia vital. Ella todavía no lo sabe, pero a la vuelta de la esquina de su vida la espera Javier, otra naranja completa con la que disfrutará del amor en libertad.

> Cuando te aceptas a ti mismo tal como eres sin intentar cambiarte es cuando de verdad comienzas a transformarte.
>
> Jiddu Krishnamurti

XIII

Vivir despierto

Vivir despierto implica cooperar
incondicionalmente con lo inevitable.

Anthony de Mello

En una aldea vivía un granjero muy sabio con su hijo, un joven que se encargaba de alimentar a los animales. Una mañana el chico se dirigió hacia el establo para dar de comer al único caballo que tenían. Al entrar descubrió que se había escapado. La noticia corrió por todo el pueblo. Tanto es así, que los habitantes enseguida acudieron a ver al granjero. Y con el rostro triste, le dijeron: «¡Qué mala suerte habéis tenido! Para un caballo que poseíais y se os ha marchado». Y el hombre, sin perder la compostura, respondió: «Mala suerte, buena suerte, ¿quién sabe?».

Unos días después y nada más salir de casa, el hijo del granjero se quedó sorprendido al ver dos caballos pastando enfrente de la puerta del establo. El animal había regresado en compañía de otro, de aspecto salvaje. Cuando los vecinos se enteraron de lo que había sucedido volvieron a la casa del granjero. Sonrientes, le comentaron: «¡Qué buena suerte habéis tenido! No solo habéis recuperado a vuestro caballo, sino que ahora poseéis uno nuevo». Y el hombre, sereno, les contestó: «Buena suerte, mala suerte, ¿quién sabe?».

Una semana más tarde, padre e hijo salieron a cabalgar juntos. De pronto, el caballo salvaje empezó a dar saltos, provocando que el chaval se cayera al suelo. Y lo hizo de tal manera que se rompió las dos piernas. Al enterarse del incidente, la gente del pueblo fue corriendo a visitar al granjero. Y una vez en su casa le dijeron: «¡Qué mala suerte habéis tenido! El nuevo caballo está maldito. ¡Pobrecillo tu hijo, que no va a poder caminar durante unos cuantos meses!». Y el hombre, impasible, volvió a responderles: «Mala suerte, buena suerte, ¿quién sabe?».

Un mes después el país entró en guerra. Y todos los jóvenes de la aldea fueron obligados a alistarse. Todos a excepción del hijo del granjero, que al haberse roto las dos piernas debía permanecer reposando en cama. Por este motivo, los habitantes del pueblo acudieron en masa a casa del granjero. Y una vez más, le dijeron: «¡Qué buena suerte habéis tenido! Si no se os hubiera escapado vuestro caballo, no hubierais encontrado al otro salvaje. Y si no fuera por este, tu hijo ahora no estaría herido. Al haberse roto las dos piernas, tu muchacho se ha librado de ir a la guerra». Y una vez más, el hombre les contestó con ecuanimidad: «Buena suerte, mala suerte, ¿quién sabe?».[80]

47. Ama tu soledad

La reconexión con nuestra dimensión espiritual nos lleva a «vivir despiertos». Sin embargo, en general tergiversamos mucho el significado real de esta expresión. Tanto es así que la concepción que solemos tener es binaria y errónea. Creemos que o estamos despiertos o estamos dormidos. Es decir, que solamente hay dos estados de consciencia posibles: la vigilia o el sueño.

Sin embargo, en el estado normal de vigilia continuamos soñando. Parece que estamos despiertos, pero en realidad seguimos dormidos.

Recordemos que al estar identificados con el ego estamos convencidos de que lo que pensamos acerca de la realidad es la realidad en sí misma. Bajo el embrujo de este *yo* ilusorio malvivimos en un encarcelamiento psicológico invisible. No en vano, nuestra consciencia está secuestrada por la mente y los pensamientos. Y en eso precisamente consiste «vivir dormidos». En creer que nuestras interpretaciones subjetivas y distorsionadas son verdad y que —por tanto— lo que creemos y pensamos es real. A su vez, quiere decir ignorar nuestra ignorancia, ser inconscientes de nuestra inconsciencia y mantener a oscuras nuestra sombra.

Por el contrario, vivir despiertos consiste en comprender que las creencias y los pensamientos actúan como una neblina de ofuscación que nos separa y aleja de la verdadera realidad: lo que esencial y neutramente sucede en cada instante —aquí y ahora—, también conocido como «lo que es». Así, lo genuinamente real es aquello que está más allá del lenguaje, los conceptos y las etiquetas con las que solemos distorsionarlo. También implica ser conscientes de que no somos la mente ni ninguna de las historias ficticias que nos explica a lo largo del día.

De hecho, vivir despiertos nos permite saber quiénes somos verdaderamente: el ser esencial (o consciencia-testigo) desde la que se produce una observación neutra e impersonal de la realidad que acontece en cada momento. Es entonces cuando nos sentimos parte de la vida, desapareciendo por completo la sensación de separación y soledad. Y como consecuencia dejamos de identificarnos con lo que no somos: la mente, el ego o *yo* ilusorio, los cuales también se desvanecen, aunque sea de forma temporal.

Vivir despiertos de manera permanente es una quimera, algo al alcance de muy pocos. Por más trabajados que estemos interiormente, tarde o temprano nos volvemos a dormir y a identificar con el ego. De ahí que el juego espiritual consista en volver a darnos cuenta, despertar y desidentificarnos nuevamente. Que esto ocurra no depende de nosotros. Es algo que simplemente sucede. Y ser testigos de ello es algo maravilloso.

El estigma de la soledad

Todas las personas despiertas comparten una serie de características esenciales. La primera es que están en paz con la «soledad». Curiosamente, se trata de una palabra muy estigmatizada y mal vista por la sociedad. De hecho, «estar solo» tiene una connotación muy negativa. Y «ser solitario» se utiliza de manera peyorativa. Y no es para menos. El inconsciente colectivo asocia la soledad con el aislamiento, el rechazo, el abandono, la separación, el desamparo, la incomunicación o incluso el destierro. Y lo vincula con emociones como la melancolía, la tristeza, la nostalgia, la añoranza, la angustia o la depresión. No en vano, solemos creer que la felicidad procede de las relaciones.

Pero ¿por qué no nos gusta la soledad? ¿Qué nos pasa cuando estamos solos? Debido a nuestra falta de autoconocimiento, en general no tenemos ni idea de lo que es vivir conectados con el ser esencial. De ahí que en lo profundo sintamos una incómoda sensación de vacío existencial —coloquialmente conocida como «aburrimiento»—, la cual se intensifica cuando nos quedamos a solas, en silencio y sin distracciones de ningún tipo.

Esta es la razón por la que han triunfado tanto las redes sociales y en especial la aplicación de WhatsApp. Más allá de que nos permite comunicarnos rápida y fácilmente con cualquier ser humano del mundo que disponga de móvil y conexión a internet, su verdadera función es mitigar la sensación de soledad. Es una cuestión casi aritmética: cuanto más solos nos sentimos, más conversaciones iniciamos con nuestros contactos. Cuando empezamos a ponerle consciencia, nos sorprendemos por la cantidad de horas que nos pasamos inconscientemente buscando en el móvil un remedio para aplacar nuestra soledad.

A su vez, cuando nos permitimos estar solos de verdad, en ocasiones también nos invade una dolorosa sensación de abandono. Es un claro síntoma de nuestra falta de amor propio. Al no haber cultivado una relación íntima con nosotros mismos, frente a la soledad suele emerger desde nuestras entrañas una mezcla de tristeza y angustia muy desgarradoras. Y esto no tiene nada que ver con el hecho de que alguno de nuestros padres o parejas nos hayan abandonado. La incómoda verdad es que somos nosotros quienes desde pequeñitos nos abandonamos a nosotros mismos. Desde entonces ¿cuánto tiempo y espacio nos hemos dedicado para conocer y cuidar nuestro mundo interior?

Así, la verdadera razón por la que aparentemente somos seres tan sociables no es nuestro amor por la sociedad, sino nuestro profundo miedo a la soledad. En demasiadas ocasiones preferimos estar mal acompañados que solos, compartiendo encuentros banales e intrascendentes —llenos de ruido, evasión y narcotización— con personas que tampoco saben ni quieren estar solas. No hay peor soledad que la de sentirnos solos estando rodeados de gente. Por otro lado, podemos llegar a convertirnos en «mendigos emocionales». Es decir, en yonquis dependientes de afecto ajeno. Irónicamente, muchos de nuestros conflictos con el prójimo devienen porque estamos sobrerrelacionados, viviendo en un régimen social marcado por la hiperconvivencia.

Cabe señalar que una cosa es estar solos y otra —muy distinta—, sentirnos solos. Y es que la soledad no se cura con las relaciones humanas, sino con el contacto con el ser esencial. Esa es la compañía que en realidad necesitamos y que estamos buscando, solo que en el lugar equivocado: fuera de nosotros mismos. Y como cualquier otro aprendizaje, es una simple cuestión de práctica y entrenamiento. Cuanto más tiempo pasamos solos de forma voluntaria, más gusto le vamos cogiendo y más tiempo necesitamos y queremos estar solos.

Aprender a ser feliz estando solo se asemeja mucho a superar un proceso de desintoxicación. Más que nada porque nos hemos vuelto adictos a todo tipo de parches para evitar sentir vacío, angustia y tristeza. De ahí que sea imprescindible detectar aquellas cosas que hacemos —o consumimos— para tapar estas emociones. Es fundamental permitirnos sentir y acoger el dolor reprimido que anida en nuestras profundidades. En eso consiste «el síndrome de abstinencia». No hemos de temer al aburrimiento. Más bien hemos de buscarlo y abrazarlo.

No hay nada más terapéutico que estar solos, en silencio y haciendo nada. Solo así podemos dar espacio y lugar a estas emociones no atendidas, las cuales empiezan a brotar con fuerza desde dentro. Lo único que necesitan es ser aceptadas y sentidas. Al hacerlo, es muy habitual comenzar a llorar sin aparente motivo. Y en ocasiones, de forma vehemente y desconsolada. Es como si de pronto hubiéramos desatascado una cañería emocional que llevaba tiempo obstruida. Si eso sucede, simplemente sostengámonos a nosotros mismos. Acompañémonos mientras lloramos, entendiendo que este «llanto consciente» tiene la función de extraer el dolor de nuestro organismo. Esta es la razón por la que después de una buena llorera nos quedamos completamente vacíos. Eso sí, con una sensación de conexión y plenitud muy agradable.

Otra cosa que inevitablemente acaba sucediendo cuando cultivamos la soledad es que nos vamos conociendo mucho mejor a nosotros mismos. Cada vez estamos más en contacto con lo que nos gusta y nos interesa de verdad. Por eso tarde o temprano descubrimos un *hobbie* que solo depende de nosotros llevar a cabo. De hecho, otro síntoma que pone de manifiesto que vivimos despiertos es que hemos encontrado una afición que podemos practicar en solitario y que nos llena de energía y vitalidad. Y en muchos casos tiene que ver con la creatividad.

En el momento en el que la soledad deja de ser un problema

en nuestra vida, nuestra relación con los demás mejora espectacularmente. De forma natural, empezamos a establecer vínculos mucho más auténticos y profundos basados en la no-necesidad. A su vez, comenzamos a practicar el minimalismo en todas sus vertientes y formas. Puede que igual tengamos menos relaciones, pero todas ellas son de mucha más calidad. Y al compartir nuestra genuina felicidad con otras personas —de forma libre y voluntaria—, nuestra sensación de bienestar se multiplica de manera exponencial.

En definitiva, amar la soledad pasa por relacionarnos con ella como si fuera una persona. ¿Cómo tratamos a Sole? ¿Nos cae bien? ¿Disfrutamos de su compañía? Gracias al desarrollo espiritual, llega un día en el que no solo se convierte en nuestra mejor amiga, sino también en nuestro refugio y en nuestro paraíso. Y solo entonces descubrimos que nosotros somos la soledad. Paradójicamente nunca más volvemos a sentirnos solos. ¿Cómo podríamos, si formamos parte de una inconmensurable unidad?

Jamás hallé compañera más sociable que la soledad.

HENRY DAVID THOREAU

48. Sal del armario espiritual

Seamos conscientes o no, estamos todos inmersos en un viaje espiritual cuya finalidad es aprender y evolucionar para vivenciar la sensación de unidad en nuestro corazón. Recordemos que este proceso existencial pasa por cinco etapas. Primero nos desconectamos del ser esencial enterrándolo bajo capas y capas de condicionamiento. Luego lo negamos mirando hacia fuera todo el rato. Más tarde —fruto de una saturación de sufrimiento— lo empezamos a buscar. En un momento dado lo distorsionamos por medio del ego espiritual. Y finalmente —como consecuencia de nuestro autoconocimiento y desarrollo espiritual— llegamos a la quinta y última etapa del desarrollo espiritual: «la manifestación del ser».

En este sentido, nuestro proceso evolutivo se asemeja al que realiza cualquier semilla en la naturaleza. Al aprovechar las condiciones meteorológicas que le toca vivir, acaba irremediablemente floreciendo. Así, cualquier flor, planta, arbusto o árbol está permanentemente buscando y orientándose hacia la luz del sol. Y en caso de conseguir la suficiente, termina ofreciendo —a modo de regalo u ofrenda— su fruto a la vida.

Lo mismo sucede con los seres humanos. Como parte del mundo natural, también somos semillas. En nuestro interior albergamos un fruto absolutamente original: nuestra «singularidad». Y es que no hay nadie igual que nosotros en todo el universo. Del mismo modo que nacemos con una huella dactilar y un color de ojos diferentes, también contamos con un potencial y un propósito únicos. Otra cosa es que estos lleguen a desplegarse.

No en vano, formamos parte de una sociedad estandarizada en la que la gran mayoría seguimos encerrados en el «armario espiritual», llevando una vida de segunda mano, artificial y prefabricada. Debido al encarcelamiento egoico, el ser esencial está sepultado por nuestra personalidad. Es decir, por un disfraz existencial que nada tiene que ver con nuestra auténtica identidad. El condicionamiento y la manipulación social son tan fuertes que en general hemos sucumbido, convirtiéndonos en un sucedáneo de quienes verdaderamente somos. Y es tal nuestra represión, que solemos estar muertos de miedo a mostrarnos tal y como somos.

Sigue tu dicha

Al igual que hacen el resto de plantitas, el desarrollo espiritual nos permite aprovechar las condiciones meteorológicas con las que somos correspondientes para nutrirnos de toda la luz que nos sea posible. Así es como de forma orgánica vamos floreciendo como seres humanos libres y empoderados. Es una simple cuestión de honrar el ser que somos. Y en la medida en que nos liberamos de nuestras cadenas y grilletes mentales, nos vamos dando permiso para seguir nuestra dicha, sea a donde sea que nos conduzca.

El reto consiste en estar muy atentos a las sensaciones internas que nos envía nuestro cuerpo. No es una cuestión de escuchar a nuestra cabeza, sino de seguir a nuestro corazón. Y este no nos habla con palabras, sino con intuiciones. Al principio se manifiestan en forma de resonancia, interés y curiosidad. Y en el caso de atrevernos a caminar en la dirección que nos señalan se convierten en pasión y entusiasmo. Así, la dicha no es más que la maravillosa sensación de sentir cómo la vida crea a través de nosotros. Y deviene cuando perdemos por completo la noción del tiempo haciendo algo que amamos hacer.

Otra característica que comparten todas las personas despiertas es que son genuinamente vulnerables, honestas y auténticas. En vez de ser fotocopias, se atreven a manifestar su versión original. Eso sí, esta autenticidad esencial no tiene nada que ver con el exhibicionismo forzado que suele manifestar el ego para llamar la atención y diferenciarse. Llevar una vida espiritual no tiene nada que ver con irnos a un *ashram* en la India, ponernos túnica, cambiarnos el nombre o encender incienso... Por el contrario, se trata lisa y llanamente de atreverse a ser uno mismo. Sin adornos ni florituras. Lo que hay es lo que mostramos. Ni más ni menos.

Vivir despiertos nos posibilita conocer, aceptar y amar al ser humano que vemos cada mañana en el espejo cuando nos levantamos. Y comprender que *ese* que vemos no somos nosotros. Más que nada porque no somos el cuerpo, sino el espíritu que contiene dentro y la consciencia que lo observa. Esta toma de consciencia nos permite dejar de tomarnos tan en serio, empezando a reírnos de nosotros mismos con cariño y complicidad. Y causalmente la vida comienza a sonreírnos.

Desde esta nueva concepción de nosotros mismos, automáticamente dejamos de fingir y de pretender ser alguien que no somos para contentar a nuestro entorno social y familiar. Esencialmente porque sabemos que los demás no nos ven como somos, sino como son ellos. A su vez, comprehendemos que seamos quienes seamos —y hagamos lo que hagamos—, siempre habrá gente que nos juzgará. De ahí que sintamos que no tenemos nada que perder por ser fieles a nosotros mismos.

ROMPIENDO MOLDES

Por otro lado, también dejamos de compararnos, envidiar y criticar a otras personas. ¿Cómo podríamos, si cada uno de nosotros no es más que una manifestación física de una misma esencia divina? Por el contrario, valoramos y aplaudimos la diversidad y la diferencia. ¡Qué maravilla encontrarse con —y conocer a— otros seres humanos libres y auténticos! Más que nada porque no es nada habitual. Hoy en día estamos tiranizados por el deseo de igualdad. Sin embargo, el precio que pagamos es la uniformidad. Si cada uno de nosotros es único y especial, ¿por qué solemos llevar todos un mismo estilo de vida?

Al dejar de estar tan obsesionados y pendientes de nosotros, cuando interactuamos con otras personas enseguida empatizamos y nos adaptamos a las necesidades emocionales de quien tenemos delante. Especialmente de quienes siguen encerradas en su propio armario espiritual. De este modo, nos adaptamos al nivel de consciencia de nuestro interlocutor, compartiendo aquella parte de nuestra auténtica humanidad que le haga sentir bien consigo mismo. Esta es la razón por la que las personas despiertas jamás entran en conflicto con quienes están dormidas.

De este modo, de forma natural vamos rompiendo todo tipo de moldes convencionales. Sin quererlo ni pretenderlo nos convertimos en alteradores del *statu quo*. Esencialmente porque no podemos evitar vivir la vida tal y como sentimos que el ser esencial que somos necesita vivirla. Así es como dejamos de someternos a los cánones establecidos de nuestro tiempo. De manera natural, la espiritualidad nos vuelve personas pioneras, innovadoras y disruptivas.

Prueba de ello es que con el paso de los años nuestro florecimiento espiritual se traduce en la cocreación de nuevas formas de vincularnos con todo lo que existe en la realidad. Al cuestionárnoslo todo, lenta pero progresivamente vamos descubriendo nuestra singular manera de relacionarnos con la alimentación, la salud, el ocio, la familia, la pareja, el sexo, la amistad, el trabajo, el dinero, el sistema, la naturaleza, la vida, el universo...

De hecho, llega un momento en nuestro viaje espiritual en que es del todo imposible no ser nosotros mismos en cada momento. Principalmente porque nos damos cuenta de que no es una elección que podamos hacer. ¿Acaso una rosa escoge ser una rosa? Al liberarnos del ego y desidentificarnos del *yo* ficticio, la semilla que somos empieza a florecer sin obstrucciones ni limitaciones, dando como fruto una manera de pensar, de ser y de actuar única, original y singular: la nuestra. Además, el hecho de que salgamos de nuestro armario espiritual es muy beneficioso para la humanidad. Sobre todo porque de forma tácita estamos dando permiso a los demás para hacer lo mismo.

> Le dije al almendro que me hablara
> de dios y comenzó a florecer.
>
> Proverbio chino

49. Nada es tan importante

Cuando estamos identificados con el ego solemos darle demasiada importancia a lo de fuera. Esencialmente porque nos sentimos insatisfechos por dentro. El *yo* ilusorio nos hace creer que dejaremos de sufrir cuando consigamos lo que deseamos. Paradójicamente, el deseo y el apego son la raíz desde donde se originan el miedo, la ansiedad y el sufrimiento. Y todo porque estamos convencidos de que necesitamos *eso* que deseamos para ser felices.

La ironía es que cuanto mayor es nuestro deseo-apego, más alejamos la felicidad de nosotros. No en vano, el deseo enseguida se transforma en una expectativa. Y dado que esta suele no cumplirse termina convirtiéndose en frustración. De ahí que cuanto más deseamos, más infelices nos volvemos. A su vez, cuanto más nos apegamos a lo que tenemos, más miedo tenemos de perderlo. Esta es la razón por la que el apego es fuente de tensión, angustia y preocupación. Y no solo eso. El deseo-apego también nos instala en la queja permanente, pues efectivamente la vida no suele darnos lo que queremos.

Vivir despiertos pasa por darnos cuenta de que el deseo de querer ser felices causa desdicha. Y que somos prisioneros de cualquier persona, cosa o situación de la que dependamos para sentirnos bien con nosotros mismos. No en vano, el deseo-apego es incolmable por definición. De ahí que nos encierre en la cárcel de la insatisfacción crónica. La verdadera libertad y satisfacción devienen cuando lo trascendemos.

Por medio del desarrollo espiritual, el afán de conseguir y de acumular se van desvaneciendo de forma natural. Y descubrimos que soltar y desprendernos nos proporciona una satisfacción mucho más profunda que aferrarnos. Si bien podemos disfrutar de todo aquello que está a nuestro alcance, lo cierto es que no poseemos nada. Ni tampoco podemos poseer a nadie. La propiedad privada es otra entelequia, una ficción creada por nuestra mente egoica. Esta es la razón por la que cuando vivimos despiertos no renunciamos a nada. ¿Cómo podríamos si no hay nada que podamos poseer? La auténtica renuncia consiste en comprehender que nada nos pertenece. Ni podrá pertenecernos nunca. Así, a lo único que realmente renunciamos es a la ilusión de que podemos poseer algo.

Además, todo lo que existe y acontece en la realidad se rige por la impermanencia. Todo está en continuo cambio y transformación. De ahí la inutilidad del apego. Cuando vivimos despiertos disfrutamos de todo lo que podemos mientras dura, sin miedo de perderlo y sin preocuparnos por lo que pueda pasar en el futuro. Sabemos que todo lo que viene se va. Y que cualquier emoción o estado de ánimo que venga a visitarnos lo hace de forma pasajera. A eso se refiere el dicho «esto también pasará». A su vez, tampoco nos enganchamos por aquello que ya sucedió. Ni guardamos rencor por ningún hecho de nuestro pasado. Tras aprovecharlo para nuestro desarrollo espiritual, simplemente lo dejamos ir.

LA SABIDURÍA DEL DESAPEGO

Cuando vivimos en contacto con nuestra naturaleza esencial, sentimos una agradable sensación de felicidad que emerge desde lo más profundo de nuestro interior. Justo cuando eso sucede, la consciencia-testigo vuelve a estar presente, cambiando por completo la relación que establecemos con lo que nos rodea. Y como consecuencia, de pronto nos damos cuenta de que nada de lo que ocurre es tan importante. Recordemos que el mundo que percibimos a través de nuestros sentidos es *maya*: una ilusión cognitiva. De ahí la importancia de saber relativizar y neutralizar las cosas que nos pasan para que el ego no se venga ni muy arriba ni se hunda muy abajo.

Así, otra de las características esenciales más distintivas de las personas despiertas es el desapego. Es decir, la certeza de que nuestra felicidad y nuestro bienestar no tienen ninguna causa externa. No dependen de nada ni de nadie. Esencialmente porque forman parte de nuestra verdadera naturaleza. Son cualidades inherentes al ser esencial. A pesar de nuestras constantes perturbaciones, no hay nada que suceda en esta vida por lo que merezca la pena sufrir. Sobre todo porque el sufrimiento no sirve para nada. No nos devuelve lo que hemos perdido. Tan solo engorda nuestro egocentrismo y victimismo.

Eso sí, es fundamental no confundir desapego con cinismo o indiferencia. Desapegarnos de algo —o de alguien— no quiere decir que no nos importe. O que nos dé absolutamente igual. Por el contrario, significa dejar de intentar poseerlo, soltando la creencia de que puede hacernos felices. De este modo, evitamos que ninguna cosa o persona nos posea. Así es como cada vez nos sentimos más libres. Y liberados.

En la medida en la que el desapego rige nuestra forma de percibir y de relacionarnos con el mundo, empiezan a aflorar otras cualidades del ser esencial. Entre estas, destacan la ecuanimidad (entender que la realidad es neutra), la serenidad (aceptar las cosas tal como son) y la paciencia, que es el arte de fluir con el ritmo natural al que se mueve la realidad, momento presente a momento presente.

«Be water, my friend»

El conocido lema *Be water, my friend*[81] —que en inglés significa «sé agua, amigo mío»— es una invitación para fluir y adaptarnos en cada instante a lo que sucede, sin poner ningún tipo de resistencia ni esperar que sea diferente a como es. Esta recomendación procede del taoísmo, que sostiene que todos los fenómenos que se manifiestan en la realidad suceden por «*wu wei*», que en chino quiere decir «no acción».

Según esta filosofía oriental existe una fuerza natural que mueve y guía al universo, provocando que las cosas que tienen que suceder sucedan sin esfuerzo. Los planetas se mueven por *wu wei*. Las plantas crecen por *wu wei*. Los acontecimientos ocurren por *wu wei*... Cada proceso que forma parte de la vida tiene su cadencia, su función y su tempo. De nada sirve querer forzarlo ni acelerarlo.

El reto que nos propone el desarrollo espiritual consiste en relajarnos y ser testigos-observadores de lo que está ocurriendo. En vez de preguntarnos qué necesitamos nosotros de una determinada situación, mejor averigüemos qué necesita dicha situación de nosotros. Y es que en ningún momento lo que está pasando nos impide ser felices. Todo lo contrario. La causa de nuestra infelicidad es nuestra incapacidad de aceptar y fluir con lo que ocurre.

Y esto pasa porque el ego cree que ser fuerte consiste en ponerse a la defensiva. Pero nada más lejos de la realidad. Ofrecer resistencia a lo que sucede pone de manifiesto nuestra debilidad. Además, cuanto más nos resistimos a lo que pasa, mayor es la tensión y la perturbación que nos autogeneramos. Y más engorda el ego. En cambio, cuando nos rendimos y nos mostramos vulnerables conectamos con nuestro verdadero poder: la invulnerabilidad y la imperturbabilidad, también conocida como «ataraxia».

No te aflijas, cualquier cosa
que pierdes vuelve de otra forma.

RUMI

50. La muerte no es el final

Para muchas personas, el día más feliz es cuando nació alguno de sus hijos. Y el día más triste, cuando muere alguno de sus seres más queridos. Es decir, que en general ensalzamos la vida y vilipendiamos la muerte. Tanto es así que se trata de un tema tabú en nuestra sociedad. Principalmente porque al ego no le gusta nada que le recuerden que tarde o temprano va a morir. De hecho, vive en negación constante de su propia mortalidad. De ahí que lo pase tan mal cuando fallece alguien cercano. Más allá del dolor que siente por la pérdida, también lo confronta con su inevitable destino.

Esta es una de las razones por las que la cultura occidental ha convertido la muerte en un drama. Prueba de ello es que el ambiente que se respira en la mayoría de los funerales sea de absoluta desolación. Y que en el velatorio se hable siempre del muerto con desazón. El ego tacha cualquier otra actitud como una falta de respeto. Parece que si no sufrimos por el fallecido es como si no nos importara. De forma inconsciente, medimos el amor que le profesamos al difunto con nuestro nivel de desolación y de abatimiento.

Sea como fuere, en general sentimos un profundo miedo a la muerte. Esencialmente porque estamos apegados a la vida. No en vano, seguimos identificados con el *yo* ilusorio, cuya principal preocupación es garantizar su propia supervivencia. De este temor se han aprovechado las diferentes religiones, cuyo producto más vendido es la vana promesa de salvación que asegura nuestra continuidad en el más allá. La noción de que existe un cielo donde descansaremos en paz y viviremos para siempre actúa como un «prozac espiritual» para los que seguimos vivos en la Tierra. Y a pesar de no tener la certeza de si es verdad o no, la gente lo compra ciegamente con la finalidad de aplacar la ansiedad que le causa creer en su propia mortalidad.

En paralelo, cada vez tiene más adeptos la creencia en la reencarnación, la cual sugiere que el alma que habita nuestro cuerpo ha tenido vidas pasadas y gozará de existencias futuras. Y que cada una de estas encarnaciones le sirve al ser esencial para crecer y evolucionar espiritualmente. De hecho, sostiene que antes de nacer nosotros elegimos dónde y en quién nos encarnamos. También afirma que nuestras decisiones y acciones en esta vida determinan la calidad de cómo será nuestra existencia posterior. Es decir, que el karma que sembramos aquí y ahora nos acompaña hasta la eternidad.

EL ALMA NO MUERE

Tanto la idea del cielo como la de la reencarnación son muy atractivas y deseables para el ego, pues así puede perpetuarse de forma indefinida. Sin embargo, nadie sabe a ciencia cierta qué sucede cuando morimos. Lo que sí sabemos es que el cuerpo comienza a descomponerse en cuestión de días. Y que el ego como tal también se desintegra. Pero ¿qué pasa con el espíritu, la consciencia y el ser esencial? Si bien lo que pueda decirse acerca de este tema son meras conjeturas, todos los místicos han llegado a una misma conclusión: que el alma no muere, sino que vuelve al lugar de donde vino: regresa a *casa*. ¿Cómo podría morir aquello que no nace ni muere, sino que forma parte de una gran unidad que todo lo abarca y de la que todo procede?

Al vivir la experiencia mística de disolución del ego, de pronto verificamos que la muerte no existe. Lo único que sí muere es la forma física en la que temporalmente se ha manifestado la vida a través nuestro. Y esta chispa de divinidad no tiene principio ni final, sino que vive eternamente. Sucede exactamente lo mismo que ocurre con la energía, que no se crea ni destruye, sino que se transforma. Lo que es seguro es que en dicha transformación no hay ni rastro de ego ni lugar para ningún *yo*.

A modo de analogía, pongamos que la existencia es un vasto océano al que los místicos llaman «dios». Pues cada vez que se crea una de las criaturas que van a habitar en él se toma primero una gota de esa misma agua de mar: el ser esencial, el cual puede tomar forma de pez, molusco, alga... Y del mismo modo que la gota forma parte del océano, esta esencia divina forma parte de dios. De ahí que cuando fallece un ser humano, el alma vuelva a fundirse con la divinidad de la que procedió en primer lugar. Así, la gota se convierte de nuevo en océano.

Tener miedo a la muerte es como si un pez tuviera miedo de morir ahogado. Esencialmente, porque nosotros somos como esa gota. Venimos del océano. Somos el océano. Y al morir nos fundimos con el océano. Nuestro error existencial consiste en basar nuestra identidad en un *yo* ficticio que nos hace creer que somos un ente separado del océano, de la vida, del universo, de dios o como queramos llamarlo. El quid de la cuestión es que solo puede morir lo que alguna vez nació: el cuerpo físico con el que el ego está identificado. Sin embargo, recordemos que nosotros no somos ni el cuerpo ni el ego. Somos el espíritu que habita en el cuerpo y la consciencia que observa al ego.

Mientras sigamos identificados con el *yo* ilusorio es imposible que nos liberemos del miedo a la muerte. Este solamente desaparece cuando finaliza dicha identificación. Gracias al misticismo y la espiritualidad reconectamos con nuestra naturaleza esencial. Y es entonces cuando comprehendemos que nuestro origen y nuestro destino son el mismo: la unidad cósmica que todo lo abarca y todo lo contiene. Cuando vivimos despiertos no tememos la muerte porque ya hemos *muerto*. De hecho, la tenemos muy presente mientras vivimos. Saber que nuestra existencia mundana se puede acabar en cualquier momento —incluso ahora, mientras leemos este libro— provoca que valoremos todavía más el inmenso regalo que supone estar vivos. Así es como dejamos de dar la vida por sentada. Y al empezar a valorarla como se merece, nos inunda una genuina sensación de agradecimiento por el simple hecho de estar vivos.

CÓMO AFRONTAR LA MUERTE DE UN SER QUERIDO

A su vez, cuando vivimos despiertos afrontamos de forma muy diferente la muerte de alguno de nuestros seres queridos. Más allá del inevitable dolor que podamos sentir —fruto de nuestro apego al difunto—, una vez que culminamos nuestro proceso de duelo recordamos al fallecido con alegría. Pasado un tiempo, damos gracias a la vida por haber podido compartir tiempo con esa persona especial a la que tanto amábamos. Independientemente de las circunstancias que rodeen la muerte de cualquier ser humano, la mejor manera de honrar a quien ha fallecido es siendo felices.

Imaginemos que mañana nos morimos. Y que nuestra muerte genera que nuestros familiares y amigos más cercanos se queden hundidos en la miseria y devastados para siempre. ¿Acaso nos gustaría que nuestra muerte —nuestro legado— provocara que aquellos a los que amamos fueran desdichados? ¿No preferiríamos que pasado el duelo nuestra pareja rehiciera su vida y se reencontrara con el amor? ¿O que nuestros hijos tiraran para delante y fueran felices? ¿Por qué entonces hay tantas personas que no levantan cabeza después de la muerte de un ser querido?

Porque el ego utiliza dicho fallecimiento para perpetuarse en nosotros, envenenándonos con litros y litros de cianuro. Hay quienes malviven en un luto eterno en el que el dolor les impide rehacer y disfrutar del resto de su vida. E incluso quienes se suicidan por no poder soportar tanto sufrimiento.

La muerte de un ser querido es un toque de atención. Un recordatorio de que nuestra existencia mundana tiene fecha de caducidad. Y una invitación para reflexionar acerca de cómo estamos viviendo. Cualquier persona que ha tenido una experiencia cercana a la muerte lo sabe. Suele ser un revulsivo existencial, que en muchas ocasiones significa un punto de inflexión en su manera de vivir. Irónicamente, la muerte es lo que le da sentido a la vida. En vez de entristecernos y de llorar por el tiempo que ya no podremos compartir con el muerto, celebremos y alegrémonos por el que sí pudimos disfrutar de su compañía. El mejor tributo que le podemos hacer a la persona fallecida es recordarla con amor y felicidad.

En definitiva, el gran misterio que nos queda por resolver es si hay consciencia después de nuestra muerte. Lo que está claro es que en caso de haberla, no sería la consciencia egoica basada en nuestro nombre, nuestra mente, nuestro cuerpo y nuestra personalidad. No. El ego no sobrevive. La consciencia que igual sí podría llegar a trascender sería la neutra e impersonal que en ocasiones emerge en nosotros cuando vivimos despiertos y estamos conectados con el ser esencial. En fin, ¿quién sabe? Más allá de temer a lo desconocido, podemos ver la muerte como la próxima gran aventura por descubrir. Lo peor que puede pasarnos es que al morir no pase nada.

La muerte solo tiene importancia en la medida
en que nos hace reflexionar sobre el valor de la vida.

ANDRÉ MALRAUX

XIV

Epílogo: el fin de la búsqueda

> Llega un punto en el desarrollo espiritual en
> el que ya no hay «nadie» a quien le importe.
>
> Ramesh Balsekar

Cada mes un joven discípulo le mandaba a su anciano maestro un informe en el que detallaba su progreso espiritual. El primer mes escribió: «Siento que mi consciencia se ha expandido y me siento unido con el universo». El sabio echó una ojeada a la nota y la tiró a la papelera. El segundo mes, el joven redactó: «Finalmente he descubierto que lo divino está presente en todas las cosas». Nada más leerlo, el maestro negó con la cabeza, decepcionado.

El tercer mes las palabras entusiastas del discípulo exclamaron: «El misterio del uno y de la multiplicidad ha sido revelado ante mi mirada de asombro». El anciano sacudió su cabeza y volvió a tirar la carta a la basura. La siguiente nota decía: «Nadie nace, nadie vive y nadie muere, porque el yo egoico no existe». El maestro alzó sus manos al cielo en total desesperación.

*Después de esto pasó un mes, luego dos, luego cinco y final-
mente un año entero sin recibir noticias suyas. Movido por su
curiosidad, el sabio le escribió a su discípulo, recordándole que
debía mantenerlo informado acerca de su desarrollo espiritual.
Y un par de días más tarde recibió una última carta con la siguiente respuesta: «¡A quién le importa!». Al leer esto, el maestro
por fin sonrió, muy contento y satisfecho.*[82]

51. ¿Existe el libre albedrío?

Existe un indicador irrefutable de que nos estamos acercando al
final de nuestra búsqueda espiritual. Se trata de preguntarnos
acerca de si realmente existe el libre albedrío. Es decir, de si
gozamos de libertad a la hora de tomar decisiones y escoger la
actitud con la que afrontamos nuestro destino. Y entonces ¿existe? La respuesta es sí y no. Depende del nivel de consciencia en
el que nos encontremos. Mientras estamos identificados con el
ego, nuestro relato mental nos cuenta cosas como «yo estoy
leyendo este libro», «yo estoy comprometido con mi desarrollo
espiritual», «yo debería meditar más», «yo voy a iluminarme»,
«yo tengo libre albedrío»...

Yo, yo, yo y más *yo*... La identificación egoica nos hace creer
que somos una entidad separada de la realidad. Hipnotizados
por este *yo* ilusorio, estamos convencidos de que somos libres,
responsables y que —por tanto— gozamos de libre albedrío.
Esta es la razón por la que sentimos culpa por los errores cometidos en el pasado. O ansiedad por los que podemos cometer en
el futuro. Y mientras —en el presente—, la mente disfuncional
nos bombardea con todo tipo de pensamientos estresantes acerca de lo que deberíamos (o no) hacer en cada momento para
cumplir con nuestras expectativas egoicas.

Del mismo modo, también creemos que los demás tienen
libre albedrío. De ahí que los juzguemos cuando se equivocan.
Y que nos quejemos por considerar que las cosas deberían ser

de otro modo a como están siendo en cada instante. La paradoja es que esta noción de libertad es en sí misma una sutil forma de esclavitud psicológica. No en vano, fortalece nuestro sentido de ser un *yo* separado de la realidad, creando una ilusoria dualidad entre nosotros y los demás, entre nosotros y el mundo, entre nosotros y dios...

Sin embargo, quienes han vivido alguna experiencia mística saben que no existe tal cosa como el libre albedrío. Esencialmente porque para empezar no hay ningún *yo*. Al observar nuestra vida, nos damos cuenta de que la raíz última de nuestras decisiones, actos y conductas siempre es un pensamiento. Y estos siempre aparecen de forma automática y espontánea. De hecho, nadie sabe de dónde vienen. Si bien el *yo* cree que son *sus* pensamientos, los místicos sostienen que proceden de la «fuente». Es decir, de la vida, del universo, de dios o como prefiramos llamarlo.

Así, la secuencia vendría a ser la siguiente. Todo empieza con un pensamiento que no elegimos, que provoca una emoción de acuerdo con nuestra personalidad —la cual tampoco escogemos—, que a su vez genera una decisión o una acción sobre las que no tenemos ningún tipo de control. Al estar identificados con el ego, enseguida nos creemos que nosotros somos los que pensamos, los que sentimos, los que hacemos, los que decidimos y los que actuamos. Sin embargo, esta percepción subjetiva es ficticia, pues ninguna acción es realmente *nuestra* acción.

¿Realmente «tú» has decidido leer este libro?

Nuestros pensamientos, emociones, decisiones y actos suceden a través de nosotros. ¿Realmente *yo* escogí escribir este libro? ¿De verdad *tú* decidiste leerlo? En base a todo lo que nos ha pasado en la vida, llegó un momento en el que este ensayo tenía que ser escrito por mí y leído por ti. Nos vimos abocados a ello; ambos éramos correspondientes.

El ego es el que cree que elige. Pero su elección, ¿en qué se basa? En una mezcla entre su genética, su personalidad y su condicionamiento, elementos sobre los cuales no tuvimos ninguna elección. Es evidente que en un plano de la realidad sentimos que tomamos decisiones, pero ¿son nuestras o más bien suceden? Por ejemplo, no elegimos lo que nos gusta, lo que nos interesa ni lo que nos motiva en un momento dado; estas sensaciones devienen de forma natural y orgánica.

Si bien el ego cree que es libre de hacer lo que le dé la gana, la verdadera libertad consiste en ser libre del ego. Y esto pasa por comprender que el libre albedrío es una ilusión cognitiva. De hecho, es absurdo el deseo de liberarse, pues es el *yo* el que se quiere liberar. ¿Cómo podemos liberarnos del *yo* mediante el *yo*? No podemos. Es como un perro persiguiendo su cola: es imposible que la alcance. Dicha liberación —o iluminación— es algo que sucede o no sucede y escapa a nuestro control.

Evidentemente, este mensaje no es apto para todo el mundo. Sin ir más lejos, hay personas que siguen ancladas en el victimismo del ego. Siguen creyendo que la culpa de todo lo que les pasa está fuera. Para que puedan evolucionar espiritualmente, a este colectivo hay que invitarlo a que asuma su parte de responsabilidad. Ese sería el primer peldaño. Una vez se hayan hecho responsables y hayan descubierto que lo que ha de cambiar está dentro, están preparados para subir el segundo peldaño. Solo entonces están listos para asumir que tanto el victimismo como la responsabilidad son egoicos. Pues detrás de ellos siempre hay un *yo* que se hace la víctima o un *yo* que toma responsabilidad.

Mientras vivimos en los dos primeros escalones seguimos tiranizados por la mente, encallados en la dualidad. Sin embargo, existe un tercer y último peldaño en el que por momentos trascendemos el ego. Y por ende, temporalmente vamos más allá de la mente y del lenguaje. Al desvanecerse por completo la noción de ser un *yo*, de pronto desaparece la separación que antes creíamos que había entre nosotros y la realidad. Por medio de la consciencia-testigo verificamos que esencialmente somos lo mismo.

El libre albedrío solamente existe cuando pensamos que somos una entidad separada. De ahí que al liberarnos de dicha identificación —la creencia de que somos un *yo*— descubramos que no tenemos ningún tipo de control. Esto es sin duda lo que más le cuesta comprehender y aceptar al ego. Más que nada porque asumirlo implicaría el principio de su fin.

Cuando despertamos y salimos de la dualidad cognitiva creada por este *yo* ilusorio nos damos cuenta de que es imposible que hagamos nada distinto a lo que hacemos en cada instante. En última instancia, todo sucede por voluntad de la vida. De ahí que las casualidades no existan. Solo las causalidades. Frente a estas afirmaciones, puede que decidas dejar de leer este libro. Y de hecho, al hacerlo puede que *tú* mismo sientas que el hecho de abandonarlo ha sido *tu* elección, fruto de *tu* libre albedrío. Pero ¿es eso cierto?

En caso de que interrumpas la lectura de este ensayo, ¿realmente ha sido *tu* decisión? Obsérvalo. Analízalo. Verifícalo. ¿Acaso al leer la declaración anterior no ha aparecido un pensamiento en tu mente invitándote a detener la lectura? ¿No ha sido ese pensamiento el germen de tu decisión y tu posterior acción? ¿Quién ha elegido dicho pensamiento? ¿Realmente has sido *tú*? ¿O más bien el pensamiento ha aparecido como reacción a lo que acababas de leer?

Cuando subimos el tercer peldaño se extingue —aunque sea de forma pasajera— «aquel» que cree estar ascendiendo. Y es entonces cuando el «buscador» se convierte en lo «buscado», poniendo fin a la «búsqueda». A partir de entonces la vida se simplifica enormemente. Y como consecuencia, se produce una aceptación total e incondicional de lo que sucede en cada momento sin que haya «alguien» que esté aceptando eso que está sucediendo. En el mejor de los casos, deviene una observación neutra e impersonal desde donde se atestigua todo esto.

La búsqueda espiritual termina justo en el instante en el que comprehendemos que no hay ningún *yo*, que no existe el libre albedrío y que —por tanto— no somos el autor detrás de nuestras elecciones, actitudes y conductas. En la medida en la que esta comprehensión sucede, empiezan a caer el orgullo, la culpa, la ansiedad y el resto de las emociones egoicas que tanto nos alejan de nuestra naturaleza esencial. De pronto seguimos con nuestra vida y con nuestros quehaceres cotidianos. Lo único que cambia al despertar es que mientras vivimos somos conscientes de que todo se desenvuelve de la manera en la que se tiene que desenvolver. Y que en última instancia no hay nada que podamos hacer para que sea diferente a como es.

> El ego traduce la ausencia de libre albedrío
> como la pérdida de *su* propia libertad.
>
> RAMESH BALSEKAR

52. Déjate en paz

Nuestro proceso evolutivo no es lineal, sino que se produce en espiral. De ahí que en ocasiones sintamos que estamos retrocediendo en nuestro progreso espiritual. Pero nada más lejos de la realidad. Estos pasos que aparentemente damos para atrás son los que luego nos permiten impulsarnos, dando otros tantos para delante. El quid de la cuestión es la actitud con la que afrontamos lo que ocurre, tanto dentro como fuera de nosotros. Y esta depende del nivel de consciencia desde el que estamos operando.

Sea lo que sea que suceda, cuando estamos despiertos nos acompaña una observación neutra e impersonal desde la que se observa lo que está pasando. Y como consecuencia, dejamos de engancharnos y de reaccionar emocionalmente frente a lo que ocurre. Tampoco nos mostramos a favor o en contra. Más bien devienen una aceptación y una rendición subyacentes que nos permiten sentirnos en paz, incluso cuando estamos en guerra con nosotros mismos.

Al vivir de forma consciente cada vez nos perturbamos menos. Y va muriendo cualquier deseo o expectativa que podamos tener acerca de nuestro proceso de desarrollo espiritual. Es entonces cuando empezamos a dejarnos en paz. Incondicionalmente en paz. Actuando de este modo, en caso de volvernos a perturbar dicha perturbación es cada vez menos intensa y duradera. Y no solo eso. Al aceptar que nos hemos perturbado, ya no nos perturbamos porque no deberíamos habernos perturbado.

Así, llega un punto en el que sabemos estar en paz aunque estemos en guerra con nosotros mismos. De hecho, ya no nos importa si estamos muy arriba o muy abajo, centrados o descentrados... Estemos como estemos nos sabemos acompañar y autogestionar, manteniendo una «sonrisa interior» cómplice con nosotros y con la realidad de la que formamos parte. Más que nada porque comprehendemos que lo que sucede conviene. Y que además es imposible que suceda de otro modo.

La verdadera sabiduría significa no pelearnos emocionalmente con lo que ocurre, dejando que las cosas sigan su cauce natural. ¿Que de pronto reaccionamos en un momento dado de forma egoica? No pasa nada. Lo aceptamos y seguimos aprendiendo. ¿Que manifestamos el ser esencial en forma de amor y felicidad? Maravilloso. Disfrutémoslo mientras dure. Pase lo que pase, todo está bien. Todo es necesario. Todo es perfecto. Y tarde o temprano, todo pasará.

Al ir creciendo en consciencia y comprehensión, poco a poco descubrimos que nosotros no estamos viviendo la vida, sino que la vida nos está viviendo a nosotros. Al dejar de ofrecer resistencia a lo que sucede, estamos directa e indirectamente aceptando el ego en su totalidad. Paradójicamente, así es como este *yo* ilusorio se debilita. No en vano, el ego se alimenta de nuestra oposición y de nuestra lucha contra él. Cuanto más lo aceptamos, menos presente está en nosotros. Y quién sabe, puede que algún día acabe *muriendo* de inanición.

Mientras exista búsqueda, habrá un *yo* que busque,
que es precisamente lo que la búsqueda pretende finalizar.

Jeff Foster

53. *Maktub*

Si has seguido leyendo hasta aquí, déjame recordarte que este libro es una farsa. Esencialmente porque no es más que una retahíla de conceptos sobre espiritualidad laica. Al emplear el lenguaje, tanto *yo* que lo estoy escribiendo como *tú* que lo estás leyendo estamos inmersos en la dualidad. Es decir, en una ilusión cognitiva creada por nuestras respectivas mentes. Esta es la razón por la que —como escritor— me resulta irónico pretender acompañarte hasta ese *lugar* que está más allá del intelecto y del lenguaje precisamente a través del intelecto y el lenguaje. Más que nada porque no se puede.

Y entonces «¿por qué has escrito este libro?», te estarás preguntando. Pues porque no he podido evitarlo. No es algo que haya elegido, sino que me ha escogido a mí. Se trata de una pulsión interna irrefrenable que me acompaña desde hace años. Al verificar el efecto tan transformador que ciertos conceptos —leídos de otros autores— han tenido sobre mí, me ha sido imposible no compartir contigo estos, por si pueden generar el mismo impacto en ti.

Por decirlo metafóricamente,[83] todos vivimos con una espina clavada: el ego, el cual mantiene a nuestra consciencia encarcelada en un mundo conceptual e intelectual ficticio e ilusorio. Pues bien, aunque al principio resulte paradójico y contradictorio, la función de este libro es ser la astilla que te permita quitarte la espina egoica que llevas demasiado tiempo clavada. Ojalá que así puedas vivir la experiencia que señalan estos conceptos, la cual está más allá de todos ellos. Solo entonces te liberarás y podrás desechar ambas espinas.

Ahora mismo, solo espero que hayas interpretado estos logogramas indoeuropeos de tal forma que supongan un punto de inflexión en tu manera de concebir la vida. Evidentemente, soy muy consciente de que no depende de mí. Ni tampoco de ti. La iluminación no es algo que podamos dar ni conseguir. Sucede cuando tiene que suceder a la persona adecuada en el momento oportuno. Así que, ¿quién sabe el efecto que este libro tendrá sobre tu consciencia?

«Está escrito»

Esto es precisamente lo que significa el proverbio *maktub*, que en árabe significa «está escrito». En esencia, se refiere a que aquello que está destinado a ocurrir siempre encontrará el medio para manifestarse y hacerse realidad. Si bien no tengo ni idea de qué va a suceder(te) a continuación, lo que sí sé es que —sea lo que sea— es lo que vas a seguir necesitando para seguir creciendo y evolucionando espiritualmente.

Eso sí, recuerda que no hay ningún sitio al que dirigirte ni ningún logro que tengas que conseguir. La paradoja es que tu deseo de obtener algo más de lo que tienes en el momento presente —incluyendo ser alguien diferente a quien eres— es lo que te impide disfrutar plenamente de él. El despertar y la liberación que llevas tiempo buscando se encuentran aquí y ahora. Y la verdad es que no se van a ir a ninguna otra parte. Déjalos de perseguir y vendrán ellos a ti. Y lo harán justo en el preciso instante en el que de verdad ya no te importe si esta experiencia deviene o no.

Y quién sabe, puede que llegue un día en el que mientras sigas con tu vida, de pronto seas plenamente consciente de que las cosas ocurren sin que *tú* hagas nada al respecto. Y que de forma súbita, ¡boom!, te invada un fogonazo de lucidez y comprehensión que altere para siempre la concepción que tienes de ti mismo y del universo. Lo cierto es que los mejores momentos de la vida suceden cuando *tú* no estás. Es decir, cuando la mente desaparece y te fundes con el instante presente.

Eso sí, por favor, no lo busques. No lo desees. Ni tampoco lo esperes. Permite simplemente que lo que tenga que suceder suceda. Y más aún: deja que la vida te viva. Solo entonces te darás cuenta de que todo lo que sucede no ocurre gracias a ti, sino a pesar tuyo. Como la redacción de este libro, el cual la vida ha creado a través mío, en ausencia de mí. *Bendita* causalidad.

Lo que no está destinado a suceder no sucederá por más que lo intentes. Lo que está destinado a suceder sucederá por más que trates de evitarlo.

SRI RAMANA MAHARSHI

Súmate a la revolución

Del mismo modo que cuando aprietas una naranja sale zumo de naranja, cuando la vida nos aprieta sale lo que tenemos dentro.

Wayne Dyer

Si después de leerte este libro quieres sumarte a la revolución de la consciencia, te animo de corazón a que investigues los siguientes proyectos que vengo impulsando y liderando desde 2009:

KUESTIONA. Se trata de una comunidad educativa para buscadores e inconformistas. Su finalidad es democratizar la sabiduría para inspirar un cambio de paradigma a través de programas presenciales y online orientados a empoderar a nuestros alumnos, de manera que sepan crecer en sabiduría en las diferentes áreas de su vida. Más información en www.kuestiona.com.

LA AKADEMIA. Se trata de un movimiento ciudadano que promueve educación emocional y emprendedora gratuita para jóvenes de entre dieciocho y veintitrés años. Su misión es acompañar a estos chavales para que descubran quiénes son y cuál es su auténtico propósito, de manera que puedan reinventarse y prosperar en la nueva era. Más información en www.laakademia.org.

TERRA. Se trata de un proyecto de escuela consciente que promueve un nuevo paradigma educativo, cuya finalidad es ofrecer una verdadera educación a los alumnos de entre dos y dieciocho años. En vez de prepararlos para superar la prueba de la selectividad, los preparamos para disfrutar plenamente de la vida. Más información en www.terraec.es.

Si quieres llevar a la práctica la teoría que contiene este libro, te animo a que le eches un vistazo a mi curso online *Las casualidades no existen. 50 claves para despertar y vivir conscientemente*. Se trata de un programa formativo en el que te guío paso a paso para adentrarte en el misticismo y saber cómo aprovechar todo lo que te sucede para crecer y evolucionar espiritualmente. En este sentido y a modo de agradecimiento por la confianza que has depositado en mí al adquirir este libro, te hago un descuento del 50 %. Para beneficiarte, solamente tienes que ir a mi web www.borjavilaseca.com, seguir los pasos de compra e introducir el cupón de descuento: «MAKTUB». Si quieres, hoy mismo puedes empezarlo desde el salón de tu casa. ¡Buen viaje!

Notas

No te creas nada de lo que oigas, por más que lo comparta una gran mayoría. No te creas nada de lo que te diga ninguna tradición religiosa, sin importar cuánto tiempo se haya venido repitiendo. No te creas nada porque aparezca en algún escrito de algún sabio de la antigüedad, por más admiración que se le profese hoy en día. Tampoco te creas nada de lo que te diga tu mente, por más que te insista una y otra vez con el mismo pensamiento recurrente. Por el contrario, cuestiónalo y analízalo todo, de la misma manera que un orfebre trabaja el oro: seccionando, raspando, frotando y fundiendo. Solo así podrás verificar si cualquier cosa es verdad y puede ser de provecho para ti.

Siddhartha Gautama, «Buda»

Este ensayo no solo está basado en mi experiencia personal, sino también en la obra de muchos otros autores. Aprovecho para recomendar y homenajear los siguientes libros, cuyas reflexiones me han inspirado para la escritura de los capítulos que detallo a continuación:

—*Dios* y *El zelote*, de Reza Aslan (capítulos 14, 15, 16, 17 y 18).

—*¡A quién le importa!*, de Ramesh Balsekar (42 y 51).

—*Sapiens*, de Yuval Noah Harari (36).

—*La ola es el mar*, de Willigis Jägger (32, 33, 41 y 42).

—*Amar lo que es*, de Byron Katie (29).

—*Dios*, de Fréderic Lenoir (13, 14 y 15).

—*Medicina para el alma*, de Anthony de Mello (29 y 32).

—*Historia de las religiones*, de E. O. James (13, 14 y 15).

—*Dijo el Buda*, de Osho (35, 43 y 49).

—*La aceptología*, *La alquimia del pensamiento* y *Las leyes universales*, de Gerardo Schmedling (30, 44, 45 y 46).

—*El poder del ahora* y *Un mundo nuevo ahora*, de Eckhart Tolle (10, 11, 12, 35 y 40).

—*Trascender el ego*, de Roger Walsh y Frances Vaughan (32).

—*Mindfulness en la vida cotidiana*, de Jon Kabat-Zinn (34 y 35).

---

1. Cuento del libro *Cuídalos o piérdelos*, de Beverly Kaye y Sharon Jordan-Evans.

2. Cuento del libro *Aplícate el cuento*, de Jaume Soler y M.ª Mercè Conangla.

3. Aforismo de Bernard Werber.

4. «El mito de la caverna», de Platón.

5. Aforismo de Siddharta Gautama, «Buda».

6. Cuento del libro *Aplícate el cuento*, de Jaume Soler y M.ª Mercè Conangla.

7. Aforismo de Eckhart Tolle.

8. Aforismo de Jiddu Krishnamurti.

9. Aforismo de Ursula K. Le Guin.

10. De René Descartes.

11. Aforismo de Immanuel Kant.

12. Extraído del libro *Trascender el ego: la visión transpersonal*, de Roger Walsh y Frances Vaughan.

13. Término de Eckhart Tolle.

14. Como el liderado por el divulgador científico Michael Mosley en el documental de la BBC «The placebo experiment».

15. Cuento del libro *101 cuentos clásicos de la India*, de Ramiro Calle.

16. Se trata de las tumbas encontradas en el yacimiento de Qafzeh, en el actual Israel.

17. Como la de Qafzeh (Israel), la Grotte des Enfants (Italia) o la Ferrassie (Francia), entre otras.

18. Se han encontrado pinturas en grutas y cavernas de Asia, Australia, Indonesia, Rusia, Rumanía y muchos otros lugares del mundo. Eso sí, las más impresionantes son las ubicadas en las estribaciones de los Pirineos, tanto en el sur de Francia como el norte de España. Entre estas, destacan las cuevas de Font de Gaume, Combarelles, Chauvet, Lascaux y Volp, así como las encontradas en Cantabria: Altamira, Monte del Castillo y Candamo.

19. Las pinturas más destacadas en las que aparece «el señor de las bestias» se encontraron en cuevas de Francia y España: Casares, Teyjat, Pasiega, Combarelles, Gabillou, Madeleine, Lascaux, Addaura, Pileta y especialmente en la gruta de Trois Fréres.

20. Entre los que destaca Mircea Eliade.

21. Ubicado a quince kilómetros de la ciudad de Sanliurfa (antigua Urfa), en Turquía, cerca de la frontera con Siria.

22. Datos extraídos del libro *Dios*, de Reza Aslan.

23. Aforismo de Jesús de Nazaret.

24. Según el Guinness World Records.

25. Este relato se tomó prestado de la *Balada del supersabio*, escrito hace más de tres mil setecientos años en Mesopotamia, el cual fue retomado a su vez por la Epopeya de Gilgamesh, que los hebreos conocieron durante su deportación en Babilonia.

26. Este relato se tomó prestado de la *Leyenda de Sargón de Akkad*, escrito hace más de cuatro mil doscientos cincuenta años en Mesopotamia.

27. Estos mismos hechos aparecen en los mitos de Horus (mitología egipcia), Atis (mitologías griega y frigia), Krishna (mitología hindú), Dionisio (mitología griega), Mitra (mitología persa), según el documental *Zeitgeist*, de Peter Joseph.

28. Cuento del libro *Medicina del alma*, de Anthony de Mello.

29. Según datos del Centro de Investigaciones Sociológicas (CIS).

30. Según datos del Instituto Nacional de Estadística (INE).

31. Cuento inventado por Irene Orce y Borja Vilaseca.

32. Como Thomas Hobbes, John Locke, Baruch Spinoza, David Hume, Jean Jacques Rousseau, Denis Diderot, Adam Smith o Paul Thierry d'Holbach.

33. Aforismo de Karl Marx.

34. Aforismo de Friedrich Nietzsche.

35. Como Auguste Compte, Ludwig Feuerbach, Karl Marx o Sigmund Freud.

36. Sam Harris, Daniel Dennett, Richard Dawkins y Christopher Hitchens.

37. Tal como se explica en los dos primeros capítulos del Génesis, tanto de la Torá judía como del Antiguo Testamento cristiano, así como en el versículo 38 del capítulo 50 del Corán musulmán.

38. Teoría atribuida a Georges Lemaitre, quien habló por vez primera del *big bang* en 1927.

39. En honor a su descubridor, el físico Peter Higgs, en 1964.

40. Teoría atribuida a Hermann Bondi, Fred Hoyle y Thomas Gold.

41. Aforismo de Parménides.

42. Según el Centro de Investigaciones Pew (https://www.pewresearch.org/topic/religion/).

43. Este término se atribuye a Friedrich Heinrich Jacobi, lo popularizó Iván Turguénev y su máximo exponente es Friedrich Nietzsche.

44. Aforismo de Max Weber.

45. Cuento de autor desconocido.

46. Término de Eckhart Tolle.

47. Término de san Juan de la Cruz.

48. Según datos de la Organización Mundial de la Salud (OMS).

49. Según datos del Informe Mundial sobre Drogas de la Organización de las Naciones Unidas (ONU).

50. Cuento del libro *Medicina para el alma*, de Anthony de Mello.

51. Aforismo de Gerardo Schmedling.

52. Proverbio zen.

53. Como Byron Katie, cuyo método «El trabajo», descrito en su libro *Amar lo que es*, detallo a continuación.

54. Como Nikola Tesla.

55. Como Siddartha Gautama, «Buda».

56. Aforismo de Hermes Trismegisto.

57. Según las enseñanzas de Gerardo Schmedling.

58. Información extraída de *La alquimia del pensamiento*, de Gerardo Schmedling.

59. *Idem*.

60. Cuento del libro *El canto del pájaro*, de Anthony de Mello.

61. Proverbio budista.

62. Título de un libro de Willigis Jägger.

63. Aforismo de Jon Kabat-Zinn.

64. Término de Ramesh Balsekar.

65. Proverbio hindú.

66. Cuento del libro *La oración de la rana*, de Anthony de Mello.

67. Cuento del libro *Cuentos con alma*, de Rosario Gómez.

68. Término atribuido a Agostino Steuco y popularizado por Aldous Huxley.

69. Escuela mística fundada por Shankara en el siglo IX.

70. Término acuñado por Arthur Koestler.

71. Término acuñado por William James y popularizado por Abraham Maslow y Ken Wilber.

72. Cuento del libro *Vivir en el alma*, de Joan Garriga.

73. Desarrollada por Gerardo Schmedling.

74. *Idem.*

75. Título de un libro de Albert Einstein.

76. Desarrollada por Carl Gustav Jung.

77. Aforismo de Jesús de Nazaret.

78. Término de Gerardo Schmedling.

79. Aforismo de Gerardo Schmedling.

80. Cuento del libro *Las filofábulas para aprender a convivir*, de Michel Piquemal.

81. Aforismo de Bruce Lee.

82. Cuento del libro *¡A quién le importa!*, de Ramesh Balsekar.

83. Metáfora extraída del libro *Sé lo que eres*, de Sri Ramana Maharshi.